KB138109

상처받은 관계에서 회복하고 있습니다

상처받은
관계에서 _____ 회복하고 있습니다

**나르시시스트를 떠나
행복한 나를 되찾는 10단계 치유 솔루션**

스테파니 몰턴 사키스 지음 | 이선주 옮김

현대
지성

차
례

정신적 외상을 이겨낸 사람들이

회복의 여정에서 희망을 찾기를…

제인은 술을 마시는 어머니를 볼 때마다 자신이 어머니를 위해 해 줄 수 있는 일이 하나도 없다고 느꼈다. 어머니는 때때로 벌컥 화를 내면서 자식들이 자신의 삶을 망쳤다고, 그들이 아예 태어나지 않았 으면 좋았겠다고 말하곤 했다. 어머니는 특히 제인을 미워하는 것 같 았다. 제인을 때리거나 넘어뜨렸고, 발로 차기도 했다. 심지어 제인의 언니에게도 제인을 발로 차라고 명령했다. 제인의 아버지는 이런 일 이 벌어져도 상관하지 않았다. 집 밖으로 나가버리거나 다른 방으로 들어가 문을 닫아버리기 일쑤였다. 아버지는 제인에게 "네 엄마 화를 돋우지 마"라고 말했다.

어른이 된 제인은 오히려 편안한 분위기를 못 견딘다. 분위기가 엉 망이 되어야 어느 정도 정상적이라고 느끼거나 안심한다. 건강한 관계는 지루하게 느껴진다. 가끔은 지나치게 깜짝 놀라기도 한다. 누군가가 목소리를 높이거나 소리를 지르면 안절부절못하다가 정신이 흐릿해진다. 무력감을 느끼지 않으려고 지나치게 일에 몰두하기도 한다. 그래서 몇몇 친구들은 제인을 일 중독자라고 불렀다. 최근 그녀는 직장을 잃었고, 삶이 추락하고 있다.

✱

해심은 입사할 때 결속력이 강한 팀에서 일할 것이라는 이야기를 들었다. 새 상사는 "우리 팀은 정말 가족 같아요"라고 장담했다. 해심은 그들이 정말 가족, 정확하게는 비정상적인 가족 같다는 사실을 금방 알아차렸다. 동료 샐은 해심이 6개월 동안 공들여 개발한 프로젝트를 비롯해 그녀가 낸 성과를 가로채 갔다. 게다가 해심에게 들리도록 큰 소리로 인종차별적인 욕을 했다. 해심은 결국 다른 동료들에게 샐 때문에 어려움을 겪은 적이 없는지 물었다. 같은 팀에서 일하는 세라는 "샐은 보통 팀에서 공격 대상을 찾아서 그 사람만 공격해요"라고 말했고, 다른 동료들은 고개를 끄덕였다. "나는 그냥 무시해요. 그저 샐의 다음 희생양이 되지 않길 바랄 뿐이죠."

어느 날 샐은 회의에서 해심을 공개적으로 비난했다. 샐은 해심에게 "너는 네 일을 제대로 하지 않고 있어. 하지만 놀랍지도 않아. 넌 모두가 예상했듯이 게으르니까"라고 말했다.

해심은 더 이상 참을 수가 없었다. "너는 나를 괴롭히고 있어, 샐. 나한테만 그러는 게 아니야. 너는 여기 있는 다른 사람들도 괴롭히고 있어"라고 분명하게 말했다. 동료들이 거들어주기를 기대하며 주변을 돌아보았지만 아무도 입을 열지 않았다. 나중에 한 동료는 다시 샐의 미움을 받고 싶지 않아서 아무 말도 하지 않았다고 털어놓았다. 해심은 샐의 부적절한 행동에 관한 증거를 모아 상사를 찾아갔다. 그러나 상사는 샐이 '모범 사원'이고, 샐 때문에 어려움을 겪었다고 말한 사람이 이제까지 아무도 없었다고 말했다. 해심은 아침에 일어날 때마다 두려움을 느낀다. 심지어 샐은 해심이 자신을 괴롭혔다고 주장하고 있다. 해심은 결국 직장을 옮기려고 한다.

＊

고등학교에서 만난 켄과 사브리나는 서로 엉망진창인 가족 이야기를 하면서 동질감을 느꼈다. 두 사람의 부모는 밤마다 소리를 지르며 싸웠다. 그들은 자신도 모르는 사이에 부모와 닮아갔고, 두 사람의 관계도 격렬하고 갈등이 많았다. 종종 싸움이 심해져 서로 밀어뜨리기까지 했다. 그래도 언제나 화해했고 그때마다 관계가 더 단단해졌다고 느꼈다. 둘은 서로 멀리 떨어진 대학에 진학해도 관계를 지속하는 데 문제가 없을 것이라고 생각했다. 둘은 사랑에 빠져 서로에게 열정적이라고 느꼈기 때문이다. 사실 대학에 입학하려고 집을 떠날 때까지만 그랬다. 사브리나는 켄과 떨어져 지내니 얼마나 마음이 편안한지 깨달았다.

켄은 사브리나가 멀어지는 것 같았다. 그는 사브리나에게 전화하거나 문자 메시지를 보내면서 어디에 있고, 누구와 있는지 알려달라고 했다. 그는 파티에서 다른 여자아이들과 어울리는 사진을 SNS에 올렸고, 인생에서 가장 즐거운 시간을 보내고 있는 것처럼 행동했다. 사브리나는 질투에 사로잡혀 잠을 설치기 시작했다. 사브리나는 켄의 SNS를 끊임없이 확인했고, 성적이 떨어지기 시작했다. 그녀는 모든 걸 끝낼 때라고 결정했다. "이런 관계를 더는 계속할 수 없어"라고 문자 메시지를 보냈다. 그리고 그의 전화번호와 이메일, SNS 계정을 차단했다. 그날 밤, 사브리나가 사는 아파트 앞에 켄이 나타났다. 처음에는 어느 정도 으쓱했다. '얼마나 나를 사랑하면 이렇게까지 할까'라고 생각했다. 그런데 그는 주차장에 서서 그녀의 방을 향해 소리를 지르며 끔찍한 욕을 해대기 시작했다. 그녀는 계속 불을 꺼두고 아무 반응도 하지 않았다. 켄은 지금도 때때로 모르는 번호로 사브리나에게 문자 메시지를 보내면서 그저 '안부를 확인하는' 것처럼 행동하곤 한다. 사브리나는 이런 문자를 받을 때마다 구역질이 난다. 다시 편안해질 수 있을지 의문이다.

이 책을 읽고 있는 당신도 제인, 해심, 사브리나와 비슷한 처지일 수 있다. 연인, 가족, 친구, 직장 동료 등 누구와도 이런 관계가 될 수 있다. 가장 가까운 사람과도 관계가 좋았다 나빴다 한다. 그러나 상대가 경쟁심, 갈등, 질투, 억울함, 적대감, 폭력성을 가지고 있고, 당신을 통제하려 한다면 관계가 유해해졌을지도 모른다.

최근 유해한 사람과의 관계를 끝냈거나 앞으로 헤어지겠다고 생각하고 있는가? 유해한 관계의 후유증 속에 살아가는 삶은 힘겹다. 그런 관계는 마음과 자존감에 상처를 남기기 때문이다. 분노와 배신 감도 찾아온다. 자신에게 상당히 인색해지며 자신의 잘못이 아닌 일로 자책할 수도 있다. 벽에 부딪혔다고 느끼지만 어떻게 해결해야 할지 모를 때도 있다. 새로운 선택을 고민하지만, 유해한 관계를 완전히 끝낼 준비가 되지 않았을 수도 있다. 자세한 계획을 세우기 어려워서 혹은 돈 문제로 아직 그 관계를 떠나지 못하는 사람도 있을 것이다.

당신은 다른 사람을 돕기 위해 이 책을 읽고 있는지도 모른다. 심리 치료사로서 가정 폭력 또는 데이트 폭력을 겪었거나 비정상적인 가정 때문에 어려움을 겪는 사람들을 돕고 있을 수도 있다. 사랑하는 누군가가 유해한 관계를 겪어서 염려하고 있는 사람도 있을 것이다. 당신이 그들을 위해 상황을 바꿀 수는 없지만, 어떻게 돕고 지지할지 이 책에서 방법을 찾을 수 있다.

어떤 상황이든 당신이 느끼는 감정이 전혀 이상하지 않다는 사실을 알면 좋겠다. 이제 당신 스스로의 힘으로 자유로워질 수 있다. 당신은 회복될 수 있고 더 행복해질 수 있다.

나는 왜 이런 주제로 책을 쓰게 되었나?

———

나는 ADHD(주의력 결핍과 과잉 행동 장애)와 불안, 나르시시스트의 학대 문제를 전문적으로 다루는 심리 치료사다. 유해한 사람은 취약한 사람을 공격 대상으로 삼기 쉽다. 내가 다른 심리 치료사들보다 유해한 관계, 나르시시스트의 학대를 겪은 사람들을 더 잘 이해할 수 있는 이유다. 나는 미국 플로리다주 최고재판소 공인 가사 조정위원으로, 유해한 관계가 법체계, 특히 양육권 분쟁에서 어떤 영향을 끼치는지 직접 지켜보았다. 유해한 사람들은 법정 다툼을 해결하지 않고 질질 끌기도 한다. 노련한 판사나 변호사는 보통 이런 조짐을 금방 알아차린다. 그런데 사람을 너무 잘 조종하는 바람에 정신 건강 전문가들조차 알아차리지 못하게 하는 사람들도 있다.

유해한 상황이 야기하는 피해는 물론이고 그들의 행동 패턴, 특히 '이상화했다가 깎아내리고, 버리는' 사이클, 정서적 학대, 가스라이팅 등을 많이 접해왔다(가스라이팅은 1장에서 자세히 설명할 것이다). 가장 최근에 펴낸 책 『가스라이팅』(수오서재, 2021)에서는 독자들이 유해한 관계를 알아차리고 그 관계에서 빠져나올 수 있도록 온갖 형태의 가스라이팅을 탐구했다. 20년 동안 심리 치료를 하면서 배우자나 연인, 가족, 상사와 동료의 가스라이팅 때문에 괴롭다는 내담자들을 점점 더 많이 보았다. 이들은 하나같이 밀고 당기는 속성이 있는 가스라이팅 행동 패턴을 경험했다. 유해한 사람들은 이들을 끌어당기고, 꼼짝 못 하게 하다가 갑자기 밀어낸다. 상대의 행동이 부적절하고 심지어 명백하게 위험한데도 유해한 관계인지 아닌지 미심쩍어하면서 심리 치료를 받으러 오는 내담자들도 많다. 가스라이팅이라는 용어가 널리 알려지자 점점 더 많은 내담자들이 심리 치료에서 자신의 경험을

털어놓기 시작했다. 몇 년 동안 유해한 관계에 얽매여 있으면서 벗어
나려고 애쓰다가 다시 끌려들어 가는 내담자도 있었다. 그들은 상대
와 만남을 줄이거나 연락을 끊고 나서야 비로소 완전히 새로운 삶을
살 수 있었다. 가스라이팅을 당했다는 사실을 알아차려야 궁극적으
로 그런 상황에서 벗어날 수 있다.

　내 책『가스라이팅』은 주로 유해한 관계인지 알아차리고 벗어나기
위한 방법을 다루고 있다. 이 책에서는 어떻게 자신을 보호하고 상처
에서 회복할지, 어떻게 해야 다시는 유해한 관계에 빠져들지 않을지
알아볼 뿐만 아니라, 가스라이팅의 후유증까지 탐구하려고 한다.

이 책에 관하여

———

　이야기를 시작하기에 앞서 먼저 밝혀둘 것이 있다. 이 책에
서 나는 남성과 여성을 구분하지 않고 '그'라는 대명사를 자주 사용
하려고 한다. 정서적 괴롭힘은 성별과 관계없이 일어나기 때문이다.
남녀 모두 유해하거나 폭력적이거나 사람을 조종하려 들 수 있다. 남
성이 그런 행동을 한다는 이야기를 더 많이 듣겠지만, 여성도 할 수
있고, 실제로 한다(여성의 학대는 학대로 보지 않거나 심각하게 여기지 않
을 때도 있다). 유해한 관계와 학대를 겪은 남성도 여성처럼 지원을 받
고 회복되어야 한다. 성 소수자 간의 관계에서도 학대가 일어날 수
있다. 이제까지의 편견과 오해를 바로잡는 일도 이 책의 목표 중 하

나다. 연인 관계뿐 아니라 가족과 친구 사이, 직장 동료 사이에서 생길 수 있는 관계의 문제를 보여주면서 유해한 관계에 대한 인식을 넓히고 싶다.

이 책을 읽으면서 "글쎄, 내 이야기는 아니네" 혹은 "내 상황은 그렇지 않았어"라고 말할지도 모른다. 어떤 유해한 관계든 공통으로 나타나는 특징도 있지만, 각각의 독특한 어려움도 있다. 이 책을 단번에 모두 이해하기는 어렵다. 그러니 당신과는 다른 상황이라고 생각되어도 책 전체를 읽어보라고 권하고 싶다. 관계와 상황은 굉장히 복잡하기 때문에 뜻밖의 부분에서 도움을 받을 수도 있다.

이 책의 내용을 소개하자면, 1장 '우리는 어쩌다 이렇게 되었을까?'에서는 유해한 관계의 정의를 배운다. 당신 주변에 있는 사람들이 유해한 사람인지 아닌지 알아볼 것이다. 어릴 때부터 정서적으로 건강하지 않은 사람들의 영향을 많이 받은 사람은 종종 누가 괜찮은 사람이고 누가 문제 있는 사람인지 구분하기 어려워한다. 하지만 그 사람이 유해한 사람인지 아닌지 알아야 어떤 사람과 관계를 맺을지 제대로 결정할 수 있다.

문자 메시지, 전화, 이메일, SNS 계정 등을 차단해 연락을 끊는 게 유해한 사람들에게서 벗어나 회복될 수 있는 가장 좋은 방법이다. 2장 '가능하면 연락을 끊자'에서는 왜 때로는 연락을 끊는 게 당신의 삶을 되찾을 유일한 방법인지 이야기할 것이다. 부모나 직장 동료처럼 연락을 완전히 끊기 어려운 사람과 어떻게 지낼지도 알아본다.

3장 '마무리는 내 손으로 하자'에서는 그가 사과함으로써 관계가 마무리되지 않을 수도 있다는 사실을 알게 된다. 마무리는 당신의 결단에 달렸다. 그러나 결단하는 게 너무 힘들거나 그 결단이 불가능해 보일 때도 있다. 꼭 전형적인 마무리를 해야 정서적으로 건강한 삶을 살 수 있는 건 아니라는 사실을 잊지 말자.

유해한 사람이나 그런 상황에 휘말린 당신 자신에게 화가 나고 분노가 치밀 수도 있다. 4장 '자신을 용서하자'에서는 어떤 사람이 유해한지 처음에는 깨닫지 못하는 경우가 얼마나 많은지 확인해본다. 모든 게 당신 잘못이었다고 그 사람이 계속 이야기했다 하더라도 관계를 맺는 동안 당신이 잘못한 건 없다는 사실을 받아들여야 한다. 그런 말에서 벗어나 자신을 용서하는 것이 치유에 꼭 필요한 단계다.

5장 '경계선을 정하자'에서는 유해한 사람에게 상처받지 않는 방법을 배우게 된다. 사람들이 당신을 존중하는 태도로 대하고, 당신의 물건을 조심스럽게 다루고, 당신의 반려동물을 잘 대우하고, 당신이 안전하다고 느끼도록 경계선을 정해야 한다. 당신이 사람들에게 어떻게 대우받고 싶은지에 관해 경계선을 정하는 일에는 연습이 필요하다. 유해한 사람들은 당신의 경계선을 서서히 약하게 만들고 무시하려고 한다. 이 장에서는 경계선을 튼튼하게 세우는 방법을 배운다.

혼자만의 힘으로 치유될 수 있는 사람은 없다. 정신 건강 전문가와 이야기를 나누면 여러 감정을 구별하면서 회복 과정을 밟아갈 수 있다. 6장 '전문가와 상담하자'에서는 다양한 정신 건강 전문가뿐 아니라 인지 행동 치료와 해결 중심 치료 등 여러 가지 치료법에 관해 알게 된다. 또한 정신 건강 전문가가 당신에게 잘 맞는지 아닌지 구별하는 방법도 이야기한다.

7장 '자신을 돌보자'에서는 회복 중 자신을 잘 돌보고 자기 연민을 실천하는 게 꼭 필요한 이유를 알아본다. 즐거운 시간을 보내고, 질 좋은 수면 습관을 가지도록 연습하는 일도 포함된다. 자신을 잘 돌볼 때 유해한 관계에서 벗어나 회복 과정에서 겪는 온갖 우여곡절에 더 쉽게 대처할 수 있다. 당신이 먼저 자신을 잘 대우할 때 다른 사람들도 당신을 잘 대우해야 한다고 느낀다.

오로지 스스로의 힘으로 유해한 관계의 후유증을 극복해야 한다고 생각할 수도 있다. 그 생각이 이런 관계를 겪은 사람들이 가지는 가장 어려운 문제 중 하나다. 오랜 학대로 고립감을 느끼기 때문이다. 나르시시스트 등 유해한 사람들은 당신이 다른 사람들과 친밀한 관계나 우정을 유지하지 않기를 바란다. 당신 주위에 지지자들이 있으면 당신을 조종하기 어려워지기 때문이다. 정서적으로 건강한 친구나 가족과의 관계를 회복하고, 새로 만난 사람들과 관계를 형성하는 게 회복의 일부다. 8장 '인간관계를 회복하자'를 읽으면서 당신에게 관심을 가지는 사람들에게 어떻게 당신을 가장 잘 '소개할지' 깨달을 수 있다.

유해한 상황에서 빠져나온 후에는 어마어마한 상실감을 느끼게 된다. 관계를 맺고 있을 때 이미 상실감 때문에 슬퍼하기 시작했을 수도 있다. 9장 '깊이 슬퍼하자'에서는 슬픔이 당신이 겪은 일을 이해하는 데 어떻게 도움이 되는지와 '걷잡을 수 없는 감정' 역시 회복 과정의 일부라는 사실을 배우게 된다. 당신은 유해한 관계 때문에 복잡

미묘한 슬픔을 느낄 수도 있고, 상반되는 감정을 한꺼번에 느낄 수도 있다. 하지만 결국 당신은 슬픔에서 벗어날 것이다.

회복 과정에서 가장 중요하지만 가장 적게 이야기하는 부분 중 하나가 다른 사람들을 돕기 위해 시간을 내는 일이다. 10장 '자원봉사를 하자'에서 이타적인 행동을 하거나 다른 사람들을 돕는 게 어떻게 도움이 되는지 배운다. 자원봉사는 다른 사람들과 관계를 맺고 함께 긍정적인 목표를 이루기 위해 노력하면서 집중할 기회를 준다. 자원봉사 단체가 건전한지 알아내는 방법, 유해한 관계를 겪은 다른 사람들을 지지하는 방법도 배우게 된다.

11장 '예방하자'에서는 이전 관계에서 얻은 정보를 새롭게 만나는 유해한 사람과 상황을 알아차리는 데 활용할 방법을 배우게 된다. 보통 유해한 관계에서 벗어난 후에는 사람들의 어려움에 더 깊이 공감한다. 그러다 다시 위험한 상황에 휘말리기도 한다. 사람들을 만날 때 막연하게 느끼는 두려움과 위험한 사람이라는 직감을 구분하는 법을 배우자. 그 사람이나 상황이 건강하지 않다는 걸 알려주는 위험 신호를 잘 알아차려야 한다. 그래야 건강한 인간관계를 맺으면서 충만한 삶을 살 수 있다.

이 책의 모든 장에서 유해한 관계를 폭넓은 시각으로 고찰한 후 학대 경험에서 회복될 수 있는 구체적인 방법을 배우게 된다. 각 장을 모두 읽어보라고 권하고 싶은데, 꼭 차례대로 읽지 않아도 된다. 각 장은 치유와 회복에 반드시 필요한 정보를 담고 있다. 모든 장에 담긴 구체적인 경험담이 회복의 여정에 큰 도움을 줄 것이다. 예를 들어 일기 쓰기는 당신이 겪었던 일을 극복하고, 당신이 얼마나 치유되었는지를 확인하는 데 효과적인 방법이다. 아직 일기장이나 메모 애플리케이션이 없다면 이제 하나 준비하자. 또한 적극적으로 사는 게 불안과 우울, 슬픔을 줄이는 데 어떻게 도움이 되는지, 좋은 수면 습관을 가지는 게 명료한 사고와 의사 결정에 어떻게 도움이 되는지를 배우게 된다.

당신이 자신을 치유하면서 새로운 삶을 시작하는 데 이 책이 좋은 안내자가 되면 좋겠다. 당신은 이미 첫걸음을 뗐다. 이제 한 발짝 물러나서 유해한 관계가 왜 만들어지는지 더 자세히 살펴보자.

1장

우리는 어쩌다 이렇게 되었을까?

*

유해한 관계와 유해한 사람을
어떻게 알아볼까?

유해한 관계에 휘말리고 싶은 사람은 아무도 없다. 그러나 어떤 사람들은 위험한 관계가 될 것이라는 조짐을 전혀 느끼지 못하고 관계에 휘말린다. 예를 들어 최대한 잘 대우해주리라 믿고 취직한 회사가 편파적인 분위기일 수도 있고, 처음 만났을 때는 애정을 퍼붓던 연인이 점점 폭력적인 행동을 할 수도 있다. 태어났을 때부터 정서적으로 건강하지 않은 가정에서 성장했을 수도 있다. 부모가 술을 마실 때마다 폭력적으로 변하거나 부모에게 사랑받으려고 애썼지만 부모가 다른 형제만 편애했을 수도 있다.

유해한 관계는 각양각색의 교묘한 방식으로 나타나서 몇 달 또는 몇 년 동안 고통을 받으면서도 그게 폭력적인 관계인지 깨닫지 못하는 경우도 있다.

어떤 관계가 유해한 관계일까?

'나는 어떤 관계가 유해한 관계인지 이미 알아. 그러니까 이 책을 읽고 있지'라고 생각하는가? 당신이 겪고 있는 고통의 원인이 무엇인지 확실히 모르고 있는가? 그렇다면 당신이 뒤에 나오는 설명 중 몇 가지나 해당되는지 스스로 물어보자.

1. 이 사람을 알게 된 후 신체적인 질병을 더 많이 앓고 있다. 그 중 몇몇은 스트레스 때문에 생겼거나 악화되었다.

2. 믿을 만한 친구와 가족은 내가 이 사람을 가까이하는 게 해롭다고 말한다.

3. 이 사람의 말과 행동 때문에 내가 하찮게 여겨진다.

4. 이 사람과 만나면서 계속 감정적으로 혼란한 상태에 빠진다.

5. 나는 더 이상 내 판단을 신뢰하지 않는다.

6. 나의 욕구보다 상대의 욕구를 채우려고 애쓴다.

7. 나의 잘못이 아닌 일로 자책한다.

8. 지금의 나는 옛 모습의 그림자일 뿐이라고 느낀다.

9. 나는 단 한 번도 괜찮은 사람인 적이 없다고 느낀다.

10. 내 일에 방해를 받았거나 내 휴대전화나 컴퓨터를 해킹당한 적이 있다.

11. 어떤 상황을 바꾸기 위해 행동하는 시간보다 어떻게 할지 고민만 하는 시간이 더 많다.

12. 이 사람은 동료, 친구, 가족 등 여러 사람이 내게 등을 돌리게 한다.

13. 이 사람은 내가 정상이 아니며, 나를 사랑할 사람을 절대 만날 수 없을 것이라고 말한다.

14. 이 사람은 내 가족과 친구들이 나를 비난했다고 전한다.

15. 이 사람은 내가 정상이 아니라는 걸 많은 사람이 안다고 말한다.

16. 이 사람과의 관계에서 벗어나는 게 두렵다.

17. 이 사람은 나를 밀치거나 때리거나 뺨을 치거나 몸으로 막으면서 자리를 떠날 수 없게 했다.

18. 나는 이 세상에 존재할 자격이 없거나 항상 어딘가 부족하다고 느낀다.

19. 나는 자해 행위를 한다.

20. 이 사람의 영향을 받아 자살해야겠다고 생각한 적이 있다.

이 설명 중 하나라도 해당하는 게 있다면, 현재 유해한 관계 속에 있을지도 모른다. 당신에게 해당하는 설명이 많을수록 이런 관계일 가능성이 높다. 간단히 말해, 유해한 관계는 누군가가 나를 조종하거나 가스라이팅하거나 학대하는 관계다. 정신적으로, 정서적으로 혹은 신체적으로까지 당신에게 해를 끼치고, 당신을 더는 알아볼 수 없는 누군가로 바꾸어놓는 것 같은 관계다. 유해한 사람들은 에너지를 빨아먹는 흡혈귀와 비슷하다. 그런 사람이 그저 가까이에 있기만 해도 자신이 빈껍데기가 된 것처럼 느낄 수 있다.

여기서 알아둘 점이 있다. 당신은 '글쎄, 내 상황은 그렇게 나쁘지 않아. 다른 사람들은 훨씬 더 심한 일을 겪는다고 들었어'라고 생각할 수도 있다. 유해하고 폭력적인 관계는 다양하게 나타난다는 사실을 알아두자. 앞의 목록 중 아무 항목에도 해당되지 않을 수 있다. 어떤 유해한 상황도 보통 처음에는 문제가 명백하게 드러나지 않는다. 이런 문제는 시간이 흐르면서 점점 심해지는데, 너무 서서히 진행될 때가 많아서 무슨 일이 일어나고 있는지 깨닫기가 쉽지 않다. 더 알고 싶으면 40쪽의 '이것도 학대일까?'를 보자.

유해한 행동을 하는 사람은 흔히 나르시시스트 성향을 가진 경우가 많다. 그래서 나는 이 책에서 유해한 사람을 종종 나르시시스트라고 부르려고 한다. 그들은 자기 행동에 책임을 지지 않고, 자신은 일반적인 규칙에서 벗어나 특별한 대우를 받아야 한다고 느끼고, 다른 사람들이 자기 아래에 있는 듯 행동하고, 자기중심적으로 행동한다. 그들은 무엇을 얻을 수 있느냐의 관점에서 사람들을 대한다. 나르시시스트가 당신에게 공감을 보인다고 느낄 수도 있다. 그러나 당신에게 보이는 감정들은 아마도 **인지적 공감**의 표현일 것이다. 말뿐이지 진정한 감정은 없고 그저 자신이 관심을 가진다고 생각하게끔 말한다는 뜻이다. '자기애성 성격장애'를 가진 사람과 나르시시스트를 혼동할 수도 있다. 실제로는 나르시시스트의 성향을 가지고 있지만, 자기애성 성격장애라고 진단받을 정도로 심하지는 않은 사람도 많다. 나르시시스트를 스펙트럼으로 생각해보자. 심하지 않은 나르시시스트라면 스트레스를 받을 때만 그런 특성을 드러낸다. 심한 나르시시스트는 누구와도 좋은 관계를 맺기 어렵다(정확하게 말하자면, 누구와도 유해한 관계를 맺을 수 있다).

유해한 관계나 상황은 보통 아래와 같은 조짐을 보인다.

- 병적인 거짓말
- 당신이나 다른 이들의 행동을 불평하면서 다른 사람의 의견은

전혀 들으려 하지 않는다.

- 모든 관계에서 자신을 희생자로 묘사한다.
- 밀고 당기는 행동, 즉 당신에게 '벌주는' 행동과 '보상하는' 행동을 번갈아 반복한다.
- 다른 사람들과 당신 혹은 당신의 자녀들끼리 서로 사이가 틀어지게 한다.
- 경계선을 침범하려고 한다.
- 반복적으로 격렬한 분노를 터뜨리다가 갑자기 친절해진다.
- 괴롭히고 스토킹한다.
- 법을 이용해 당신을 파산시키겠다고 위협한다.
- 당신을 버리거나, 버리겠다고 위협한다.
- 자동차 안처럼 피할 수 없는 폐쇄된 곳에서 소리를 지르거나 목소리를 높인다.
- 당신이 가족에게서 멀어지게 한다.
- 당신에게 자해하라고 부추긴다.
- 자신의 행동을 당신 탓으로 돌린다.
- 잔인한 말을 한 다음 그저 농담이라고 우긴다.
- 당신을 깎아내린다.
- 떠나지 못하게 막아서는 등 어떤 방식으로든 폭력적인 행동을 한다.
- 아이와 반려동물을 학대한다.
- 당신의 소지품을 뒤지거나 숨긴다.

- 당신이 멀리 있을 때 허락도 받지 않고 당신 집에 접근한다.
- 자신이 당신에게 어떻게 행동했는지에 관해서는 이야기하지 않으려고 한다.
- 휴대전화 같은 당신의 전자 기기를 몰래 본다.
- 사람들이 당신을 비난했다고 전한다.
- 자기 행동에 책임지지 않으려고 한다.
- 다른 사람들에게 당신을 헐뜯는다.
- 허락 없이 당신 이름으로 서류에 서명한다.
- 허락 없이 당신의 신용카드를 사용하거나 당신 명의로 신용카드와 계좌를 개설한다.
- 직장을 그만두고 집에만 있으라고 강요한다.
- 방어적이라고 당신을 비난한다.
- 억지로 일을 하게 한다.
- 당신을 내쫓겠다고 위협한다.
- 주민등록증이나 여권 같은 신분증을 빼앗는다.

연인 관계에서

- 습관적으로 불륜을 저지른다.
- 이전 배우자나 연인을 욕하거나 그들 얘기를 자주 꺼낸다.
- 성행위를 강요한다.
- 당신이 자고 있거나 동의할 수 없는 상태에서 성행위를 비롯한 강간을 한다.

가족 관계에서

- 연로하거나 아픈 가족을 돌보라고 강요하거나 죄책감을 느끼게 한다.
- 당신과 인연을 끊겠다고 위협한다.
- 당신의 애인이나 배우자에게 추파를 던지거나 유혹한다.
- 일반적인 관행에서 벗어나 불쑥 찾아온다.

직장에서

- 당신이 한 일의 공을 가로챈다.
- 마감 시간을 자주 바꾸면서 당신에게 알리지 않는다.
- 아무 근거 없이 인사 고과에서 당신에게 낮은 점수를 준다.
- 근무 중 쉬지 못하게 한다.
- 당신이 병가를 내는 이유를 밝히라고 강요한다.
- 상사에게 은밀하게 알린 당신의 건강 문제를 다른 직장 동료들에게 떠벌린다.
- 월급을 주지 않으려고 하거나, 세금 관련 서류를 제대로 떼어 주지 않으려고 한다.
- 작은 실수를 해도 당신을 해고하겠다고 위협한다.
- 서류를 위조하라고 말한다.

앞의 목록에서 어떤 행동을 했더라도 심각한 문제다. 아직 심리 치료사나 다른 정신 건강 전문가의 도움을 받고 있지 않다면, 누군가와 만나 당신의 고민을 털어놓자(6장에서 정신 건강 전문가가 어떤 사람이며, 어떻게 치료하며, 어떻게 내담자와 관계를 맺는지 자세히 이야기한다).

유해한 관계의 3단계
———

앞에서 나열한 행동 외에도 유해한 관계를 알아보는 방법이 있다. 관계 속에서 '이상화', '깎아내리기', '버리기'라는 3단계가 뚜렷하게 드러나는지 확인해보면 된다. 유해한 관계는 이렇게 명확한 순서에 따라 단계별로 진행된다. 조금 더 자세히 살펴보자.

유해한 사람은 설득을 잘하고 경력도 좋은 경우가 많다. 이런 사람을 만나면 그가 일관성 있게 행동한다고 생각하기 쉽다. 예를 들어 새로 사귄 남자친구가 처음에는 "당신 같은 사람은 처음이야"라면서 **애정 공세**를 펼치고, 당신을 떠받들면서 선물을 한가득 안긴다. 상사가 처음에는 당신이 회사에서 가장 똑똑한 직원이라고 칭찬한다. 동생이 당신이 있는 자리에서 친구들에게 "형이 없었다면 나는 완전히 방황했을 거야"라고 말한다. 한 친구는 당신에게 "나한테 필요한 친구는 너뿐이야"라고 이야기한다. 이것이 유해한 관계에서 **이상화** 단계다. 상대가 당신을 완벽한 사람으로 보는 것 같지만 그가 정말 그렇게 느껴서 하는 말은 아니다.

나르시시스트에게는 자신의 자존심을 채워줄 먹잇감이 필요하다. 그를 맹목적으로 사랑하면서 끊임없이 관심을 기울이고, 자신이 얼마나 멋있는지 말해주고, 뿌리 깊은 불안감을 덮어줄 누군가가 필요하다. 애정 공세는 당신을 떠나지 못하게 하려는 나르시시스트의 책략이다. 뭐든 당신이 듣고 싶은 말을 하기 때문에 이런 사람을 만나면 계속 연락하면서 사귀게 될 가능성이 높다. 일반적으로 새로운 사람을 만나 모든 게 새롭고 흥미진진한 상태와는 조금 다르다. 이상화 단계에서 나르시시스트가 퍼붓는 애정 공세는 너무 강렬하고 믿기 어려울 정도로 황홀하다. 누군가가 만난 지 얼마 되지 않아 애정 공세를 퍼부으면서 다른 사람들과는 만나지 못하게 하거나, 당신이 그의 소유물이라고 주장한다면 정말 조심해야 한다. 그와 당신 사이에 섬뜩할 정도로 공통점이 많을 수도 있다. 사실은 당신의 이야기를 잘 듣고 행동을 세밀하게 관찰하면서 당신과 비슷하게 말하고 행동하고 있을 뿐이다. 당신에게 이제 충분히 친밀해졌는지 물을 수도 있다. 그리고 관계가 확고해졌다는 걸 확인하면 깎아내리기가 시작된다.

깎아내리기는 서서히 심해진다. 유해한 사람은 먼저 지나가는 말로 당신의 외모나 행동을 평가한다. 그다음 노골적으로 비판하기 시작하면서 다른 사람들 앞에서도 당신을 비난한다. 키나 외모처럼 바꿀 수 없는 부분들을 지적하기 시작한다. 처음에는 당신이 잘못하는 게 하나도 없다는 듯 말하다가 이제는 당신이 잘하는 게 하나도 없다고 말한다. 당신은 난처하고 수치스러워진다. 당신은 자신을 비난하기 시작한다. 어떻게 당신을 왕족처럼 대했던 사람이 이제는 당신이 끔찍하다고 생각할 수 있을까?

당신은 그가 사람들 앞에서 '가면'을 쓴다는 사실을 알아차린다.

당신이 아는 모든 사람이 그를 아주 좋아하거나 적어도 괜찮은 사람이라고 생각한다. 그러나 화가 날 때 그의 얼굴은 완전히 변한다. 불륜을 저지르다 들켜도 양심의 가책을 느끼는 대신 당신을 탓하거나 불륜 사실을 부인한다. 당신이 보고 들은 게 사실이 아니라고, 당신이 미쳐가고 있다고 말할 수도 있다.

유해한 사람도 이따금 당신을 아주 친절하게 대한다. 싸운 후에도 종종 그럴 수 있고(자신의 행동은 절대 사과하지 않지만), 때로는 아무 이유 없이 친절을 베풀기도 한다. 이렇게 오락가락하는 행동을 **간헐적 강화**라고 부른다. 유해한 사람의 '좋은' 면이 언제 나타날지 모를 때 그의 곁에 조금 더 오래 머무르게 된다. 못되게 굴 때는 정말 못되게 굴고, 잘할 때는 놀라울 정도로 잘한다. 뇌가 이런 예측 불가능성에 중독되면 이 관계에서 벗어나기가 더 힘들어진다. 공감을 잘하는 사람이라면 이렇게 된 게 다 자신의 탓이라고 생각할 수도 있다(자신에게 책임이 있다고 느끼는 건 정상적인 반응이다. 그러나 당신 잘못으로 이렇게 된 건 **아니라는** 사실을 알면 좋겠다). 유해한 사람은 당신의 어떠한 행동 때문에 당신을 그렇게 대했다고 말할 것이다. 유해한 관계에서는 이런 밀고 당기기 때문에 정신적 외상 유대감이 생긴다. 그 내용은 이 장의 뒷부분에서 더 설명하려고 한다.

그러다 갑자기 연락을 끊으면서 **버리기** 단계가 시작된다. 만나자마자 이상화했던 단계처럼 버리기 단계도 갑작스럽고 강렬하다. 당신은 두 가지 상실감을 느낀다. 당신이 안다고 생각했던 사람이 사실은 존재하지 않는다는 상실감, 그 사람이 정말 충격적으로 변했다는 상실감이다.

유해한 사람은 당신이 이해할 틈도 없이 갑자기 잔인하게 당신을 버린다. 버리기 전에 먼저 분노를 터뜨리기도 한다. 당신이 어떤 식으로든 그 사람의 나르시시즘에 상처를 입혔거나 그의 자존심을 위협했기 때문이다. 그에게 '순종하지' 않았을 수도 있고 그의 행동이 걱정된다는 말을 꺼냈을 수도 있다. 기만적인 행동을 당신에게 들켰거나 당신이 자신의 진짜 정체를 파악하고 있다는 사실을 알아차렸기 때문일 수도 있다. 너무 사소한 일이어서 그가 무엇 때문에 화가 났는지 알아내려고 오랫동안 마음을 끓이겠지만, 어쨌든 당신에게는 아무 잘못도 없다는 사실을 잊지 말자.

유해한 사람은 대상 항상성에 문제가 있는 경우가 많다. 대상 항상성이란 갈등이나 어려움이 있어도 관계가 흔들리지 않는다고 믿는 능력이다. 정서적으로 건강한 사람은 연인이나 친구를 사랑하지만, 때로는 그들이 자신을 속상하게 한다는 사실을 받아들인다. 또한 그런 문제에 잘 대처하는 게 자신의 책임이라는 사실을 이해한다. 하지만 나르시시스트는 초토화 작전을 펴면서 충격적이고 끔찍한 방식으로 관계를 끝내려고 한다.

"내가 그에게 헌신적이라는 사실을 알자 그는 금방 깎아내리기를 시작했다. 그는 차갑고 잔인하게 나를 버렸다. 나에게 어떤 감정도 느낀 적이 없는 것처럼 행동했다. 마치 다른 사람으로 변한 것 같았다. 그의 눈은 냉담하고 무정해 보였다."_아이샤, 32세

후버링

유해한 사람은 당신을 버린 뒤에도 간간이 주위를 맴돌며 관심을 보여서 당신이 떠나지 못하게 한다. 떠날 것이라는 생각이 들면 옛 관계로 다시 끌어들이려고 온갖 노력을 한다. 이런 행동을 진공청소기 후버의 이름을 본떠 후버링Hoovering이라고 부른다. 유해한 사람은 이제 충분히 '벌주었다'고 느끼거나, 더 이상 당신의 관심을 끌지 못해 불안하거나, 당신이 필요해질 때 계속 연락을 시도한다. 그는 종종 이상한 문자 메시지를 남겨 답장을 하게 만들거나, 두 사람이 아직 좋은 사이라도 되는 듯 천연덕스러운 음성 메시지를 남긴다.

그가 달라졌으리라고 생각하는 게 잘못은 아니다. 우리는 잘못된 행동을 하는 사람을 보면 어느 정도 그 사람이 바뀌기를 기대한다. 그러나 유해한 사람은 대개 이전과 같은 속임수를 활용하고 있을 뿐이다. 그저 당신이 문자 메시지에 기꺼이 답하는지 확인하고 싶은 마음이다. 그래서 헤어졌다 다시 만나기를 여러 번 반복한 후에야 완전히 헤어지는 사람도 많다.

유해한 관계의 3단계처럼 후버링도 조짐을 알면 알아차리기 쉽다. 그들은 당신이 그립다고 말하겠지만 자신의 행동에 대해서는 거의 사과하지 않는다. 사과하라고 요구하면 친절했던 태도가 금방 적대적으로 바뀔 수도 있다. 유해한 사람은 당신을 되찾기 위해 무슨 말이든 하려고 한다. 상황이 달라질 것이라고 약속하거나 당신을 되찾기 위해 필요하다고 생각하는 것을 정확하게 제안한다. 연인으로만 지냈던 사람이 이제 결혼을 하고 아이를 가질 준비가 되었다고 하거나, 어머니가 알코올 중독 치료를 위한 회복 모임에 나가겠다고 말하는 식이다. 당신이 회사를 떠나지 않으면 월급을 올려주겠다고 제안할 수도 있다. 그러나 당신이 관계를 되돌리면 계획들은 사라진다. 당신이 그 이야기를 꺼낼 때마다 회피하거나, 무언가 당신이 잘못해서 약속을 지킬지 말지 고민이라고 말한다. 당신을 되찾기 위해 임시방편으로 약속한 다음, 약속을 지키지 않는 이런 행동을 **미래 꾸며내기**라고 부른다. 그런 사람과 다시 만나면 더욱더 심각한 관계로 빠져든다. 심지어는 신체적인 위협을 느낄 수도 있다. 이 내용은 11장에서 더 탐구하려고 한다.

유해한 관계가 언제나 폭력적인 건 아니다. 유해한 관계를 겪는 사람이 가장 혼란스러워하는 점 중 하나가 이것이다. 그가 때때로 잘 대해주면 왜 늘 그렇게 하지 않는지 의문이 드는 것이다. 하지만 관계의 해로운 부분은 보통 그다음에 드러난다. 이것이 학대에서 나타나는 전형적인 주기다. 그와 지내는 시간의 90퍼센트는 좋은 상태고, 10퍼센트만 정서적으로 건강하지 않은 상태가 되어도 유해한 관계라고 볼 수 있다. 당신에게 때때로 잘해준다고 폭력적인 행동이 지워지지는 않는다.

> "그와 함께 있으면 이보다 더 좋을 수가 없었다. 그가 계단 아래로 나를 밀어뜨리고, 내 뺨을 때리고, 스토킹을 하기 전까지는 말이다."_팸, 29세

이것도 학대일까?

내담자와 이야기하다 그들이 '학대'를 견뎌왔다고 지적하면 처음에는 저항하는 경우가 많다. 누군가와의 관계를 설명하면서 '학대'라는 단어를 사용하기가 꺼려질 수도 있다. **'분노를 터뜨릴 때가 많지만, 그걸 학대라고 부를 순 없어. 그저 서로 여러 면에서 충돌했을 뿐이야'**라고 생각할지도 모른다. 학대 행동에는 다양한 형태가 있다는 사실을 깨닫는 게 중요하다. 우리는 학대를 때리고, 발로 차고, 뺨을 때리는 행위 같은 신체 폭력의 관점에서 주로 생각한다. 다른 사람이 당신에게 육체적인 폭력을 전혀 휘두르지 않아도 당신을 학대했을 수는 있다. 육체적 학대뿐 아니라, 성적, 재정적·경제적, 언어적 혹은 정서적·심리적 학대도 있다. **강압적인 통제**라고도 불리는 정서적이고 심리적인 학대는 신체적인 학대만큼 해롭다.

다양한 형태로 상대를 통제하면서 좌지우지하려는 게 학대하는 사람의 목표다. 당신이 학대하는 사람에게 의존할수록, 그의 곁에 오래 머무를수록 점점 관계를 떠나기 어려워진다. 학대하는 사람들은 이것을 안다. 또한 당신이 다른 사람들에게 학대에 관해 말하지 못하도록 입단속을 한다.

상대가 다음 중 어떤 행동이라도 한 적이 있는지 스스로 물어보자.

신체적 학대

• 꼬집는다.

- 심하게 간지럽힌다.

- 밖으로 나가거나 도망치지 못하도록 막는다.

- 물거나 침을 뱉는다.

- 때리고, 발로 차고, 주먹으로 치고, 뺨을 때린다.

- 당신을 어딘가에 가두거나, 자동차 밖으로 내쫓거나, 집에 데려가지 않겠다고 한다.

성적 학대

- 당신의 신체나 성기능을 비웃는다.

- 성매매를 하게 한다.

- 성관계를 거절하면서 당신을 '벌준다'.

- 잠을 자거나 의식이 없을 때 성관계를 한다.

- 성행위를 강요한다(강간한다).

재정적·경제적 학대

- 용돈을 거의 주지 않으면서 꼭 필요한 소비도 막는다.

- 당신 명의로 동산이나 부동산을 가지지 못하게 하거나 명의를 바꾼다.

- 음식이나 옷을 사주지 않는다.

- '벌'로 돈을 주지 않는다.

- 번 돈을 자신에게 넘기라고 강요한다.

- 매춘을 강요한다.

- 일을 그만두라고 강요한다.

- 당신이 제정신이 아니라고 회사에 이야기하겠다며 위협한다.

- 교통수단을 제공하지 않으면서 외출을 막으려고 한다.

언어적 학대

- 당신을 경멸하는 말을 한다.

- 소리나 비명을 지른다.

- 당신 옷이 너무 선정적이라고 말한다.

- 다른 사람들 앞에서 당신을 비난한다.

- 자녀들 앞에서 당신을 깎아내린다.

정서적·심리적 학대

- 당신이 가족과 친구들을 만나지 못하게 한다.

- 다른 사람들이 당신에 대해 나쁜 말을 했다고 전하면서 사이를 갈라놓는다.

- 당신이 독립하려는 조짐을 보이면 죄책감과 수치심을 느끼게 한다.

- 부모로서 능력이 없다고 말한다.

- 자녀들을 빼앗겠다고 위협한다.

- 수치심을 유발해 학대를 폭로하지 못하게 한다.

- 당신과 다른 사람들을 불공평하게 비교한다.

- 당신 스스로 현실을 제대로 파악하지 못하고 있다고 생각하게

끔 한다. (44쪽 '가스라이팅이란 무엇인가?'에서 확인하자.)

당신은 유해한 사람에게 맞서기 위해 소리를 지르거나 몸싸움을 하거나, 몸으로 막아서는 등 그들과 똑같은 방법을 사용할지도 모른다. 나쁜 행동이라는 걸 알면서도 그런 행동을 하는 자신에게 화가 날 수도 있다. 그러나 나르시시스트에게 맞서기 위해 폭력적인 행동을 한다고 해서 당신도 나쁜 사람이 되지는 않는다. 당신은 어쩔 수 없는 상황에서 살아남으려고 애쓰고 있을 뿐이다. 상대가 먼저 당신을 육체적으로나 정신적으로 위협했다. 당신이 떠나지 못하게끔 막았을 수도 있다. 정서적 학대를 포함해 가정 폭력을 당하는 사람들은 종종 그 상황을 끝내기 위해 유해한 사람과 비슷한 행동을 한다. **그렇게 하면 유해한 사람이 학대를 중단할 때도 있기 때문이다.**

학대하는 사람이 당신에게 한 행동을 똑같이 따라 하는 걸 **반응적 학대**라고 부른다. 당신이 학대를 한다는 뜻은 아니다. 그런데도 학대하는 사람은 당신이 진짜 학대자고, 자신은 피해자라고 말할 수도 있다. 이 말을 믿어서는 안 된다. 당신이 평생 어떤 식으로 행동했는지 돌아보면 도움이 된다. 그 사람을 만나기 전에는 당신이 폭력적이지 않았다면 학대에 대한 반응으로 그렇게 행동했을 가능성이 높다. 유해한 사람이 훨씬 더 심하게 행동하기 때문에 당신의 행동은 크게 문제가 되지 않는다고 느낄지도 모른다. 그런 감정을 느끼는 것은 이상한 일이 아니다. 위협을 당할 때 맞서는 행동은 방어의 한 형태이지 당신이 폭력적이라는 증거가 될 수는 없다.

학대하는 사람과의 관계에서 벗어난 뒤에는 상담을 받는 게 중요하다. 그래야 학대하는 사람에게 맞서려고 똑같이 행동했다는 수치심과 죄책감을 극복할 수 있다. 6장에서 상담에 관한 더 많은 정보를 얻을 수 있다.

> "그는 내가 일 때문에 시간을 너무 많이 빼앗기고 있으니 직장에 다니지 않으면 좋겠다고 말했다. 그래서 나는 일을 그만두었다. 이제는 그가 그저 나를 고립시키려고 했다는 사실을 깨달았다."_진저, 50세

> "그가 나를 대하는 태도가 싫다고 그에게 직접 말했다. 자동차로 나를 태우고 가던 그는 인적 없는 곳에서 나보고 내리라고 하더니 쏜살같이 가버렸다."_멜리사, 43세

가스라이팅이란 무엇인가?

———

가스라이팅은 심리적이고 정서적인 학대의 일종이다. 가스라이팅은 피해자가 현실을 제대로 파악하지 못하고 있다고 믿도록 조종하는 방법이다. 시간이 흐르면서 피해자는 자신이 제정신이 아니라고 느끼고, 세상을 제대로 인식하고 있는지 스스로 의심하게 된다. 그 후 현실을 '제대로' 파악하기 위해 가스라이팅하는 사람에게

점점 더 의존한다.

누군가의 관심을 독차지하면서 통제하고 마음대로 휘두르는 것이 가스라이팅하는 사람의 궁극적인 목표다. 자기애성 혹은 반사회적 특성을 가지고 있거나 정신 건강 장애 중 자기애성 성격장애 진단을 받은 사람들이 가스라이팅 행동을 한다.

아래와 같은 행동이 가스라이팅이다.

- 당신이 뭔가를 보거나 듣지 못했다고 말한다.
- 자주 바람을 피우면서 도리어 당신이 바람을 피운다고 끊임없이 비난한다.
- 다른 사람들이 당신을 비정상으로 여긴다고 말한다.
- 당신의 일을 방해한다.
- 죄책감과 수치심을 이용해 당신을 압박한다.
- 당신의 귀중한 물건들을 숨긴 다음, 당신에게 책임을 돌린다.
- 당신보다 다른 사람들이 그에게 더 잘해주었다고 말한다.
- 그와 문제를 일으킨 사람은 당신뿐이라고 말한다.
- 당신의 심리적 약점을 알고 이용한다.

가스라이팅은 천천히 스며드는 과정이고, 시간이 흐르면서 강도가 더욱 심해진다. 자신이 제정신인지 의심하도록 만드는 게 가스라이팅의 목적이기 때문에, 가스라이팅을 당했다면 정신 건강 전문가와 상담하는 게 정말 중요하다. 나는 커플 상담보다 개인 상담을 강력하게 권한다. 가스라이팅 가해자는 도리어 심리 치료사를 조종하려고 들며 어떤 문제든 당신 탓을 하기 때문이다. 정신 건강 전문가들에 관한 더 많은 정보를 얻고 싶으면 6장을 보자.

직장에서 부당한 대우를 받고 있다면

누군가의 행동 때문에 일하기 힘들어지거나 직장에 다니기 어려워졌다면 당신이 괴롭힘을 당하고 있을지도 모른다. 상사나 동료 혹은 같은 회사의 직원이 아닌 다른 누군가(고객 등) 때문에 그럴 수 있다. 당신에게 반드시 부적절하거나 해로운 행동을 해야만 괴롭힘이 아니다. 괴롭힘이나 다른 유해한 행동을 방관하는 환경이어서 안전하지 않다고 느끼거나, 누군가가 괴롭힘을 당하는 장면을 목격하는 것도 괴롭힘이다. 미국에서는 성희롱을 포함한 직장 내 괴롭힘이 법률을 위반하는 일종의 고용 차별이다. 83쪽 '심한 갈등을 겪는 사람과 함께 일할 때'에서 사례를 확인하자.

왜 이런 일이 일어났을까?

유해한 관계에서 벗어나는 법이나 이미 끝낸 관계에서 완전히 치유되는 법을 알려면 왜 그런 관계가 되었는지를 자세히 살피는 게 도움이 된다. 누구든 유해한 사람 앞에서는 쩔쩔매게 된다. 몇몇 이유 때문에 관계를 끝내기 어려운 상황도 있다. 원 가족 문제나 낮은 자존감 문제, 정신적 외상 유대감, 사회적 압박감 혹은 경제적 문제, 매몰 비용 효과, 인지 부조화 등등의 이유로 유해한 관계에서 벗어나지 못하는 사람이 많다.

원 가족(결혼 전 가족) 문제

우리 가족을 관찰하면 우리가 인간관계에서 어떻게 행동하는지 알 수 있다. 어린 시절 당신의 부모는 서로 어떻게 대했는지 기억을 되살려보자. 문제가 생겼을 때 침착하게 의논했는가 아니면 심하게 싸웠는가? 부모의 화가 당신에게 쏟아지지 않도록 눈에 띄지 않으려고 애썼는가? 우리는 어른이 되어서도 어릴 때 익힌 삶의 방식대로 살아가기 쉽다. 난장판인 집안에서 성장했다면 어른이 되어서도 심하게 불안정한 관계가 정상이라고 느낄 수 있다. 안정된 연애나 친구 관계를 지루하게 여기거나 건전하고 좋은 관계란 있을 수 없다고 느끼면서 '또 무슨 일인가 벌어지기를 기다리고' 있을지도 모른다. 상황이 비교적 괜찮아질 때마다 이제 뭔가 끔찍한 일이 벌어질 것이라고 두려워한다. 유해한 가족 때문에 인간관계에 대한 시각이 뒤틀렸는데, 그 가족과 계속 연락해야 할 수도 있다. 유해한 가족이 자신이 그렇게 행동한 건 당신 탓이라고 말해서 내내 자책했을 수도 있다.

원 가족과 어떤 관계를 맺었는가가 어른이 된 당신의 애착 유형에

큰 영향을 미친다. 애착 유형은 당신이 다른 사람들에게 공감하면서
유대감을 형성하는 방식이다. 이 개념은 5장에서 자세히 탐구하게
된다.

스스로 기록해보기 ✳

이전에도 유해한 사람을 만난 적이 있는가?

유해한 사람을 만난 경험이 처음인가? 아니면 여러 차례에 걸쳐 나르시시스
트나 반사회적 인격 장애자를 만났는가? 어린 시절, 당신에게 해로웠던 누
군가에 대한 기억을 천천히 끄집어내서 써보자. 가족이나 친구일 수도 있고,
선생님이나 코치 같이 당신의 삶에 영향을 주었던 사람일 수도 있다. 앞에
나오는 유해한 행동 목록을 이용해 그들의 문제 행동들을 묘사하자. 지금 그
들과 당신의 관계가 어떤지도 써보자. 아직도 그들을 자주 만나거나 이야기
를 나누는가? 그들과 거리를 두었는가? 아니면 그 사람이 이미 죽었는가?

스스로 기록해보기 ✳

유해한 사람들이 어떤 영향을 주었는가?

앞에 쓴 기록을 보면서 유해한 사람들이 각각 스스로와 주변 세상을 보는
관점에 어떤 영향을 주었는지 써보자. 흠만 잡는 부모로부터 당신이 괜찮지
않다는 메시지를 계속 받았을 수도 있다. 선생님이 은연중 다른 사람의 경계
선을 침범해도 된다고 가르쳤을 수도 있다. 코치가 자신도 모르는 새 시시때

때로 소리를 질러도 된다고 가르쳤을 수도 있다. 이 목록을 만들면서 어떤 영역에서 유해한 사람들로부터 자신을 보호해야 하는지 확인할 수 있다. 심리 치료를 받고 있다면, 당신이 기록한 내용을 정신 건강 전문가에게 이야기해보자.

낮은 자존감 문제

자존감은 자신이 얼마나 가치 있는 인간인지에 관한 주관적인 느낌이다. 자존감이 낮으면 유해한 사람이나 상황에 쉽게 휘둘린다. 경계선을 정하거나 유지하기가 힘들기 때문이다. 비정상적인 가정에서 성장하면 자존감이 낮아질 수 있다. 뒤에 나오는 문제들도 낮은 자존감의 원인이 된다.

- 학교나 직장에서 괴롭힘을 당했다.
- 학업 성적이나 근무 성적이 낮았다.
- 목표 달성이 어려웠던 적이 있다.
- 불안, 우울, 조울증이나 ADHD를 겪은 적이 있다.
- 따돌림을 당하거나 무시당했다.
- 건강하지 않은 관계를 맺은 적이 있다.
- 학대당한 적이 있다.
- 만성 질환이 있다.
- 만성 스트레스에 시달렸다.

- 집이나 음식처럼 기본적인 삶에 필요한 요소들을 확보하기 어려웠다.

자존감이 낮으면 자신의 잘못이 아닌 문제까지 스스로에게 탓을 돌린다. 당신이 잘못해서 상대가 당신을 함부로 대했다고 느낀다. 유해한 사람과 연락을 끊으면 어느 누구도 당신을 너그럽게 봐주지 않을 것이라고 생각한다. 자신이 충분히 괜찮은 사람이라고 느낀 적이 없을 수도 있다. 그러나 당신은 여기에 있을 권리가 있다. 정중하게 대우받을 권리도 있다. 당신에게 유익하지 않은 관계나 상황에서 벗어나도 괜찮다는 사실을 알아야 한다.

스스로 확인해보기

당신은 자존감이 높은 편인가?

자존감이 높아야 스스로 쉽게 용서할 수 있다. 다음 설명이 당신에게 해당하는지 여부를 확인해보자.

1. 나는 내 삶에 대체로 만족한다.
2. 나는 나 자신을 잘 돌본다.
3. 나는 다른 사람들에게 도움을 요청할 수 있다.
4. 나는 실패를 일시적인 과정으로 여긴다.
5. 나는 어려운 시기에도 배울 만한 값진 교훈이 있다고 생각한다.

6. 삶은 때때로 혼란스럽다. 그러나 나는 별로 흔들리지 않는다.

7. 누군가가 나를 화나게 해도 쉽게 평정심을 되찾는다.

8. 다른 사람의 감정은 그 사람의 것이니 내가 '바로잡거나' 바꿀 수 없다는 사실을 잘 안다.

9. 내 삶에 도움이 되는 바람직한 경계선을 정할 수 있다.

10. 내 감정은 일시적이다. 그러니 감정에 휘둘리지 않는다.

당신에게 해당하는 설명이 많을수록 자존감이 높을 가능성이 크다. 삶의 폭풍을 헤쳐 나가면서도 여전히 자신을 긍정적으로 느낄 수 있다는 의미다. 대부분의 설명이 당신에게 해당하지 않아도 괜찮다. 자존감을 키우는 데는 연습이 필요하다. 그러나 분명 키울 수 있다. 5장, 6장, 8장, 10장에서 어떻게 자존감을 키울지 탐구한다.

정신적 외상 유대감

정신적 외상 유대감trauma bonding이 유해한 관계를 끝내거나 벗어나기 어려운 또 다른 이유다. 학대와 고립이 반복되지만, 학대자가 가끔씩 의도적으로 너그럽고 친절하게 행동할 때 정신적 외상 유대감이 생긴다. 극한 상황에서 학대자에 대한 피해자의 애착과 연민이 커지기 때문이다. 정신적 외상 유대감은 가정 폭력, 아동 학대, 인신매매, 사이비 종교 집단, 인질극(사실 정신적 외상 유대감은 종종 스톡홀름 증후군이라고도 불린다. 스톡홀름 증후군은 인질이 납치범에게 애착을 느끼게 된 사건 후에 나타나는 증상들에 붙여진 이름이다.) 등 학대가 일어나는 어떤 상황에서도 생길 수 있다.

정신적 외상 유대감은 다음과 같은 특징들 때문에 생겨난다.

- 학대자가 피해자에게 권력을 휘두른다.
- 학대를 했다 멈췄다 하는 주기가 반복된다.
- 피해자는 극도의 공포를 경험했기 때문에, 살려는 의지가 강하다.
- 학대자는 어린 시절의 상처 때문에 폭력적인 사람이 되었다고 자신의 행동을 변명한다.
- 피해자가 관계를 끊으려고 하거나 끊었다는 걸 알면 학대자의 폭력적인 행동이 심해진다.

정신적 외상 유대감이 만들어지는 데는 며칠 혹은 몇 달이 걸린다. 폭력적인 관계에서 왜 정신적 외상 유대감이 형성되는지는 아직 완전히 알려지지 않았다. 어느 정도는 호르몬 때문일 수 있다. 이유를 알기 위해 잠시 짤막하게 생물학 공부를 해보자. 자율 신경계(의지와 상관없이 자율적으로 일어나는 운동을 조절하는 신경계 일부)는 **교감**신경계와 **부교감**신경계로 이루어져 있다. 교감신경계는 스트레스가 심한 일들을 헤쳐 나갈 수 있도록 몸을 준비시키고, 부교감신경계는 준비되었던 몸이 정상적인 상태로 돌아가게 한다. 싸우거나 갈등을 겪을 때 교감신경계가 활성화된다. 몸속 내분비 기관인 부신은 아드레날린 호르몬을 분비하고, 몸의 긴장감을 높일 다른 여러 호르몬들도 분비한다. 심박동 수가 증가하고, 혈압이 높아지고, 호흡이 빨라지고,

감각이 예민해진다. 이게 바로 '싸우거나 도망가거나 얼어붙는' 반응이다. 유해한 관계에 얽매여 있다면 싸우거나 도망가기보다 얼어붙기 쉽다. 그게 당신의 생존 방식이기 때문이다. 이 때문에 무력감, 우울증이 생기고, 자존감이 낮아지고 당신을 학대하는 사람과의 유대감이 커질 수 있다. 갈등 후 화해할 때는 부교감 신경계가 활성화된다. 뇌하수체는 옥시토신이라는 호르몬을 신경계에 분비한다(보통 누군가에게 신체적 혹은 정서적 친밀감을 느낄 때도 이런 현상이 나타난다). 옥시토신은 유대감을 높이는 데 도움이 된다. 그래서 당신과 함께 있는 괴물이 이제 그리 나쁘지 않게 느껴진다. 그런 과정은 계속 반복된다.

연인과의 관계에서 정신적 외상을 겪었다면(연인이 가해자라도), 그 사람의 눈으로 상황을 파악하기 쉽다. 다른 사람 입장에서는 이상하게 보이겠지만, 당신의 뇌는 학대를 이해하려 하고, 학대한 사람을 가장 가까운 사람으로 여긴다. 이렇게 정신적 외상을 통해 애착이 형성된다. 뒤에 나오는 설명들이 정신적 외상을 겪는다는 표시다.

- 학대당한 것을 당신 탓으로 여긴다.
- 그 사람의 학대 행위에 대해 다른 사람들 탓을 한다.
- 학대하는 사람을 화나게 할 수 있는 모든 행동을 피한다.
- 학대하는 사람에게 무엇이 필요하고, 그가 무엇을 원하는지 골똘히 생각하면서 추측한다.
- 학대하는 사람의 일정과 습관을 자세히 알고 있다.

유대감은 생물학적인 과정이다. 유해한 사람과 떨어질 때 느끼는 스트레스는 뇌의 화학 물질 때문에 생긴다. 유해한 관계를 일종의 중독으로 보고, 지금 금단 증상을 겪고 있다고 여기자. 금단 증상은 시간이 지나면 좋아진다. 그러므로 되도록 유해한 사람과 연락을 끊는 게 정말 중요하다. 금단 증상에서 치유되기 위해서는 시간이 필요하다. (이런 내용은 다음 장에서 더 이야기하려고 한다.)

"그는 내게 '내가 만난 사람 중 네가 최고야'라고 말했다. 그러나 그가 '너는 우리 관계에 100퍼센트 충실했어?'라고 물으면서 비난한 바로 다음 날, 그가 실제로 어떤 사람인지 보이기 시작했다."_제이밀라, 26세

사회적 압박감

무엇 때문에 유해한 상황에서 벗어나지 못하는지 알아보려면 SNS나 주변 사람들로부터 어떤 메시지를 전달받고 있는지도 곰곰이 돌아보자. 사회는 우리가 인간관계를 유지하기를 바란다. 우리는 "무슨 일이 있어도 가족을 사랑하고 존중하세요" 혹은 "피는 물보다 진하다" 같은 말을 듣는다. 사회는 좋은 관계가 아니라도 관계를 유지하는 게 혼자보다 낫다고 강조한다.

현실을 긍정하라는 메시지도 SNS와 대중 심리학에 널리 퍼져 있다. 그저 하루하루 살아내기도 힘든 사람에게 '언제나 밝은 면을 보아야 하고', '언제나 더 노력해야 한다'는 메시지는 압박감을 준다. 이

런 압박감 때문에 정서적으로 건강하지 않은 사람과의 관계를 끊어야 할지 말지 헷갈려 하고, 다른 사람들을 부러워하면서 자책한다.

경제적 문제

돈으로 행복을 살 수는 없다. 그러나 돈이 많으면 삶이 훨씬 더 편안해진다. 따로 집을 얻거나 교통수단을 이용하거나 심리 치료 비용을 부담할 수 있다면 유해한 관계에서 벗어나기가 훨씬 쉬워진다. 따라서 유해한 사람은 당신이 돈을 벌지 못하게 하고, 운전을 하지 못하게 한다. 그는 당신의 독립성을 제한하면서 당신을 마음대로 휘두르려고 이런 방식으로 **경제적 학대**를 한다.

> "내가 돈 관리를 잘 못하니 그에게 돈을 모두 넘겨야 한다고 그가 나를 설득하지 않았더라면 떠나기가 훨씬 더 쉬웠을 것이다."_알렉한드로, 32세

매몰 비용 효과

유해한 관계인 줄 알면서도 그동안 관계를 유지하기 위해 들인 시간과 노력이 아까워 벗어나기 힘들 수도 있다. 바로 **매몰 비용 효과**다.

관계를 유지하려고 모든 걸 포기한 과거의 선택이 옳았음을 증명하기 위해 더 이상 유익하지 않은데도 더 많은 시간을 들인다. 시간을 '낭비했다'고 느끼고 싶지 않기 때문에 유해한 관계를 끝내거나

그 관계에서 벗어날 가능성이 줄어든다. 그러나 이 사람과의 관계를 계속 유지하려면 훨씬 더 많은 시간과 노력을 들여야 한다는 사실을 잊지 말자. 가능한 한 빨리 끝내는 것이 가장 좋은 선택이다.

인지 부조화

상대가 처음부터 유해해 보이지는 않았을 것이다. 문제 행동은 사귄 후에야 보이는 경우가 많다. 좋은 사람으로 여겼는데, 어느 순간부터 좋은 사람이라면 절대 하지 않을 행동을 하니 혼란스러워진다. 정서적으로 건강하지 않은 사람과의 관계를 피하라고 배웠는데, 당신을 함부로 대하는 사람과 만나고 있으니 정말 혼란스러울 수 있다. 이 사람은 당신이 사람들에게 받아야 하는 대우와 정반대로 당신을 대한다. 그런데도 왜 그런 관계에서 벗어나 자신을 되찾는 게 그렇게 어려울까?

좋아하는 누군가가 당신을 그런 식으로 대하는 게 이해되지 않을 때 뇌는 혼란을 느낀다. 이것을 **인지 부조화**라고 부른다. 당신의 신념과 정반대이고, 사람과 세상에 대한 당신의 지식으로는 이해되지 않는 정보를 받아들일 때 인지 부조화가 일어난다. 알고 있는 지식과 정반대인 정보를 받아들일 때 우리는 다음에 나오는 행동을 하게 된다.

- 새로운 정보를 무시한다.
- 우리의 신념을 더욱 확고하게 다진다.
- 상반된 정보를 접하지 않으려고 피한다.

- 소용돌이치는 감정을 다른 사람들에게 투사한다.
- 상반된 정보를 받아들이면서 우리의 기존 신념을 바꾸어나가고 새로운 신념으로 대체한다.
- 서로 충돌하는 정보를 있는 그대로 받아들이고 상반되는 신념을 동시에 가질 수 있다고 생각한다.

"처음에는 '이미 석 달이나 그곳에서 일했으니, 참고 견디면서 상황이 나아지는 걸 확인하는 게 어떨까'라고 되뇌었다. 그리고 여섯 달 후… 또다시 1년 후, 다른 직업을 찾지 못할까 걱정이 되었다. 그곳에서 2년이나 일한 다음에는 내 이력서에 큰 공백이 생길까 걱정이 되었다. 결국 한참 시간이 흘러서야 비정상적인 환경에 적응하려고 애쓰느라 많은 시간을 낭비했다는 사실을 깨달았다."_도나, 52세

인지 부조화는 어떤 새로운 정보를 받아들이기 어렵고, 그 정보가 기존 신념 체계와 상반된다는 느낌이다. 그런 불쾌한 감정을 억누르려고 애쓰지만 불쾌함은 계속 솟아오른다. 신념의 충돌을 느끼지 않으려고 마약과 알코올에 의존할 수도 있다. 그럴수록 유해한 상황에서 빠져나가지 못한다고 느낀다.

인지 부조화에서 벗어나 새로운 삶을 시작하려면 먼저 인지 부조화를 정확히 알아야 한다. 여기에서는 아주 간략하게만 설명했다. 인지 부조화에 대해 더 깊이 알고 싶다면, 지금의 신념을 바탕으로 유

해한 관계에서 주입된 잘못된 메시지에서 벗어나도록 도와줄 정신 건강 전문가를 만나보자(6장에서 정신 건강 전문가들에게 도움을 받는 일에 관해 더 자세히 이야기하려고 한다).

스스로 기록해보기 　　　　　　　　　　　　　　 *

어떤 요소들이 당신에게 영향을 주었나?

어떤 요소 때문에 유해한 관계나 상황에서 벗어나지 못하는가?

· 원 가족 문제
· 낮은 자존감 문제
· 정신적 외상 유대감
· 사회적 압력
· 경제적 문제
· 매몰 비용 효과
· 인지 부조화

어떤 요소가 당신에게 가장 큰 문제를 일으켰는가? 이 중 한 가지 요소 혹은 여러 요소가 당신의 인간관계에 영향을 미치고 있다는 사실을 알게 되었다면 앞으로 어떻게 할 수 있을까?

이제 유해한 관계의 조짐을 알아차리는 방법을 배웠다. 학대가 그저 신체적으로만 이루어지지 않는다는 사실도 알게 되었다. 정서적,

언어적, 성적, 재정적·경제적 학대도 있다. 당신은 원 가족 문제, 정신
적 외상 유대감, 인지 부조화를 비롯한 여러 요소 때문에 유해한 상
황에 말려들 수 있다는 사실도 배웠다. 다음 장에서는 회복 과정에서
꼭 필요한 첫 단계를 배운다. '가능하면 연락을 끊자'다.

Healing from
Toxic Relationships

2장

가능하면 연락을 끊자

*

어떻게 유해한 사람이 연락을 못 하게 할까?
연락을 끊을 수 없다면 어떻게 할까?

아야는 남편 루와 하루빨리 헤어지려고 노력했다. 시간을 더 끌면 어떤 일이 벌어질지 알 수 없었다. 남편이 집에 있을 때 떠나려고 해본 적도 있었다. 하지만 남편이 출입구나 차 앞을 막아선 채 아야를 꼭 붙들고 놓아주지 않아 포기할 수밖에 없었다. 아야가 간신히 집에서 탈출했을 때 루는 며칠이나 쉴 새 없이 전화와 문자 메시지를 해댔고, 그녀가 돌아오면 상황이 달라질 것이라고 약속했다. 아야는 남편이 집에 없을 때 탈출하는 게 유일한 방법이라는 사실을 알았다. 이번에는 남편이 아무리 전화나 문자 메시지를 해도 모른 척하겠다고 결심했다.

아야는 이런 식으로 헤어지는 데 죄책감을 느꼈지만 다른 방법이 없었다. 처음에는 남편의 전화번호나 이메일을 차단하지 않았다. 남편이 걱정되었기 때문이다. 처음 문자 메시지를 보낼 때 남편은 그녀가 괜찮은지만이라도 알려달라고 부탁하고 애원했다. 하지만 그녀가 대답하지 않자 배신자라고 욕설을 퍼부으면서 점점 더 분노에 찬 문자 메시지를 보내기 시작했다. 계속 답을 하지 않자 남편은 전략을 다시 바꾸었다. "당신을 사랑해. 당신을 보고 싶어. 당신은 내가 만난 여자 중 최고야." 미안하다는 말은 한 번도 없었다. 아야는 남편이 그리웠지만, 이번에는 관계를 깨끗이 끝내야 한다고 결심했다.

아야는 남편의 온갖 압력에 굴복하지 않고 버텨낸 자신이 자랑스러웠다. 그러나 전화기가 울릴 때마다 긴장해서 아드레날린이 솟구쳤다. 몇 주가 지나자 스트레스가 신체적인 증상으로 드러났다. 내내 안절부절못하면서 초조해했고, 밤에 잠을 잘 이루지 못했다. 그녀는 남편의 전화번호와 이메일 주소 등 남편이 그녀에게 연락할 수 있는 수단을 모두 차단했다. 그날 밤, 드디어 마음을 놓고 쉴 수 있었다.

며칠 후 아야의 전화기로 새로운 메시지가 왔다. 루의 가장 친한 친구인 엔조가 아야의 안부를 물었다. 아야는 대답해도 괜찮을 것이라 생각했다. 아무도 걱정시키고 싶지 않았기 때문이다. 아야는 "응, 괜찮아"라고 답을 보냈다.

엔조는 거의 곧바로 "루가 정말 속을 끓이면서 네가 집에 돌아오기만을 기다려"라는 메시지를 보냈다.

아야는 믿을 수가 없어 문자 메시지를 뚫어지게 바라보았다. 그리고 **"정말 엔조 너까지? 남편이 내게 연락하는 걸 도와준다고?"**라고 생각했다.

✱

당신은 드디어 유해한 관계에서 벗어날 때라는 사실을 깨달았다. 연인과 헤어졌거나 친구 관계를 끝내기로 결심했거나 유해한 가족과 거리를 두었다. 이때 모든 연락처를 차단하기란 대단히 어렵다. 그렇게 나쁜 대우를 받았는데, 왜 그 사람 없는 삶을 상상하기가 이토록 어려운지 스스로 물을지도 모른다. 한때 삶에서 중요했던 누군가와 연락을 끊는다는 것은 분명 가슴 아픈 선택이다.

그래도 이것이 회복을 위해 꼭 필요한 단계다. 그러니 유해한 사람과 모든 연락을 끊을 수 있다면 그렇게 하자. 이 장에서는 연락을 끊는 게 왜 중요한지, 어떻게 효과적으로 연락을 끊을 수 있는지를 설명하려고 한다. 친척 사이거나 공동 양육자거나 어떤 이유로든 그 사람과의 연락을 완전히 끊을 수 없다면 연락이 필요한 상황에서 어떻게 대처해야 할지도 이 장의 뒷부분에서 설명한다.

연락을 끊는 게 왜 중요할까?

유해한 사람은 자신의 행동 때문에 곤란해질 때조차 행동을 바꾸지 않는다. 점점 더 심한 행동을 하면서 터무니없는 요구를 한다. 당신을 버리거나 관계를 끝낸 다음에도 계속 연락하면서 당신의 경계선을 시험하려고 할 것이다. 자기애성 분노를 터뜨리고 다음 날이 되면 아무 일도 없었다는 듯 연락할 수도 있다. 꼭 문자 메시지나 전화로만 연락하는 것은 아니다. 갑자기 택배로 물건을 돌려주는 일처럼 다른 방법을 이용할 수도 있다.

어떤 사람은 몇 달 혹은 몇 년이 지난 후에 다시 연락한다. 한동안 잠잠했다고 그 사람이 미련을 버렸다고 생각하지 말아야 한다. 유해한 사람들은 옛 애인과 친구들을 '이용하면서' 관심을 받고 싶을 때 그들에게 다시 연락한다.

그런 관계를 끝내려고 노력한 게 이번이 처음이 아닐 수 있다. 1장에서 읽은 대로 유해한 사람들은 종종 당신을 이전의 관계로 다시 끌어들이려고 한다. 그들이 당신에게 무엇을 약속하든 보통은 지켜지지 않는다. 예전처럼 문제 많은 관계로 돌아갈 뿐이다. 이 사람과의 소통 통로를 열어두면 위험해진다. 특히 당신을 폭력적으로 대했던 사람의 전화나 문자 메시지를 받아주는 행동은 그 정도의 학대를 받아들일 수 있다는 신호와 같다.

1장에서 읽은 대로 유해한 사람과의 관계는 강력한 독과 같다. 이런 유형의 관계는 기복이 심하다. 학대받는 동안 상대에게 정신적 외상 유대감을 느끼게 되어 연락을 끊은 후 금단 증상까지 겪을 수도 있다. 몸이 아플 정도로 깊은 상실감을 느낀다. 불면증에 시달리거나 머리가 멍하다. 팔다리가 무겁게 느껴지고 평소보다 몸을 제대로 움직이기 어렵다. 몸이 떨리면서 강박증에 시달린다. 다시 연락하기만 해도 기분이 좋아질 것이라는 생각이 든다. 하지만 연락은 금단 증상을 처음부터 다시 시작하게 할 뿐이다. 중독에서 회복되려면 중독적인 요소나 사람과 단절해야 한다.

연락을 막는 단계

상대의 개인 정보 중 몇몇을 차단하면 대부분의 연락을 막을 수 있지만, 복잡다단하게 연결된 우리 사회에서는 생각도 못했던 방법으로 그가 계속 연락할 수도 있다.

- 휴대 전화번호
- 직장 전화번호
- 개인 이메일 주소
- 직장 이메일 주소
- 모든 SNS 계정(페이스북, 인스타그램, 스냅챗, 틱톡, 링크드인 등)
- 가족의 SNS 계정과 전화번호
- 필요하다면, 함께 아는 친구들의 SNS 계정과 전화번호

다음으로 당신이 사용하는 서비스의 비밀번호를 바꾼다.

- 음악을 듣거나 동영상을 보는 모든 스트리밍 서비스
- 컴퓨터, 휴대전화, 태블릿 PC 등 전자 기기
- 이메일 계정
- 데이터 서비스 계정(휴대전화, 인터넷)
- SNS 계정
- 은행과 금융 계좌
- 직장과 학교 계정

더불어 모든 위치 추적 앱에서 상대를 삭제한다. 그의 SNS 계정이나 함께 아는 친구들의 계정을 자꾸 들여다보게 된다면 자신의 SNS 계정을 삭제해야 할 수도 있다. 어떤 사람들은 시간과 에너지를 소진하느니 새 전화번호를 마련하는 게 마음의 평화를 얻는 유일한 방법

이라는 사실을 알게 될 것이다.

이혼이나 다른 법적 절차를 밟는 중이라 그 사람과 연락할 수밖에 없다면, 변호사가 다리 역할을 할 수 있다. 자녀를 함께 양육해야 해서 완전히 연락을 끊을 수 없는 사람도 있다. 그래도 연락을 줄이는 것은 가능하다. 그 내용은 이 장의 뒷부분에서 이야기한다.

스스로 기록해보기   ＊

연락을 끊는 문제에 관해 생각해보자

유해한 사람과 연락을 끊을지 줄일지를 결정하기란 아주 어려운 문제다. 당신이 정서적·물리적으로 거리를 두고 싶은 사람에 관해 생각해보자. 그 사람이 어떻게 행동했기에 연락을 끊거나 줄이는 게 최선이라고 믿게 되었는지 적어보자. 이 사람에게서 도망치려고 했을 때 어떤 기분이었는지 적어보자. 그와 연락하지 않을 때 안도감을 느꼈는가? 스트레스가 줄어들었는가? 당신이 선을 그은 후에도 유해한 사람이 계속 연락했다면, 그때 어떤 일이 벌어졌는지 자세히 써보자. 이제 이런 사람과 거리를 두면서 얻는 것과 잃는 것이 무엇인지도 적어보자. 좋은 점이 많은가, 나쁜 점이 많은가?

나르시시스트를 돕는 사람들과도 연락을 끊자

유해한 사람의 가족, 함께 아는 친구들까지 연락을 끊는 것이 지나치다고 느낄지도 모르겠다. 그러나 아야가 루의 친구 엔조의 연락을 받은 것처럼, 유해한 사람은 종종 함께 아는 친구나 직장 동료, 가족을 연락의 통로로 이용한다.

다른 사람을 통해서라도 당신이 돌아오기를 바란다는 말을 들으면 다시 관계에 휘말릴 수 있다. 주변 사람들은 당신이 그 사람 때문에 어떤 일을 겪었는지 제대로 알지 못한다. 유해한 사람들은 보통 다른 사람들에게 잘 보이기 위해 당신과의 관계에서 하는 행동을 숨기는 경우가 많다.

가능하면 나르시시스트를 돕는 사람들과도 연락을 끊는 게 좋다. 아야도 엔조와 연락을 끊었다. 함께 아는 다른 친구들도 루와 함께 찍은 사진을 SNS에 계속 올렸는데, 아야는 그걸 보는 게 괴로웠다. 결국 그들까지 차단하기로 했다. 또한 발신자가 확인되지 않거나 모르는 전화번호로 연락이 오면 받지 말아야 한다.

가족과 친구들에게는 그 사람의 말을 전하지 말아달라고 이야기해야 한다. 친구나 가족이 그에 관해 이야기하려고 하면 선을 그으면서 "그건 선을 넘는 이야기야" 혹은 "그건 여기에서 할 이야기가 아니야"라고 말하자. 그런데도 그의 말을 계속 전하려고 하면, 자리에서 벗어나자.

유해한 사람에게 이용당해 말을 전하는 사람들은 나쁜 의도가 없거나 당신에게 피해를 주고 있다는 사실을 깨닫지 못하는 경우가 많다. 당신이 선을 그을 때 당신을 진정으로 걱정하는 사람이라면 선을 넘었다고 사과할 것이다. 경계선은 타협하지 말아야 한다. 누군가가 선을 넘었다면 당신이 정한 경계선에 따라 행동해야 한다. 나르시시스트를 돕는 사람이 계속 말을 전달하거나, 거절했는데도 원하지 않는 조언을 한다면 그 사람과 거리를 두거나 연락을 끊어야 한다(5장에서 경계선을 정하고 유지하는 방법을 이야기한다).

> "이모는 엄마의 심부름꾼처럼 행동했다. 엄마와 상관없는 이야기를 시작했다가 슬그머니 '알다시피 네 엄마는 여기에서 너와 일하려고 정말 애쓰고 있어' 같은 말을 꺼냈다. 나는 결국 이모에게 '엄마에 관해 말하는 건 선을 넘는 일이고, 계속 엄마 이야기를 하면 연락을 줄일 거예요'라고 말했다. 그 후로는 이모도 엄마 이야기를 꺼내지 않았다."_아마라, 48세

정서적 협박을 알아차리자

연락을 줄이면 자해나 자살을 하겠다고 위협하는 가족, 친구도 있다. 당신이 헤어지자고 하거나 그의 행동을 받아들일 수 없다고 말했을 때 배우자가 자해하겠다고 위협하는 경우다. 이런 위협은 정서적 협박이다. 당신에게 죄책감을 느끼게 만들어 계속 연락을 하는 게 그의 목적이다.

이렇게 행동하는 사람은 정서적으로 건강하지 않은 사람이다. 과거에도 다른 방식으로 정서적 협박을 해왔을 것이다. 예를 들어 계획했던 여행 또는 당신이 중요하게 여기는 가족 모임에 가지 않겠다고

우기거나, 당신이 좋아하는 행사라는 걸 알면서도 초대하지 않겠다고 위협한 경우다. 당신이 자신보다 가족이나 친구에게 더 잘한다고 에둘러 말하기도 한다. 모두 두려움, 죄책감, 수치심을 불러일으켜서 계속 당신을 좌지우지하려는 언행이다.

이게 당신을 휘두르려는 전략임을 알아차리자. 쉽게 해결될 문제는 아니지만, 굴복하지 말자. 4장에서 죄책감에 관해 이야기하려고 한다. 자해하겠다며 위협하거나 당신을 해치겠다고 위협하는 사람과 함께 있다면 반드시 신고해야 한다.

> "남자친구는 내가 헤어지고 싶다고 말할 때마다 자살하겠다고 위협했다. 그와 헤어진 후 엄마에게 다시 연락했다. 그리고 내 정신 건강을 위해 엄마와 거리를 둬야겠다고 말했을 때 엄마가 뭐라고 말했는지 아는가? 맞다. 남자친구와 똑같은 말을 했다."
> _브라이스, 45세

괴롭힘을 당하지 않도록 자신을 보호하자

———

당신을 괴롭히던 사람과 연락을 끊으면 그 사람이 당신을 따라다니거나 반복적으로 연락을 시도할 수도 있다. 예고 없이 집 앞에 나타나는 경우도 있다. 절대 관심을 보이지 말고 그가 포기하기를 기다리는 게 가장 좋은 방법이다.

당신을 괴롭히려고 새로운 전화번호를 만들 수도 있기에 모르는 번호로 전화가 오면 받지 말자. SNS에 실시간으로 게시물을 올리지 말자. 당신이 방문한 곳의 사진을 SNS에 올리고 싶으면 장소를 옮긴 다음에 올려야 한다. 당신을 괴롭히는 사람이 당신을 만날 수 있을지도 모른다는 기대로 SNS에 올라온 장소들을 검색해보기 때문에 어떤 장소도 올리지 않는 게 나을 수도 있다. 그 사람이 당신을 괴롭히고 있다는 사실을 이웃과 관리사무소에 알리고, 집 주위에서 그 사람을 보면 알려달라고 부탁하자. 어떤 종류든 협박을 받았다면 경찰에 연락하자. 안전을 위협받는 경우에는 법원에 접근 금지 가처분을 신청할 수 있다. 접근 금지 명령으로 누군가가 당신의 직장이나 집으로 찾아오는 걸 완전히 막지는 못하지만, 최소한의 법적인 지원을 받을 수 있다.

연락을 완전히 끊을 수 없을 때

자녀들을 함께 양육하거나 같은 회사에서 근무하는 경우처럼 누군가와의 연락을 완전히 끊을 수 없는 경우가 있다. 가족이라면 명절과 기념일 때문에 연락을 완전히 끊지 못할 수도 있고, 회사원이라면 직장을 옮기는 게 어려울 수도 있다. 유해한 사람이나 상황과 완전히 단절할 수 없을 때도 자신을 보호해야 한다. 그 방법을 한번 살펴보자.

심한 갈등을 겪는 사람과 공동 양육하기

—

이혼 후 갈등을 겪는 사람과 자녀를 함께 양육하고 있다면, 경계선을 잘 정하는 게 중요하다. 5장에서 이 주제를 더 자세하게 이 야기하려고 한다. 지금은 유해한 공동 양육자와 최대한 연락을 줄일 몇몇 방법들을 생각해보자.

좋은 가사 전문 변호사를 찾자

당신 자신과 자녀들을 위해 싸워야 할 시간이다. 당신에게 가장 잘 맞는 사람을 찾기 위해 여러 변호사와 만나보자. 친구와 가 족 혹은 먼저 그런 일을 겪은 사람들에게 변호사를 추천해달라고 하 자. 나르시시스트나 갈등이 심한 사람과 자녀를 함께 양육해야 하는 사람들을 위해 일해본 적이 있는지 변호사에게 물어보자.

당신이 어떤 일을 당했는지 변호사에게 알리자. 공동 양육 문제를 의논하는 것은 감정이 심하게 치밀어오르는 일이지만, 당신의 감정 뿐 아니라 구체적인 내용도 함께 설명하자. "자녀를 돌보는 시간을 바꾸고 싶다고 하면, 그가 화를 낼지도 몰라요" 같은 짐작만 하지 말 고, 왜 그렇게 생각하는지 이유를 설명하자. 공동 양육자가 갈등을 잘 일으키는 성격이거나 당신을 신체적 혹은 경제적으로 위협했다 면 그 내용도 알리자.

미국에서는 문제 해결을 위해 두 사람이 전화로 싸우는 대신 양육 조정관의 도움을 받을 수 있다. 보통 정신 건강 전문가인 양육 조정관은 중립적인 제삼자로서 두 사람이 양육 계획을 세우고, 지키도록 돕는다. 또한 공동 양육자들이 일정을 조절하고, 학교를 옮기는 일처럼 중요하거나 의견이 엇갈리는 일을 결정할 때 도움을 준다. 그들은 심한 갈등을 겪는 공동 양육자들을 돕도록 전문 교육을 받은 전문가들이다. 당신이 직접 의뢰하거나 법원에서 정해준 사람에게 도움을 받을 수도 있다. 보통 당신과 공동 양육자가 양육 조정관을 따로따로 만난 다음에 세 사람이 함께 다시 만난다. 걱정거리를 의논하고 문서 내용을 수정할 뿐 아니라, 부모 각자가 양육에 책임감을 갖게 하기 위해서다.

"정말 마음에 드는 변호사를 찾았다. 그는 내가 어떤 어려움을 겪고 있는지 잘 이해했고, 내가 어떤 선택을 할 수 있는지 명확하게 설명해주었다." _아누쉬, 36세

확고한 양육 계획을 세우자

공동 양육 문제를 어떻게 해결할지 세세하게 기록한 '양육 계획서'가 필요할 때도 있다. 다음과 같은 규칙이다.

- 아이를 언제, 어디로 데려다주고, 누가 마중을 나갈까?(갈등이 심한 상황에서 공동 양육을 해야 한다면 중립적인 장소를 고른 후, 부모가 아닌 다른 사람이 아이들을 데려다주는 방법도 있다.)
- 공동 양육자가 늦는다고 알리지 않았을 때 아이를 데려다주는

장소에서 얼마나 오래 기다려야 할까?

- 휴일에 누가 아이와 함께 지내며, 언제 데려 가고 데려다줄까?

- 학교나 건강 문제, 병원 선택, 방과 후 활동에서 누가 최종 의사 결정권을 가질까(아니면 함께 결정할까)?

- 학비, 방과 후 활동비, 병원비를 누가 댈까? 그런 비용을 어떤 방식으로 받을까?

- 누가 아이와 같이 있기를 허락하고, 누가 아이 주위에 있는 것을 허락하지 않을 것인가?

- 아이와 함께 여행하고 싶다면 며칠 전에 공동 양육자에게 알려야 하는가? 함께 외국 여행을 갈 땐 며칠 전에 알려야 하는가?(몇몇 부모는 외국 여행을 갈 때, 미리 허락을 받는 것은 물론, 헤이그 협약이 적용되는 나라에만 갈 수 있다는 조항을 덧붙였다. 헤이그 협약은 양육권이 없는 부모가 아이를 데리고 외국으로 나갔을 경우 아이를 데려올 수 있도록 돕는 협약이다.)

- 공동 양육자가 아이와 함께 여행할 때 여행 일정을 알려달라고 요구할까? 여행을 떠나기 며칠 혹은 몇 주 전에 여행 일정을 받고 싶은가?

- 아이들은 앞으로 어떤 학교에 다닐까? 아이가 특정 학년이 되면 공동 양육자들이 학교 문제를 다시 의논할 것이라는 조항을 덧붙일 수도 있다.

- 누가 아이들을 피부양자로 신고해 소득 공제를 받을까?(아이들을 번갈아 돌보고 있다면, 번갈아 소득 공제를 받는 부모도 있다.)

- 어떻게 소통할까? 갈등을 줄이기 위해 공동 양육 앱을 활용할
  것인가?

이런 독특한 상황에 맞는 해결책을 찾아야 한다. 나는 아래와 같이
엄격한 규칙을 세우기를 권한다.

- 미리 정해놓은 시간에 방해받지 않고 아이와 전화할 수 있다.
- 아이 앞 혹은 아이가 집에 있을 때는 상대를 깎아내리는 말을
  하지 않는다. 양육권이나 이혼 관련 서류를 아이가 보지 못하
  게 한다. 아이 앞에서는 공동 양육비에 관해 이야기하지 말아
  야 한다.
- 일정 기간 집을 비울 예정일 때 베이비시터나 가족에게 연락하
  기 전, 공동 양육자에게 제일 먼저 연락해 아이를 대신 돌보고
  싶은지 물어야 한다.

양육 계획을 엄격하게 세우면 융통성이 줄어 힘들 수도 있다. 그러
나 이 방법이 유해한 공동 양육자를 통제하는 데 도움이 된다. 자녀
관련 문제에서 당신과 공동 양육자의 의견이 맞지 않을 때마다 양육
계획서를 확인하며 최종 해결책을 찾을 수 있다. 변호사와 함께 양육
계획 관련 서류를 만드는 것도 가능하다.

중립적인 장소에서 만나거나 아예 만나지 말자

관계를 정리할 때는 서로의 집을 오가는 대신 공공장소 같은 중립적인 장소로 아이를 데리러 가고, 데려다주자. 아니면 믿을 만한 다른 가족을 대신 보내자. 아이를 데려다주러 갔을 때 공동 양육자가 연락 없이 늦는다면 얼마나 오랫동안 기다려야 하는지도 양육 계획 항목에 넣을 수 있다.

"우리는 서로의 집을 오가며 아이를 데리러 가고 데려다주었다. 그러나 그럴 때마다 문제가 생겼다. 나는 아들이 그 모습을 보게 하고 싶지 않았다. 그래서 이제는 학교로만 데리러 가고 데려다준다. 우리는 이제 거의 서로를 보지 않는다."_에이코, 32세

전용 앱을 이용해 소통하자

공동 양육자와 전화나 문자 메시지로 연락하는 대신 양육 관련 앱을 활용해 꼭 필요한 연락만 하고 싶을 수도 있다. 그럴 때는 앱을 통해서만 의사소통을 한다는 항목을 양육 계획서에 추가하는 것도 가능하다. 공동 양육 앱에는 서로 언제 메시지를 받았고 읽었는지 확인할 수 있는 기능이 있기 때문에 메시지를 보지 못했다는 변명을 하지 못한다.

당신이 경계선을 유지하도록 도울 뿐 아니라, 공동 양육에 도움이 되는 추가 기능을 가진 앱도 있다. 예를 들어 어떤 앱은 누군가 메시지에 부적절하거나 자극적인 단어를 사용하려고 하면 미리 알려준

다. 상대에게 양육비를 청구하는 데 필요한 영수증을 대신 보내주는 앱도 있다.

마주치지 않고 공동 양육하는 방법을 생각해보자

일반적인 공동 양육에서는 부모가 서로 예의를 지키며 함께 문제를 해결한다. 공동 양육하는 양쪽 집의 지침과 규칙이 비슷할수록 아이들은 안정감을 더 많이 느낀다. 큰 의견 충돌 없이 부모 모두 자녀의 행사에 참여하거나 자녀를 병원에 데려가기도 한다. 그러나 당신이 유해한 사람과 함께 양육을 하고 있다면, 서로 예의를 지키면서 의논하고, 함께 여러 행사에 참가하는 게 불가능할 수도 있다. 가정 폭력을 당했던 관계라면 특히 더 그렇다. 자녀의 행사에 함께 참가하는 것이 상대가 당신을 좌지우지하거나 위협하는 기회가 될 수도 있다.

이런 상황에서는 상대와 마주치지 않는 양육을 선택한다. 마주치지 않는 양육이란 모든 일을 분리하는 공동 양육 방식이다. 방과 후 행사나 병원 진료를 포함해 어떤 일에도 공동 양육자와 함께하지 말자. 공동 양육 앱이나 문자로만 소통하고 연락도 꼭 필요할 때만 한다. 예를 들어, 자녀가 병원에서 진료받은 이야기를 공동 양육자에게 듣는 대신, 병원에 연락해 듣는 식이다.

이 경우 양육 계획서에 한쪽 부모를 '주 양육자'로 쓰기도 한다. 한쪽 부모가 최종 의사 결정권을 가진다는 의미다. 주 양육자를 정하면 공동 양육자 간에 대화를 줄여도 된다. 아이를 돕는 의사나 심리 치료사를 위해 양육 계획서 사본을 준비하자. 아이의 건강과 관련해 누가 의사 결정권을 갖고 있는지 판사가 확인해준 서류를 원하는 의사도 있다.

이는 여러 면에서 당신에게 도움이 된다. 먼저 접촉이 줄어든다. 당신은 서로의 삶이 거의 완전히 분리될 때 공동 양육자와의 갈등이 줄어든다는 사실을 알게 된다. 또한 공동 양육자의 언어폭력과 정서적 학대를 막아내려고 전전긍긍하는 대신, 자녀의 행복에 초점을 맞출 시간을 더 많이 가지게 된다. 자녀들 역시 혜택을 받는다. 이혼 가정 아이들은 공동 양육의 갈등이 적을 때 문제 행동이 줄어든다. 구체적인 양육 계획을 세웠다면 경계선이 만들어진 것이다. 공동 양육자가 경계선을 침범하려고 할 때마다 양육 계획을 다시 점검하면서 스스로와 자녀를 보호하자. 당신이 자녀와 어떤 관계를 맺고 있는가가 장차 아이의 삶과 인간관계를 결정하는 데 가장 중요하다는 사실을 잊지 말자.

일반적인 공동 양육

- 부모가 서로 의논해서 결정하고, 자녀의 행복을 위해 함께 노력한다.
- 부모 모두 자녀의 생일이나 기념일, 행사에 참여한다.
- 전화, 문자 메시지나 메일을 통해 대화를 나눈다.
- 의견이 맞지 않을 수 있지만, 결국 합의한다.
- 집으로 아이를 데리러 가고 데려다준다.

- 아이를 돌보는 일정이 바뀌어도, 미리 알리면 받아들인다.
- 비슷한 지침과 체계로 양육하기 위해 함께 노력한다.

마주치지 않는 공동 양육

- 공동 양육 앱으로만 의사소통한다.
- 자녀의 시합이나 행사에 번갈아 참석하거나 한쪽 부모는 그런 행사에 아예 가지 않는다.
- 명절이나 생일에 따로따로 아이를 만난다.
- 부모가 각각 그들의 일정과 계획을 지키고, 그들만의 규칙을 세운다.
- 한쪽 부모가 자녀의 건강관리, 학교 교육, 방과 후 활동에 대한 의사 결정권을 가지거나 공동 양육자들이 각기 다른 영역에서 의사 결정권을 가진다.
- 부모가 공유 온라인 달력이나 공동 양육 앱에서 자녀의 일정을 관리하면서 다른 대화는 전혀 하지 않는다.
- 공공장소로 아이를 데리러 가고 데려다주면서 상대와 마주치지 않거나, 다른 사람이 데리러 가고 데려다준다.
- 아이를 돌보는 일정이 바뀔 때마다 공동 양육 앱으로 관리한다. 그러나 상대가 쉽게 받아들일 것이라고 기대하지 않는다.

"아이 아버지는 나를 괴롭힐 기회를 놓치지 않았다. 아이의 축구 시합과 야구 시합에서 만났을 때는 나를 구석으로 몰아붙이기까지 했다. 나는 이 일을 변호사에게 말했다. 지금은 공동 양육 계획서에 아이 시합에 번갈아 참석한다는 항목을 넣었다."

_레미, 40세

유해한 가족과 최대한 접촉을 줄이자

———

명절 모임이나 가족 모임에 당신을 괴롭게 하는 사람도 참석하는 경우, 그 사람과 완전히 연락을 끊고 지내기 어렵다. 유해한 직장 동료와 함께 일하는 경우도 마찬가지다. 만남을 피할 수 없다면 최대한 접촉을 줄이려고 노력하자. 변명을 대면서 가족 모임에 참석하지 않는 방법도 있지만, 그러면 나머지 가족을 만날 기회도 놓치기 때문에 이 방법이 썩 내키지 않을 수도 있다.

가족 모임에 참석한다면 그곳에서 보내는 시간을 줄이자. 가족 중 특별히 신뢰하는 사람이 있다면, 당신이 그곳에 있는 동안 갈등이 생기지 않도록 살펴달라고 부탁하자. 유해한 사람이 당신에게 다가오는 것 같으면 그 사람이 관심을 딴 데로 돌려서 막을 수 있다. 당신이 가족 모임을 주최하면서 그 사람을 부르지 않는다면, 누군가가 그에게 이 사실을 알릴 수도 있으니 주의하자.

유해한 사람 때문에 상처를 받았다고 직접 말하는 게 좋으리라 생각할지도 모르겠지만, 그 말이 그를 자극하는 연료가 될 수도 있다. 그들은 누군가가 자기 때문에 괴로워할 때 에너지를 얻는다. 그런 사람과 이야기를 나누는 것보단 무조건 피하는 게 낫다. 만남을 피할 수 없다면, 최대한 감정을 분리하려고 노력하자. 제삼자가 되어 상황을 관찰한다고 상상하는 게 도움이 된다. 예를 들어 당신이 자료를 수집하는 사회학자가 되었다고 생각하자. 그가 어떤 말이나 행동을 하든 심드렁하게 반응하자. 질문을 받아도 짧게 혹은 한마디로만 대답하자. 그때 차분하고 침착한 목소리를 유지하자. 최대한 지루해 보이도록 하자. 그들은 '미끼'가 먹히지 않는다는 사실을 깨달을 때 종종 유해한 행동을 덜하기도 한다. 그런 이들에게서 잘 벗어나는 방법을 찾기 위해 정신 건강 전문가를 만나보는 것도 고려해보자(6장에서 이 문제를 다루려고 한다).

유해한 부모가 늙고 병들어서 당신이 돌보아야 한다는 말을 들을 수도 있다. 자식이 혼자여서 당신이 직접 짐을 져야 할 수도 있다. 그러나 학대하는 부모를 돌볼 의무는 없다. 부모를 돌보아야 한다고 가족이나 친구가 이야기하겠지만, 유해한 부모가 당신에게 어떤 피해와 스트레스를 주었는지 그들은 모른다. 자신의 부담에서 벗어나려고 당신에게 짐을 떠미는 것일 수도 있다.

> "연락을 완전히 끊을 수 없어서 만나기는 하지만, 언니 앞에서 최대한 반응을 보이지 않으려고 한다. 언니와 이야기할 때는 최대한 사실에만 집중하고, 어떤 감정도 드러내지 않으려고 한다. 그렇게 행동하는 게 정말 힘들었지만, 시간이 지나면서 점점 더 편해지고 있다."_조앤, 65세

심한 갈등을 겪는 사람과 함께 일할 때

시라는 6년 동안 한 회사에서 일하고 있었다. 사이가 좋았던 옛 상사 신디는 몇 달 전 사표를 쓰고 나갔다. 새로운 상사 데번이 시라를 집중적으로 괴롭혔지만, 이유를 알 수 없었다. 데번은 회의 중에 툭하면 시라를 불러 대답하기 어려운 질문을 했다. 시라는 직장에 도시락을 싸왔는데, 데번은 시라의 도시락인 줄 알면서도 누가 '이상한 음식'을 가져왔느냐고 큰 소리로 물었다. 주말까지 일을 마치라고 말해놓고는 수요일이나 목요일쯤 제시간에 일을 마치지 않았다고 소리쳤다. 시라는 데번이 일부러 동료들 앞에서 그녀를 난처하게 만든다고 느꼈다.

시라는 데번을 찾아가 자신이 부당한 대우를 받고 있다고 말했다. 그때부터 또 다른 괴롭힘이 시작되었다. 데번은 회의에서 시라에게 질문할 때마다 "부당한 대우를 받는다고 느끼느냐"라고 물었다. 어느 날, 데번은 시라와 동료 두 명을 불러 회의하자고 했다. 시라가 데번의 방에 들어서자 데번은 동료들이 회의에 참석하지 못한다고 말했다. 시라는 속이 메스꺼워졌다. 기분이 너무 찜찜해서 얼른 그 공간에서 벗어나고 싶었다. 그녀는 데번에게 함께 있을 수 없다고 말하고, 재빨리 그 방에서 나왔다.

당신이 시라처럼 유해한 사람과 일할 수밖에 없다면 접촉을 최소한으로 줄일 수 있는 몇몇 단계가 있다. 지금부터 소개하는 7가지 방법을 유심히 살펴보자.

회사 규칙을 파악하고, 어떤 선택지가 있는지 탐색하자

많은 경우, 회사 인사팀에 상황을 알리는 게 가장 좋은 해결 방법이다. 인사팀에 알리기 전, 직장 내 괴롭힘이나 성희롱 고발에 관한 회사의 지침을 확인하자. 그다음 가능하면 직장 문제 전문가로서 당신의 선택을 도울 수 있는 변호사와 상담하자. 당신이 일하는 회사에 직장 내 괴롭힘 고발에 관한 지침이 없다면 전문적인 상담을 받으라고 권하고 싶다.

직장 내 괴롭힘 금지 규정을 따르지 않는 회사도 있다. 인사팀에 알리면 회사의 인사 전문가가 대처 방법을 찾도록 도와주거나 보호 대책을 세워줄지도 모른다. 그러나 인사팀이 할 수 있는 일은 그 정도가 전부다. 당신이 관리자나 회사의 힘 있는 누군가와 갈등을 겪고 있다면 그들이 제시하는 해결책이 만족스럽지 않을 수도 있다는 사실도 염두에 두자.

물리적으로 거리를 두는 방법을 찾자

가능하면 관리자를 찾아가 심한 갈등을 겪는 동료와 떨어져 지낼 수 있는지 물어보자. 다른 팀으로 옮길 수 있는지도 물어보자. 일하는 공간이 가까이 붙어 있다면 자리를 옮길 수 있는지, 큰 회사라면 다른 층으로 옮길 수 있는지 물어본다. 교대 근무를 하는 직장이라면 근무 시간을 옮길 수도 있다. 그런 식으로 유해한 사람과의 교류를 최소한으로 줄이면서 같은 직장에서 계속 일할 수도 있다.

단둘이 있지 말자

유해한 사람과 함께 일할 때 그 사람이 당신을 고립시키려고 할 수도 있다. 단둘이 만나자고 하는 경우도 있다. 신뢰할 만한 동료와 함께 만나거나 만나지 않겠다고 해야 한다. 유해한 사람과 단둘이 사무실에 남는 걸 피하자. 다른 사람이 없는 곳에는 증인도 없기 때문이다.

"상사는 걸핏하면 내가 늦게까지 일해야 한다고 말했다. 우연찮게 사무실에 단둘이 남게 되었을 때 그는 부적절하게 행동했다. 상사가 다시 나보고 늦게까지 남아 있어야 한다고 말했을 때 나는 단호하게 거절했다. 그 후 나를 도와줄 변호사, 인사팀과 상담을 시작했다."_제시, 28세

기록으로 남기자

괴롭힘이 있었던 날짜나 시간, 그가 직접 한 이야기 등을 기록해둔다. 철저히 사실적으로 기록하자. 회사 컴퓨터에 문서를 보관하지 말자. 회사 네트워크를 이용해 컴퓨터 문서에 접근하기 쉽다. 당신이 해고되거나 직장을 떠날 때 컴퓨터를 곧장 돌려주어야 할 수도 있다.

화상회의에서 얼굴을 보지 말자

당신이 재택근무를 하고 있고 당신을 괴롭히는 사람과 함께

화상회의에 참석해야 한다면, 그 사람의 얼굴만 보아도 불안해질 수 있다. 화면 크기를 줄이거나 웃는 얼굴 스티커를 만들어 화면에서 보이는 그 사람 얼굴 위에 붙이자. 바보처럼 들릴 수 있지만, 당신에게 고통을 준 사람을 보지 않는 것만으로도 위안이 된다.

유연 근무를 요청하자

유해한 동료와 가까이에서 일해야 한다면, 재택근무 혹은 일주일에 사흘은 재택근무, 이틀은 출근하는 유연 근무를 신청할 수 있는지 확인하자. 직장의 누군가로부터 벗어나고 싶다는 말을 하지 않고도 이런 방식의 근무를 요청할 수 있다. 집에서 일해도 생산성이 똑같거나 심지어 더 생산적이라고 강조하자. 고용주들은 이제 이런 근무 방식을 예전보다 편안하게 받아들인다. 완전한 재택근무가 가능한 회사라면, 특별한 프로젝트 회의가 있을 때만 사무실에 갈 수도 있다.

다른 일을 찾자

다른 누군가 때문에 내가 새로운 일을 찾아야 한다는 게 불공평하게 느껴지겠만, 스스로를 돌보기 위해 그렇게 해야 할 때도 있다. 동료나 상사가 한 행동이 직장 내 괴롭힘 정도에는 미치지 않는다면서, 회사가 아무런 조치를 하지 않는 경우다. 이럴 땐 당신이 다른 직장을 찾아야 한다. 더 건전한 환경에서 일하면 정신적으로나 육체적으로나 더 좋아진다. 직장 내 괴롭힘은 우울증, 불안, 수면 장애,

사고와 삶의 질 저하를 유발한다.

*

　가능하다면 어떤 형태의 연락이든 끊어버리는 게 삶에서 유해한 사람을 제거하기에 가장 좋은 방법이다. 그러나 연락을 완전히 끊지 않고도 할 수 있는 일들이 있다. 공동 양육 규칙 만들기, 가족과 거리를 두거나 연락 빈도 줄이기, 직장 내 괴롭힘에 관해 변호사와 상담하고 그 사람과 마주치지 않을 방법을 찾는 일 등이다. 이런 조치들은 더 이상 그 사람에게 조종이나 학대를 당하지 않도록 자신을 보호하는 중요한 수단이자, 회복 과정에서 꼭 필요한 단계다. 다음 단계는? 다음 장에서는 유해한 상황에서 벗어난 후에도 회복되지 않을 때 어떻게 할지 탐구해본다.

Healing from
Toxic Relationships

3장

마무리는 내 손으로 하자

*

왜 유해한 관계에서 벗어난 후에도
해답을 찾기가 어려울까?
어떻게 해답 없이 새로운 삶을 시작할까?

태미는 두 아이를 낳고 기르며 25년 동안 결혼 생활을 해왔지만, 이제는 더 이상 참지 않겠다고 결심했다. 태미의 가족과 친구들은 육체적 폭행을 당하지 않았으니 그녀의 결혼 생활이 폭력적이지는 않았다고 몇 년이나 이야기해왔다. 그러나 그녀가 심리 치료를 받기 시작했을 때 심리 치료사는 학대에도 여러 형태가 있다고 말했다. 남편 아이작은 태미에게 욕을 하면서 자신의 행동에 책임지지 않으려고 했다. 자신이 소리를 지르는 것까지 태미 때문이라며 비난했고, 아이들에게 엄마 말을 듣지 않아도 된다고 이야기했다. 심리 치료사는 태미가 일종의 가정 폭력을 겪고 있다고 말했다.

심리 치료를 시작한 지 2년이 지난 어느 주말, 태미는 이삿짐 업체를 불렀다. 아이들은 기숙사에 있고, 남편은 출장을 가서 혼자 있던 참이었다. 그녀는 결혼하기 훨씬 전부터 가지고 있던 가구와 물건, 친정집 식구들이 준 물건, 혼자 쓰던 물건들을 챙겨서 집을 떠났다. 아이작의 전화번호와 이메일 주소를 차단하고, 2장에서 설명한 단계대로 차츰 연락을 끊었다. 되도록 변호사를 통해서만 소통하고, 아이들에게도 남편의 말을 전하지 말라고 당부했다. 그러나 남편과 회사를 공동으로 소유하고 있었기 때문에 매일 연락이 이어졌다. 태미는 이혼 소송을 하면서 어려운 결정을 했다. 자신의 회사 지분을 아이작에게 팔기로 한 것이다. 태미는 변호사와 상담한 후 지분 매각이 끝날 때까지 회사에 가지 않기로 했다. 안전이 걱정되어서였다.

그녀는 이혼과 함께 모든 게 끝나기를 바랐다. 그녀가 겪은 일을 아이작이 인정하고, 난폭한 행동을 사과하기 원했다. 이혼 책임을 일부만 인정해도 받아들일 생각이었다. 그러려면 아이작이 여러 여성과 바람을 피웠다는 사실을 인정해야 했다. 법적인 절차가 마무리되면 드디어 그녀도 새로운 삶을 시작할 수 있을 것이라고 믿었다. 그러나 아이작과 그의 변호사가 시간을 끌었다. 태미는 협상을 진행하면서 아이작과 다시 연락할 수밖에 없었다. 아이작이 그녀와 연락할 이유를 만들고 있는 것 같았다. 보통은 사업과 관련된 일로 연락했고, 항상 '긴급한 일'처럼 보였다. 태미는 이러지도 저러지도 못하는 상태에 빠졌다. 이혼 과정을 혼자 마무리할 수는 없었고, 계속되는 아이작과의 연락이 회복을 방해했다. 완전히 이혼하기 전까지는 어떤 것도 끝나지 않을 터였다.

마무리되지 않을 때도 있다

우리는 상처에서 회복되기 위해 유해한 관계나 문제가 마무리되거나 해결되었다는 느낌이 꼭 필요하다고 이야기할 때가 많다. 그러나 너무 심각해서 쉽게 해결책을 찾을 수 없는 문제도 있다. 고통이 너무 깊은 탓에 황폐한 느낌에서 결코 회복되지 않을 수도 있다. 우리가 일반적으로 생각하는(잘못을 저지른 누군가가 잘못을 인정하고 사과하는) 마무리를 짓지 못할 때도 많다. 당신은 실제로 어떤 일을 당했는지 증명하고 정당성을 얻거나 보상을 받고 싶을 것이다. 소중한 돈과 시간을 도둑맞았기 때문이다.

받아들이기 어렵겠지만, 관계를 맺고 있을 때도 절대 사과하지 않았던 사람은 그 후에도 분명 사과하지 않을 것이다. 당신을 다시 관계로 끌어들이려고 애쓰면서 연락할 때만 빼고 말이다. 그러나 그럴 때조차 사과하지 않는 경우가 많다. 왜 그럴까? 유해한 사람들은 자신의 문제를 보지 못하는 **자아동질적**ego-dystonic인 성격인 경우가 많다. 자신은 옳고, 다른 사람에게 문제가 있다고 생각한다는 뜻이다. 반면, 정서적으로 건강한 사람들은 자신의 문제를 볼 줄 아는 **자아이질적** ego-dystonic인 성격을 가진다. 자신의 행동에 문제가 있으면 깨닫고, 행동을 바로잡으려고 한다. 자아동질적인 사람은 심리 치료사를 찾아가거나 누군가에게 도움을 받으려고 하지 않는다. 그들은 자신에게 문제가 있다고 생각하지 않는다. 그들이 '깨달음을 얻고', 자신의 잘못을 인정할 가능성은 매우 적다. 유해한 행동을 하는 가족과 거리를 두어야 한다면, 그들이 용납받을 수 없는 방식으로 당신을 대했다는 사실을 깨달으리라고 기대하지 말자. 그들이 자신의 행동에 책임을 지는 경우는 거의 없다. 잘못을 인정하더라도 당신이 받은 수많은 상처를 치유하기에는 여전히 부족하다.

그가 어려운 일을 만나면 이때껏 자신이 잘못했다는 걸 깨달으리라고 기대할 수 있다. 폭력적이었던 가족이 병들어 죽어가면서 자신이 사람들에게 상처를 주었다는 사실을 깨닫고, 용서를 구한다는 영화 속 이야기처럼 말이다. 불행히도 그런 일은 거의 일어나지 않는 다. 유해한 관계를 마무리하고 싶으면 유해한 사람에게 기대하지 말고, 당신 스스로 마무리해야 한다. 심리 치료를 받으며 그 문제를 해결하려고 노력하는 것도 한 가지 방법이다.

힘든 환경에서 일하고 있지만, 당신이 겪은 일이 법적으로 직장 내 괴롭힘에 해당하지 않는다면(심지어 법적으로 당신이 정당성을 증명할 수 있을지 의심스럽다면) 마음의 평화를 되찾기 위해 일을 그만두어야 할 수도 있다. 괴롭힘을 당한 사람이 직장을 떠나야 한다는 게 불공평하지만, 그런 직장에서 몸과 마음을 다쳐가며 버틸 필요가 없다. 스스로 직장을 떠난다는 어려운 결정을 내렸기 때문에 원하던 대로 마무리가 되었다는 느낌이 들지 않고, 정의가 지켜지지 않았다는 마음이 들지도 모른다. 직장을 떠나면 마음이 편해지리라는 생각과 달리 오히려 슬픔과 상실감이 그 자리를 대신할 수도 있다.

누군가가 내 기대대로 행동하기를 바랄 수는 없다. 사람들이 내가 원하는 방식으로 행동하기를 기대하면 실망하기 쉽다. 우리 마음대로 할 수 있는 건 우리의 감정과 우리의 소통 방식뿐이다. 당신을 괴롭히던 사람이 사과하거나 그들의 행동을 어떤 식으로든 반성하기를 바란다면, 일어나지 않을 일을 기대하며 너무 많은 시간을 허비하게 될지도 모른다. 다른 사람이 관계를 끝내주기를 기대하다가 그렇게 되지 않으면 실망하고, 좌절하고, 분노하게 된다. 뜻대로 마무리되지 않을 때 비탄한 감정도 더 커진다(이 내용은 9장에서 깊이 다룬다).

우리는 왜 밤에 잠을 못 이룰 정도로 고통스러워하면서 문제의 원인과 답을 계속 곱씹을까? 우리 두뇌는 상황을 이해하고 싶어 한다. 그러나 유해한 관계나 상황에서는 몇 번이나 조목조목 분석하려고 애써도 이해되지 않는 순간이 많다.

전 남편이 왜 그런 식으로 행동했는지, 왜 처음에는 좋았던 관계가 악몽이 되었는지 혹은 왜 가족이 당신 삶을 망치려고 작정한 듯 행동하는지 모르겠다는 의문이 언제나 마음 한구석에 남을 것이다. 왜 그런 식으로 행동했는지 직접 들었다고 해도 여전히 충분한 해답은 되지 못한다. 당신이 경험한 그의 모습 중 일부는 '진짜'가 아니라는 게 그 관계를 끝내기 어려운 이유 중 하나다. 처음에는 당신의 전 배우자나 친구, 가족이 매력적이면서 건강해 보이는 모습을 연기했을 가능성이 크다. 당신을 자신의 삶에 끌어들이기 위해 말이다. 그 후, 특히 당신이 무언가를 거절하고 선을 그을 때 그는 돌변한다.

> "전 남자친구에게 사과하라고 문자 메시지를 보냈더니, 그는 떠난 사람은 나니까 내가 사과해야 한다고 대답했다! 그가 어떤 식으로든 책임을 질 것이라는 기대를 포기했다."_저닌, 44세

당신이 유해한 관계를 끝내지 않기를 바라는 사람들도 있다

유해한 전 배우자는 당신과의 관계를 끝내지 않을 권리를

가지고 있다. 그는 당신 마음속에 남아 있고 싶어 한다. 당신 대신 자기애를 채워주던 새로운 상대가 자신의 욕구를 채워주지 못하면, 당신을 다시 끌어들인다. 그가 당신을 왜 그렇게 대했는지 해답을 자꾸 찾다 보면 다시 그와 연락하게 될지도 모른다. 앞에서 보았듯이, 절대 그럴 필요가 없다. 유해한 사람과 자주 연락할수록 문제투성이 관계로 되돌아갈 가능성이 커진다.

심지어 옆에서 그걸 부추기는 친구들도 있다. 그들은 이전 상황으로 돌아가라고 권하면서 당신을 트라우마나 비정상적인 상황에 계속 가두려고 적극적으로 노력한다. 이 '친구들'은 당신을 위한다면서 휘두르고 짓누른다. 당신이 비정상적인 관계를 계속 이어가면서 느끼는 스트레스를 이용하고, 당신이 안도감을 얻으려고 그들에게 점점 더 의존하게 되는 걸 즐긴다.

정서적으로 건강한 친구들은 당신이 최고의 모습이 되도록 격려한다. 그들은 당신을 일으켜 세우고, 당신이 건전하지 않은 사고방식이나 상황에 머무르지 않게 한다. 유해한 관계나 상황을 마무리하는 과정에서 주위 사람들이 정서적으로 건강한지 아닌지도 알게 된다. 상황을 이해하고 해결책을 찾기 위해 친구들에게 매달리면 이 때문에 오히려 상처를 받을 수도 있다는 사실을 잊지 말자. 지원군을 잃는 일처럼 느껴지더라도 유해한 친구들과의 연락은 끊는 게 좋다. 그들의 지지는 도움이 되지 않고 오히려 해롭다.

"'친구들은' 내 일이 그리 나쁘지 않고, 다른 사람들은 직업조차 없으니 내가 상사를 참아내야 한다고 말했다. 그때 내 친구들이 직장 환경만큼이나 유해하다는 사실을 깨달았다."_제이크, 28세

마무리에 집착하지 말자

―

우리에게는 삶을 이해하려는 깊은 열망과 정의에 대한 믿음이 있기 때문에 우리는 유해한 관계를 확실히 마무리하고 싶어 한다. 그러지 못했을 때 더 크게 상처받는 것도 당연하다. 그러나 나는 그런 직관에 어긋나긴 해도, 마무리에 집착하지 말자고 이야기하려고 한다. 그저 상처를 받아들이고, 해결하려 애쓰지 않아도 괜찮다. 상황이 왜 그렇게 되었는지 여전히 의문은 남을 수 있다. 그러나 시간이 흐르면 그런 의문도 서서히 희미해져 마음 한구석에 자그맣게 자리 잡을 뿐이다.

모든 것이 좋게 마무리되길 기다리면서 계속 고통을 당하지 않으려면 한 발짝 물러서서 돌아보자. 반드시 상대가 공식적인 사과나 굳은 다짐을 하면서 마무리해야 누군가가 당신을 함부로 대했다는 사실을 받아들이고 새로운 삶을 살 수 있는 것도 아니다. 아픔은 시간이 흐르면서 저절로 해결된다. 또한 꼭 마무리를 해야만 유해한 사람들과 상황에서 해방되어 건강하고 행복한 삶을 살 수 있는 건 아니다. 그러나 마무리했다는 느낌을 가지는 게 당신의 회복 과정에서 중요하다면, 스스로 결단하기 위해 밟을 수 있는 단계들이 있다.

마무리 없이 새로운 삶으로 넘어가자

———

어떻게 하면 만족감을 느끼면서 더 이상 문제의 원인을 찾
으려고 애쓰지 않을까? 자기 성찰, 새로운 기억 쌓기, 정서적으로 건
강한 사람들과 함께 지내기 등이 도움이 된다. 무엇보다 확고하게 결
단하면 마음의 평화를 되찾을 수 있다. 당신이 원했던 방식의 마무리
는 아닐 수 있지만, 그걸로 충분하다.

태미의 이야기로 돌아가자. 태미는 남편이 몇 년에 걸친 언어폭력
과 정서적 학대에 관해 사과하기를 원했지만, 그런 일은 절대 없을
것이라는 사실을 알았다. 그녀는 심리 치료를 받으면서 스스로 해볼
수 있는 일들을 알게 되었고, 서서히 치유되기 시작했다. 그래서 남
편에게 "미안하다"라는 말을 들으려고 기다리는 대신, 심리 치료사의

지도를 받으면서 남편에게 받고 싶었던 사과 편지를 스스로 썼다. 스스로 문제를 해결하면서 평온해지기 위한 단계를 밟는 동안 태미는 자신의 삶을 다시 세우고 있다고 느꼈다.

보내지 않을 편지를 쓰자

우리 모두 누군가에게 하고 싶은 말이 있다. 그러나 여러 이유로 하지 못할 때가 많다. 그 사람이 죽었거나 연락하는 게 당신에게 도움이 되지 않기 때문일 수도 있다. 일기장에 '보내지 않을 편지'를 써보자. 어차피 보내지 않을 편지이기 때문에 어떤 내용이든 마음껏 이야기할 수 있다. 예를 들어 그에게 얼마나 감사한지, 그들이 당신을 얼마나 화나게 했는지 혹은 그들을 어떻게 용서하고 싶은지 아니면 용서하고 싶지 않은지를 쓴다. 남편한테 듣고 싶었던 말을 쓴 태미처럼 해봐도 좋다.

비록 진짜로 보내지는 않더라도 누군가에게 편지를 쓰면 카타르시스를 느낄 수 있다. 보내지 않을 편지를 쓰면 생각(때때로 강박적인 생각)을 떨쳐내는 데 도움이 된다. 최소한 불안, 우울, 수치심, 죄책감과 슬픔이 일시적으로 줄어들면서 그 사람 생각으로 가득했던 '머릿속'에 공간이 생긴다. 경험과 감정을 기록해두면 상대가 자신의 행동을 인정하게 하는 데도 도움이 된다. 글을 쓰는 동안 스스로를 비판하거나 쓰는 내용을 판단하지 않도록 주의하자. 무슨 내용을 써도 괜찮고, 그게 진실이다. 당신이 경험한 일이 진실이 아니라고 아무도 이야기하거나 판단하지 않는다. 당신이 어떤 내용을 쓰든 곧바로 진실이 된다.

보내지 않을 편지를 쓰는 동안 당신을 짓누르던 무게가 가벼워지는 걸 느낄 것이다. 명쾌한 느낌이 들거나 '아하' 하는 깨달음의 순간을 맞기도 한다. 유해한 관계나 그런 관계에 대한 생각에서 알쏭달쏭했던 무언가가 갑자기 이해될지도 모른다. 시간이 지나서 다시 읽어보면 또 다른 깨달음이 있을 수 있다. 이런 이유로 당신이 쓴 편지를 심리 치료사에게 보여주는 것도 고려해볼 수 있다.

일단 보내지 않을 편지를 몇 통 쓰고 나면 그 후로는 점점 편지를 덜 써도 괜찮다는 걸 깨달을 것이다. 회복의 과정이 한참 지난 후 당신이 쓴 내용을 돌아보고, 당신이 얼마나 나아졌는지 깨닫자.

스스로 기록해보기　　　　　　　　　　　　✳

보내지 않을 편지

당신이 그들을 어떻게 생각하는지, 그들 때문에 어떤 기분이 되었는지 솔직하게 말할 기회이다. 모두 털어놓자. 이 연습을 시작하기 전에 잠시 마음을 편안하게 가라앉히면서 심호흡을 하자. 유해한 사람이 당신 바로 앞에 있다면 그에게 무슨 말을 하고 싶은가? 혹은 현실에서는 바라기 어렵지만, 그들이 무슨 말을 하면 해결되었다는 느낌이 들까?

모두 털어놓자. 글로 쓰기보다 큰 소리로 혼잣말을 하는 게 좋을 수도 있고, 그것도 정말 괜찮다. 글을 쓰는 동안 비판하고 검열하거나 수정하지 않으려고 노력하자. 이렇게 자유롭게 글을 쓰는 과정을 '의식의 흐름을 따라 일기 쓰기'라고 부른다.

애매모호함에 익숙해지자

가장 큰 문제는 관계가 원하는 대로 마무리되지 않을 때 우리 두뇌가 간절하게 원하는 결말을 얻지 못한다는 것이다. 우리는 상황을 이해하고 싶어 한다. 왜 그 일이 일어났는지 알면 힘든 상황을 소화하고 받아들이기 쉽기 때문이다. 그러나 우리는 삶의 모든 문제에 관해 명확한 답을 얻을 수 없고, 왜 그런 상황이 되었는지 정확히 알지 못한다. 명상하고, 소리치고, 기도하고, 이해해보려 오랜 시간을 보내도 여전히 해답을 얻지 못하는 문제도 있다. 끝까지 우리가 만족할 만한 답을 얻지 못하는 경우도 많다. 유해한 관계에서 벗어나면 그동안 느꼈던 감정을 더 이상 느끼지 않아야 하고, 그 사람이 왜 그랬는지 빨리 이해해야 한다고 조급하게 생각하기 쉽다. 이 시간이 길어지면 기다리기가 더 힘들어진다. 때때로 해답을 얻기도 하지만, 우리가 원하는 때가 아닐 수도 있다.

스스로 확인해보기　　　　　　＊

<u>불확실한 상태도 괜찮은가?</u>

당신이 원하거나 필요하다고 생각하는 마무리를 짓지 못할 때 답답함을 느끼는가? 끝까지 원하는 답을 얻을 수 없다는 사실을 받아들이기 어려워 새로운 삶으로 넘어가지 못하는가? 애매모호함을 받아들이는 일에 관한 설명에 '그렇다' 혹은 '아니다'로 답해보자.

1. 나는 상황을 명확하게 설명하는 해답을 찾으려고 한다.

2. 뭔가를 이해하지 못하면 그 일에 집착하는 경향이 있다.

3. 해답을 얻지 못하면 불안해진다.

4. 그런 일이 왜 일어났는지 모를 때 걷잡을 수 없이 화가 난다.

5. 내가 이해할 수 있는 해답을 얻을 때까지 되풀이해서 묻는다.

6. 나를 괴롭히는 것에 대한 해답을 얻었을 때도 보통은 시원하지 않다.

7. 나에게 내버려두지 못하는 문제가 있다고 친구와 가족이 말했다.

8. 누군가가 내 생각대로 행동하지 않으면 일에 집중할 수 없다.

9. 이유를 알 수 없지만, 누군가가 왜 그런 식으로 행동하는지 이유를 생각해내려고 한다.

10. 나에게 화가 나지 않았다는 사실을 명확히 밝혀 안심하게 해달라고 누군가에게 요구한다.

하나 이상 '그렇다'라고 대답했다면, 애매모호한 상태를 견디기 어려워할 수 있다. 상황을 '바로잡을' 방법을 끊임없이 찾고 불안할 때 스스로를 달래기 어려워하는 유형이다. 6장에서 설명하는 대로 정신 건강 전문가와의 상담을 고려해보자. 또한 7장에 나오는 자신을 돌보는 갖가지 방법이 불편함을 이겨내고 스스로를 달래는 데 도움이 될 것이다.

배운 것에 집중하자

'그는 왜 그랬을까?'를 고민하지 말고, '이런 일을 겪으면서 망가진 내 삶을 개선하기 위해 나는 무엇을 할 수 있을까?'를 스스로에게 묻자. 이런 상황에서 무엇을 이루었고, 무엇을 배웠는지를 살피자. 당신은 더 공감을 잘하는 사람이 되었고, 삶의 폭풍우를 헤쳐 나갈 회복탄력성을 키웠고, 정서적으로 건강한 사람들과 더 좋은 관계를 형성했다.

태미는 심리 치료를 받고 친구들과 이야기하면서 곧 이혼할 남편이 자신의 잘못을 인정하거나 두 사람의 관계를 제대로 마무리하지는 않을 것이라는 사실을 깨달았다. 또한 이혼 과정이 끝나도 여전히 공감받았다는 기분이 들지 않을 것이라는 사실을 깨달았다.

태미는 남편이 결혼 생활에서 보여준 행동이 일종의 마무리였다는 사실을 받아들였다. 그동안 견뎌온 남편의 언어폭력과 정서적 학대를 돌아보니 떠나는 게 옳은 일이라는 확신이 생겼다. 자신과 가족을 위해 올바른 선택을 했다는 사실이 유해한 관계를 정리하고 마음을 회복하는 데 큰 도움이 되었다.

스스로 기록해보기 　　　　　　　　　　　　 ✳

이 경험에서 무엇을 얻었는가?

상처받은 관계에서 벗어나 회복하는 동안, 그런 경험에서 어떤 긍정적인 변화가 생길 수 있는지 이해하기란 쉽지 않다. 지금 당장은 우울하고 불안하겠지만, 당신은 분명 이런 경험을 통해서도 성장했다.

유해한 사람에게서 벗어난 후 삶에 무슨 일이 일어났는지 적어보자. 믿을 만한 가족, 친구와 다시 가까워졌을 수도 있다. 이사를 가고 더 좋은 일자리를 찾았을지도 모른다. 작은 변화라고 생각해도 기록해보자. 작은 변화들이 정말로 중요하다.

행복 대신 의미와 목적을 찾자

행복하기 위해 관계의 마무리에 집착하고 있다면, 이루기 어려운 목표를 좇고 있을지도 모른다. 그보다는 삶의 의미와 목적을 얻기 위해 노력하자. 행복을 어떤 과정의 최종 목표로 삼으면 실망하기 쉽다. 그러나 우리 자신과 세상을 이해하는 것이 목표라면 과정과 목표 모두 가치가 있다. 삶의 의미를 찾으면, 늙어가면서 자살 충동이나 우울증이 생길 가능성이 상당히 줄어든다. 그러니 유해한 관계에서 벗어난 후 해답을 찾고 있다면 행복을 좇기보다 그동안의 경험이 삶에 어떤 도움이 될지에 집중하자. 평생 자매들한테 언어폭력과 정서적 학대를 당했던 에리카가 그랬다.

에리카는 자매들과 연락을 끊자 상실감을 느꼈다. 그녀는 자매들이 사과하기를 바랐고, 그들에게 다가가 그들의 잘못된 행동을 인정하라고 말했다. 그러나 자매들은 에리카가 '항상 까탈스러웠고', 늘 관심을 끌기 위해 알랑거렸다고 말했다. 그때 그녀는 자매들과 영원히 거리를 두어야 한다는 사실을 깨달았고, 평화로워질 수 있었다. 그러나 기대했던 만큼 안도감이 생기지는 않았다. 에리카는 자신감을 키우고 자신을 치유하는 데 도움이 되는 새로운 활동과 관심거리를 찾아야 한다고 느꼈다.

에리카는 초등학교 교사로 일하다 은퇴했고, 아이들과 함께 지냈던 때가 정말 그리웠다. 그녀는 매주 학교로 찾아가 아이들에게 동화 구연을 해주는 봉사활동을 시작하기로 마음먹었다. 교실로 들어가 책 속 인물을 재미있는 목소리로 표현하며 읽어줄 때 아이들의 얼굴이 밝아지는 것을 보는 게 너무 좋았다. 에리카는 삶의 목적을 찾았고, 한 아이의 하루라도 밝게 만들어줄 수 있다면 그것으로 충분히 의미 있다는 사실을 깨달았다. 시간이 지나면서 자매들이 그녀를 끔찍하게 대했던 일도 서서히 잊었다.

스스로 기록해보기 ✱

당신은 어디에서 삶의 의미를 얻는가?

우리가 가장 중요하게 여기는 가치관이나 삶의 의미를 어디에서 얻는지를 써보면 학대를 견뎌낸 후 새로운 삶을 시작하는 데 도움이 된다. 당신이 제일 중요하게 여기는 가치관은 무엇인지, 뒤에 나오는 목록 중 무엇이 제일 중요한지 생각해보자. 이 목록에서 한두 가지 가치관 혹은 서로 완전히 다른 가치관에 동시에 공감할 수도 있다.

성취·유대감·인내·자율성·조화·신뢰·균형·정직·책임감·용기·희망·자존 감·공동체 의식·독립심·봉사 정신·연민·진실·영성·창의성·정의감·투명 성·공정·친절·신뢰·믿음·배움·지혜·가족·낙관주의

당신이 어디에서 삶의 의미를 얻는지 곰곰이 생각하면서 진정으로 삶의 목적을 찾았다고 느꼈던 때를 돌아보자. 시간이 쏜살같이 흐르면서 무아지경이 되었던 일들 말이다. 무엇을 할 때 삶에서 희망을 느꼈는가? 무엇을 할 때 평화와 만족감을 느꼈는가? 무엇이든 괜찮다. 기분이 좋아지는 일을 적어보자. 에너지를 그런 일에 집중하도록 노력해보자. 그 일을 한 지 꽤 오래되었다면 다시 시작해보자.

당신의 강한 정의감을 받아들이자

정의감이 강한 사람은 왜 유해한 사람이 그들의 행동에 대가를 치르지 않는지 이해하기가 더 어렵다. 법체계에 실망하기도 한다. 상대가 당신 이야기를 제대로 듣지 않고, 당신 자녀의 행복을 가장 중요하게 여기지 않는다고 느끼면 그 사람과의 관계를 마무리하기가 대단히 어렵다. 정의감이 강하다는 건 좋은 일이다. 정의감은 당신과 자녀들의 권리를 위해 싸우는 데 도움이 된다.

당신이 겪은 일을 다른 사람들은 경험하지 않도록 제도를 개선하는 데 도움을 주고 싶다면, 사회 운동에 참여하는 방법도 고려해보자. 10장에서 더 많은 정보를 얻을 수 있다. 가정법원에서 불합리하고 불공정한 일을 겪은 후 다시 대학으로 돌아가 법이나 상담을 전공한 사람들도 있다. 당신의 경험을 통해 다른 사람들의 삶을 개선하려고 노력하는 일도 관계를 끝내는 데 도움이 된다.

용서해야 한다는 압박감을 버리자

＿＿＿

관계를 제대로 끝내기 위해 당신에게 잘못한 사람들을 용서해야 한다고 믿는 사람들도 있다. 사회는 우리에게 용서가 가치 있는 일이라고 가르쳐왔다. 우리에게 잘못한 사람이 어떤 형태로든 잘못을 고백하고 뉘우치면서 마무리될 것이라고 말이다. 그러려면 맨 먼저 그들이 누군가에게 잘못했다는 사실을 인정하고, 용서를 구하는 단계를 밟아야 한다. 어느 것도 유해한 사람이 할 것 같지 않은 일이다(이런 이야기를 앞에서도 했다는 사실을 알지만, 너무 잊어버리기 쉬운 부분이라 반복해 말한다).

과격하게 말하자면, 누군가를 꼭 용서해야만 새로운 삶을 살 수 있는 건 아니다. 그래야만 삶이 평화로워지는 것이 아니다. 너무 잔인하고 악랄하게 행동했기 때문에 용서하는 게 거의 불가능한 사람도 있다. 몇몇 자기계발서는 거의 강박적으로 용서가 필요하다고 강조한다. 해를 끼친 사람에게 집중하는 대신, 먼저 당신의 감정과 회복에 집중하는 게 더 중요하다. 용서해야 한다는 압박감에 시달리기보다 스스로에게 좋은 감정을 느끼는 것과 공동체 안에서 자신의 자리를 찾아가는 게 더 중요하다. 많은 사람이 유해한 관계에서 탈출한 후 그저 하루하루 버텨내기 위해 애쓴다. 누군가를 용서해야 한다는 압박감을 느낄 필요는 없다. 당신은 죄책감과 수치심에서 벗어나기 위해 유해한 관계를 끝냈다. 그러니 당신이 준비되었을 때 용서해도 된다. 특별히 때가 정해져 있는 건 아니다. 이때 혹은 미래의 어느 때든 용서하지 않기로 해도 아무 문제없다. 당신에게는 스스로 결정할 권리가 있다.

그러나 맨 먼저, 용서가 진정으로 어떤 의미인지 한발 물러나서 생각해볼 가치는 있다. 용서란 누군가가 한 일이 옳았다고 말하거나 용납하는 일이 아니다. 당신이 용서를 한다고 해도 그 사람은 여전히 자신의 행동에 책임을 져야 한다. 당신은 그를 용서할 수 있지만, 여전히 그 사람이 한 행동이 끔찍했다는 걸 알고, 그가 그런 행동의 결과에 직면해야 한다고 믿는다. 어떤 방식으로든 용서를 실천하는 일은 인류애를 키우고, 당신의 가치관을 이해하는 데 도움을 주며 자해 가능성을 줄여준다.

유해한 관계나 상황에 휘말리거나 머물렀다고 자신을 탓하고 있다면 용서의 의미에 집중하거나 당신의 강한 정의감을 온전히 받아들이기가 어렵다. 죄책감을 버리고 자신을 용서하는 게 더욱 중요하다. 그 내용은 다음 장에서 이야기하려고 한다.

분노에 대처하자
———

유해한 관계가 끝나면 분노를 느끼는 게 당연하다. 이혼 후 전 배우자의 행동에 화가 난다. 당신이 전 배우자에게 돌아가야 한다고 주장했던 가족과 친구들에게 화가 난다. 왜 그렇게 오랫동안 그런 관계를 지속했는지 자신에게 화가 난다. 당신에게 고통을 주었던 전 배우자, 친구나 동료가 고통을 받거나 힘들게 살기를 바랄 수도 있다. 당신은 고통을 당했고, 그래서 누군가가 그만큼 고통을 받기를 원한다.

복수하고 싶은 건 인간 감정의 정상적인 부분이다. 당신이 심한 고통을 겪었을 때 특히 더 그렇다. 유해한 사람에게 복수함으로써 마침내 정의가 이루어졌음을 느끼고 싶을지도 모른다. 그러나 전 배우자에게 복수하려고 애쓰다가 그들에게는 아무런 영향을 못 미치고, 당신만 힘들어지는 경우도 있다. 사실 유해한 사람들은 관계가 끝나고 몇 달이 지난 다음에도 당신이 여전히 그들을 생각한다면서 좋아할 수도 있다. 그들에게 그런 만족감이나 당신을 좌지우지할 힘을 주지 말자. 일시적인 감정으로 복수하다가 영원히 고통당하는 결과를 낳을 수도 있다.

신에게 화가 날 수도 있다. 그런 감정에는 죄책감이 따른다. 하지만 신에게 화가 나는 건 지극히 정상적이고 합리적인 현상이다. 신에게 화가 나서 마음의 갈등을 느낀다면 성직자나 정신 건강 전문가와 상담하는 게 도움이 된다. 영적이고 종교적인 문제를 전공한 상담 전문가들도 있다.

심각하게 유해했던 관계를 끝낸 후에는 분노를 느끼는 게 당연하다. 분노가 폭발하는 걸 느낄 수도 있다. 그렇게 화가 나는 게 낯선 감정처럼 느껴지겠지만 다시 이야기한다. **그런 감정을 느끼는 게 당연하다.** 궁극적으로 그런 감정을 어떻게 활용하느냐가 중요하다. 분노가 내면화되면 우울증에 시달릴 수도 있다. 유해한 관계가 끝난 후 찾아오는 고통을 피할 수는 없지만, 고통을 느끼지 않으려고 노력하는 것은 우리의 몫이다.

다음에 나올 '스스로 확인해보기'에서 유해한 관계 이후 분노 조절에 문제를 겪고 있는지 한번 확인해보자. 설령 문제가 있다고 하더라도 전혀 이상한 게 아님을 다시 한번 기억하자. 분노 조절 문제는 자기 돌봄이나 정신 건강 전문가와의 상담을 통해 얼마든지 개선할 수 있는 문제다.

스스로 확인해보기   ✳

분노 조절에 문제가 있는가?

뒤에 나오는 설명에 '그렇다' 또는 '아니다'로 답해보자.

1. 걸핏하면 가족과 친구들에게 쏘아붙인다.

2. 분노를 느끼면 통제하기 어렵다.

3. 말이나 행동으로 다른 사람들을 몰아세운다.

4. 너무 화가 나면 두통이나 복통 같은 신체 증상이 나타난다.

5. 가족과 친구들이 내게 분노 조절 문제가 있다고 이야기했다.

6. 누군가에게 앙갚음하거나 복수하겠다는 생각에 사로잡힌다.

7. 사건에 비해 분노를 너무 크게 느낀다.

8. 분노 때문에 직장이나 학교에서 곤란해진 적이 있다.

9. 분노가 잦아들지 않을 것이라고 느낀다.

10. 건전하지 않은 방법에 의지하면서 분노를 잊으려고 했다(술을 마시거나,
    음식을 너무 많이(적게) 먹고, 운동을 너무 많이 하거나 다른 건전하지 않은 대처
    방식).

앞의 설명 중 하나 이상에 해당되면 정신 건강 전문가를 만나 분노 문제에
관해 상담하기를 권한다. 심한 분노는 당신의 인간관계뿐 아니라 신체 건강
에도 영향을 준다. 분노를 느끼면 몸 전체에 스트레스 호르몬이 분비되어 심
박 수와 혈압이 높아진다. 분노가 만성화되면 관련된 호르몬의 수치가 높아
져서 심장병과 뇌졸중 위험이 높아진다. 정신 건강 전문가들에 대해 더 알고
싶으면 6장을 보자.

＊

　유해한 사람에게 마무리를 요구하는 것은 그들과 다시 연락할 가능성을 열어놓는다는 의미다. 꼭 관계를 마무리해야만 행복하고 충만한 삶을 살 수 있는 것은 아니다. 더 좋은 소식이 있다. 당신은 스스로 문제를 해결할 수 있다.

　누군가가 당신에게 한 짓을 용서해야 한다는 압박감을 느끼지 말자. 당신은 준비가 되지 않았을 수도 있다. 유해한 사람이나 상황 때문에 화가 나는 건 당연한 일이다. 또한 자신에게 화가 날 수도 있다. 그래서 자신을 용서하려고 노력하는 게 중요하다. 그게 말처럼 쉬운 일이 아니라는 사실을 안다! 왜 자신을 용서하기가 쉽지 않은지, 어떻게 자신을 용서할 수 있는지를 다음 장에서 탐구하려고 한다.

Healing from
Toxic Relationships

4장

자신을 용서하자

*

어떻게 분노와 자기 비난에서
벗어날까?

유해한 관계나 상황에서 벗어난 후에는 자신에게 화가 나기 쉽다. 그런 상황에서 더 일찍 벗어났어야 했다거나 유해한 관계의 조짐을 '빨리 알아차렸어야 했다'라고 생각하기 때문이다.

자신에게 화나고 분노할 때 다른 사람들과의 관계 및 우리 삶의 질도 영향을 받는다. 자살을 생각할 정도로 자기혐오가 깊어질 수도 있다. 자해를 더 많이 하거나 다시 시작하기도 한다. 때때로 자신에게 실망감을 느끼는 건 정상이지만, 수면과 식욕, 일반적인 행복까지 영향을 받기 시작한다면 도움을 청하고 자신을 성찰해야 할 때다. 자신에게 분노를 느끼면 회복에 꼭 필요한 두 부분에 문제가 생길 수 있다. 첫째는 이 경험을 통해 당신이 어떻게 성장했는지를 깨우치는 부분이다. 둘째는 정의감을 키우고 느끼는 부분이다. 자신에 대한 분노를 먼저 치유할 때 더 깊은 회복에 이를 수 있다.

이 장을 읽으면서 마음에 새기기를 바라는 몇 가지가 있다. 첫째, 의학박사이자 작가인 제럴드 G. 잼폴스키가 말한 것 처럼 과거가 조금이라도 달라질 것이라는 희망을 버려야 자신을 용서할 수 있다는 사실을 기억하자.

둘째, 때때로 자신을 용서하는 일이 다른 누군가를 용서하는 일보다 더 어렵다는 사실을 깨닫자. 우리는 다른 사람들보다 자신에게 더 비판적이다. 유해한 관계를 겪었다면, 특히 더 그렇다. 유해한 사람은 자신의 행동이 당신 탓이라고 비난하면서 당신이 바뀌어야 한다고 말했을 것이다. 당신이 존중받고, 사랑받고, 스스로에게 연민을 느껴도 되는 존재라는 사실을 깨닫기까지는 어느 정도 시간이 걸린다.

스스로에게 연민을 느끼거나 자신을 가장 좋은 친구처럼 대하는 게 회복으로 나가는 첫 단계다. 당신은 가장 친한 친구에게 그가 괜찮지 않다거나 행복할 자격이 없다고 끊임없이 이야기하는가? 물론 아니다. 당신은 그 사람을 사랑하고 지지할 것이다. 유해한 사람은 당신에게 어떤 연민도 보이지 않았을 가능성이 크다. 그래도 당신은 스스로에게 연민을 보일 수 있다.

> "나는 결국 엄마가 나를 대했던 방식으로 나 자신을 대하게 되었다. 그리고 바로 그 태도를 바꿔야 했다."_알리제, 25세

스스로 확인해보기

자신을 용서하는 게 어려운가?

자신을 용서하는 일은 여러 단계를 밟는 과정이다. 자신에게 화를 내고 있다는 사실을 알고 있을 수도 있지만 깨닫지 못하고 있을 수도 있다. 확인해보자. 뒤에 나오는 설명 중 당신에게 해당하는 설명이 있는가?

1. 나는 가족, 친구와의 관계를 회복할 수 없을 만큼 망쳐놓았다고 느낀다.
2. 나는 엄청난 수치심과 죄책감을 느낀다.

3. 나는 다르게 행동할 수도 있었다고 느끼고, 그런 생각을 하면 마음이 황폐해진다.

4. 나를 향한 분노와 싸우고 있다.

5. 나는 행복해질 권리가 없다고 느낀다.

6. 나에게 화가 나는 것도 내 탓이라고 생각한다.

7. 이 관계를 너무 오랫동안 질질 끈 대가를 치러야 한다고 느낀다.

8. 내가 무엇을 잘못했는지 생각하면서 밤에 잠을 이루지 못한다.

9. 더 좋은 대우를 받을 필요가 없다고 느껴 나 자신을 파괴한다.

10. 스스로에 관해 끊임없이 부정적인 생각을 한다.

당신에게 해당하는 설명이 있다면 당신은 지금 자신을 용서하지 못하는 상태일지도 모른다. 이 장에서는 자기 연민에 장애가 되는 몇몇 통념과 새로운 삶을 살려면 어떤 단계를 밟아야 하는지 알아본다.

누구도 유해한 상황을 피하기 어렵다

———

멀쩡하고 합리적인 어른인 당신이 유해한 사람에게 말려들었다는 사실을 믿을 수 없어 화가 나기도 한다. 그곳에서 일하기 시작했을 때 유해한 직장이라는 조짐을 알아보지 못했거나, 가족의 학대를 오랫동안 참아낸 것을 자책할 수도 있다.

누구든 유해한 사람이나 환경에 상처를 받는다는 사실을 알자. 당신이 얼마나 똑똑한지, 얼마나 많은 교육을 받았는지는 상관없다. 과거에는 사람들과 좋은 인간관계를 맺었다는 사실도 상관없다. 유해한 사람들은 누구든 애정 공세로 흔들어놓을 수 있다. 좋은 인상을 주려고 애쓰는 입사 면접에서 유해한 직장의 조짐을 찾아내기란 사실상 불가능하다. 비정상적인 관계나 상황도 보통 처음부터 그런 조짐을 보이지는 않는다. 세라가 직장에서 겪은 일처럼 시간이 지나면서 점점 더 유해한 점이 드러난다.

세라는 대학을 졸업한 후 한 회사에서 일하기를 기대했다. 그 분야에서 가장 인정받는 회사 중 하나였다. 세라는 입사 면접 전에 그 회사에 관해 알아보았고, 위험 신호를 전혀 알아차리지 못했다. 다들 대단한 회사라고 생각하는 것 같았다.

면접 후 세라는 적절한 급여와 복리 후생을 보장하는 입사 제안을 받았고, 신이 나서 제안을 받아들였다. 근무 첫날, 직장 동료 중 한 명인 샘이 책상 앞으로 다가오더니 바짝 몸을 기댔다. 그는 "세라, 당신이 알아야 할 게 있어요. 당신의 상사는 회사에서 여직원들을 성희롱한 전력이 있어요"라고 말했다. 그는 도움이 필요할 때 알려달라고 강조했다.

세라는 혼란스러웠다. 대단한 명성을 가진 회사였고, 그때까지는 새로운 상사와 일 이야기밖에 하지 않았다. 이게 확실한 문제라면 왜 아무도 인사팀에 그의 행동을 알리지 않을까? 모든 말이 아주 이상했다. 미심쩍은 점이 많았지만, 첫날부터 '불평하는 사람'으로 보이고 싶지 않아 아무 말도 하지 않았다. 그녀는 새로운 일을 배우느라 바쁘게 지내면서 최대한 샘을 피했다.

어느 날 그녀는 자기 자리의 물건이 아주 조금씩 옮겨져 있는 걸 알아차렸다. 몇 주 후에는 누군가가 그녀의 직장 계정에 로그인하려고 했다는 사실을 알게 되었다. 그녀는 상사에게 그 사실을 알렸고, 조사가 시작되었다. 세라는 직장에서 벌어지는 일을 기록하기 시작했다. 그녀의 도시락이 계속 사라지고, 그녀가 한 일의 공을 샘이 가로채고, 팀 회의 참석을 거부당했다.

몇 달 후 직원 화장실에서 한 동료가 그녀를 마주 보며 거짓말쟁이라고 욕했다. 같은 층에서 일하면서 종종 보았지만, 그때까지 한 번도 이야기를 나눠본 적이 없는 동료였다. 세라는 충격을 받았지만 상황이 더 나빠질까 봐 아무한테도 이야기하지 않았다.

다음 날 상사가 부르더니 세라가 도둑질했다는 고발이 들어왔다면서 조사를 해야 한다고 말했다. 그녀가 휴게실로 들어가자 한때 친하게 지냈던 동료들이 등을 돌렸다. 샘이 그녀 자리 옆을 지나가다 "네가 무슨 짓을 했는지 알 거야"라고 비웃으면서 말했다.

그녀는 인사팀에 괴롭힘 문제를 고발하겠다고 마음먹었다. 그리고 직장 문제를 전문적으로 다루는 변호사에게 연락했다. 그래도 세라는 그동안 자신이 잘못 대처했다는 자책에서 벗어날 수가 없었다. 화장실에서 당한 일과 근무 첫날에 샘이 한 말을 상사에게 곧바로 알렸어야 했다.

그녀는 위험 신호를 알아차리지 못했다는 사실, 심지어 애당초 그 직장에 들어갔다는 사실 때문에 자신에게 화가 났다. 세라는 근무 성적이 떨어졌고, 공황 장애와 불면증에 시달리기 시작했다.

분노 아래 감춰진 감정이 불안인가, 두려움인가?

———

자신에게 화가 날 때, 분노 이면에 다른 감정이 숨어 있을지 모른다. 사실은 분노가 불안이나 두려움을 감추고 있는 것이다. 모두 비슷한 감정처럼 보이지만, 중요한 차이점이 있다. 뭔가 나쁜 일이 일어날 듯하지만, 그게 정확히 무엇인지 모르는 기분이 불안이다. 불길한 예감은 모호하지만 강렬하다. 우리는 종종 다른 감정을 억누르고 느끼지 않으려고 할 때 불안을 느낀다. 불안이 찾아오면 그 밑에 어떤 감정이 있는지 알기가 어렵다. 반대로 두려움은 실제적인 감정이다. 두려움은 주위의 일, 사람, 동물이나 사물에서 위험을 느끼거나 보고, 들은 결과이다.

행동하도록 자극하는 감정인지 아닌지가 불안과 두려움을 구별하는 또 다른 특징이다. 불안할 땐 마비된 기분을 느끼는 반면, 두려움을 느낄 때 위협에서 벗어날 수 있는 행동을 하도록 자극받는다. 당신은 불안과 두려움 중 무엇을 느끼는가? 아니면 둘 다 느끼는가?

유해한 관계를 끝낸 후 정신 건강 전문가와 상담하는 게 감정을 극복하는 데 도움이 된다. 또한 불안은 운동, 마음 챙김, 심리 치료와 명상을 통해 제어하거나 줄일 수 있다. 정신 건강 전문가에게 도움받기는 6장, 마음 챙김은 7장에서 더 이야기하려고 한다. 우선 지금은 여러 감정에 대해 더 깊이 알아보자.

스스로 기록해보기   ✳

당신의 신체 반응을 분류하자

유해한 사람과의 관계에서 벗어난 후에는 종종 심장이 마구 뛰고, 손이 축축
해지는 것 같은 신체 반응이나 두려움을 느낄 수 있다. 나쁜 영향을 주는 누
군가와의 관계를 끝낼 때 이런 반응이 나타나는 것은 당연한 일이다. 새로운
상태에 적응하려면 시간이 필요하다. 어떤 감정을 느낄 때 그게 불안인지 두
려움인지 구별하기 어려울 수 있다. 일기장에 사람 모양을 그린 후 몸의 어
느 부분에 반응이 나타나는지 찾아보자. 당신이 느끼는 순서대로 번호를 붙
일 수도 있다. 아마도 맨 먼저 손이 축축해지고, 숨이 가빠지고, 그다음 심장
이 마구 뛸 것이다. 그런 느낌이 시작되는 걸 깨닫기만 해도 절반은 성공이
다. 불안이나 두려움으로 치닫고 있음을 깨달았다면 곧바로 심호흡이나 산
책처럼 기분을 전환할 수 있는 방법을 찾자. 1~2주 후 일기장에 그린 사람을
다시 보면서 신체 반응이 어떻게 달라졌는지 확인하자.

스스로 기록해보기   ✳

분노와 불안, 두려움 중 어떤 기분인가?

당신이 느끼는 분노가 불안이나 두려움에 대한 반응인가? 유해한 사람이 당
신을 대한 방식 때문에 그에게 화가 났을 수 있다. 또한 그 사람 없이 살아
갈 생각을 하니 불안해서 화가 났을 수도 있다. 새로운 삶을 살지 못할까 두
려울 수도 있다. 통제할 수 없다고 느끼는 일 때문에 두려울 수도 있다. 화가
날 때 무슨 생각을 하고 있고, 어떻게 느끼는지 써보자. 그다음 더 깊이 파고
들어 어떤 불안과 두려움이 당신의 분노와 관련이 있는지 써보자.

널리 퍼진 죄책감과 수치심

———

죄책감과 수치심은 우리가 가질 수 있는 가장 강력한 두 가지 감정이다. 이 감정 때문에 우리 가슴은 찢어지고, 공허해진다. 죄책감과 수치심은 우리 삶에 별로 긍정적인 영향을 주지 않는다. 우리는 스스로 세운 도덕적 기준을 어기고, 하지 말아야 할 일을 했을 때 죄책감을 느낀다. 수치심은 자신을 부정적으로 평가할 때 느끼는 감정이다. 수치심 때문에 자신이 한 일이나 자신에게 일어난 일을 숨기거나 부정하고 싶어진다. 죄책감과 수치심은 우울증과 관련이 있는데, 수치심은 특히 불안과 밀접한 관련이 있다.

유해한 사람이 당신을 조종하려고 그런 감정을 이용했다면 죄책감과 수치심을 버리기 어려울 수 있다. 예를 들면 상대방으로부터 아래와 같은 말을 들은 경우다.

- "네가 정상적으로만 행동하면, 우리는 아무 문제가 없어."
- "너는 우리 가족 모두의 골칫거리야."
- "너는 대체 왜 그러는 거야?"
- "그렇게까지 하고 어떻게 감히 나한테 화를 내?"
- "네가 완벽해진 다음에 와. 그다음에 내 행동에 관해 이야기하자고."
- "너는 나한테 화낼 권리가 없어."

유해한 사람은 자신의 부적절한 행동에 관해 말도 꺼내지 못하도록 갖은 방법을 사용하여 방향을 돌린다. 그의 행동 때문에 화가 났다고 이야기하면 "너는 항상 너무 많은 걸 원해! 나는 어떻겠어? 나는 얼마나 힘들었겠어? 너는 내가 어땠는지 몰라!"라고 대답한다. 대화의 방향이 바뀌어 오히려 당신이 나쁜 사람처럼 느껴진다. 그는 당신이 그런 행동을 하지 않거나 그런 말을 하지 않았다면 자신도 그런 식으로 반응하지 않았을 것이라고 말한다. 하지만 당신은 누군가가 어떤 행동을 하게 한 적이 없다. 당신은 그저 당신의 행동과 생각만 통제할 수 있을 뿐이다. 그도 자신의 행동에 전적으로 책임을 져야 한다. 하지만 그런 사람은 오히려 당신에게 죄책감과 수치심을 심어 당신을 좌지우지하려고 한다.

당신이 벌이나 푸대접을 받는 게 당연하다고 느끼기 시작하면, 유해한 사람은 그 마음을 이용해 죄책감과 수치심을 부추긴다. 우리는 죄책감이나 수치심을 느낄 때 **'그러려고 했어'**, **'그럴 수 있었어'**, **'그랬어야 했어'**라는 말을 많이 사용한다.

- "이렇게 될 줄 알았어야 했어."
- "부모님께 전화해야 했어."
- "더 노력할 수 있었어."
- "진짜 열심히 노력했다면 더 나아졌을 거야."
- "헤어지고 싶지만, 어떻게 헤어질지 모르겠어."
- "알았다면 그녀를 도왔을 거야. 하지만 그녀에게 도움이 필요

한지 몰랐어."

유해한 상황을 겪고 있거나 벗어난 후에 나를 찾아온 사람들이 많이 했던 말이다. '이렇게 될 줄 알았어야 했어'라고 생각하고 있다면, 더 일찍 위험 신호를 알아차리지 못한 자신을 용서하자. 가스라이팅 하거나 나르시시스트 행동을 하는 사람들은 그들의 파괴적인 행동을 정말 잘 감춘다. 처음 사귀면서 상대를 이상화하는 단계에서는 특히 더 그렇다. 자신의 행동을 다른 사람들의 책임으로 돌리는 데도 아주 능하다.

"더 일찍 관계를 끝낼 수 있었어" 혹은 "절대 돌아가지 말았어야 했어" 같은 말을 되뇌고 있다면, 1장을 다시 읽으면서 똑똑하고 합리적이고 훌륭한 사람도 유해한 관계에 빠질 수밖에 없는 이유가 있다는 사실을 기억하면 좋겠다. 유해한 사람은 당신이 떠나지 못하게 하려고 죄책감을 자극하면서 협박하거나 위협한다. 추켜세우고, 학대하고, 후회하고, 다시 관계를 맺는 과정을 되풀이하면서 상대와 정신적 외상 유대감이 생길 수도 있다. 그러면 학대하는 사람과 헤어지거나 연락을 끊는 게 더 어려워진다. 유해한 관계를 맺고 있는 동안 인지 부조화를 겪었을 가능성도 크다. 인지 부조화를 겪으면 상황을 정확하게 파악하거나 결단하기가 어려워진다. 그런 상황에서 벗어나기 위해 감정적·정신적으로 에너지를 많이 빼앗긴다. 뒤에 나오는 '스스로 기록해보기: 죄책감과 수치심 버리기'를 참조하고, 믿을 만한 정신 건강 전문가의 도움을 받아(6장에서 더 자세히 알아볼 수 있다) 죄책감과 수치심이 감정에 어떤 영향을 주는지 점검해보면 도움이 된다.

우리가 어떻게 할 수 없는 이유로 유해한 상황을 벗어나기 어렵다는 게 핵심이다. 어쨌든 당신은 그런 상황에서 벗어났다는 게 중요하고, 그건 용기 있는 일이다.

> "대학에 진학할 때 동생들을 어머니가 있는 집에 두고 와서 죄책감이 컸다. 심리 치료사는 내게 나 자신을 위해 새로운 삶을 시작할 권리가 있다고 말했다."_보니, 64세

> "나는 더 일찍 헤어지지 못했다고 여러 해 동안 자책했다. 그러나 절대 혼자서는 살아갈 수 없다고 생각하게끔 조종당했다는 사실을 이제 깨달았다."_잉그리드, 40세

스스로를 가스라이팅하지 말자

혹시 '나도 배우자나 가족에게 폭력적이었어'라고 생각하는가? 학대에 맞서느라 그럴 수밖에 없었다는 사실을 기억하자(앞에서 말한 반응적 학대다). 궁지에 몰렸거나 계속 조롱당하면 살아남으려고 맞서 싸우기도 한다. 그렇다고 **당신이** 폭력적이라는 의미는 아니다.

당신 역시 폭력적이라고 되뇌는 건 일종의 가스라이팅이다. 상대가 당신을 어떻게 학대했는지 살피지 못할 뿐 아니라, 학대 사실까지

부인하게 된다. 당신이 겪은 일과 그 사람과의 관계에서 당신이 한 행동 때문에 느끼는 갈등이 있다면, 정신 건강 전문가와 상담하는 게 좋다. 당신은 스스로를 용서해도 된다.

> "나도 드디어 그녀를 맞받아서 소리치기 시작했다. 나는 원래 고함을 지르는 사람이 아니었다. 그녀는 나를 전혀 다른 사람으로 만들었다. 그녀는 내가 비이성적이고, 통제하기 어려운 사람이라고 자주 말했다."_아이틴, 35세

스스로 기록해보기 ✳

죄책감과 수치심을 버리자

마음속에 자주 떠오르는 생각 중 죄책감, 수치심과 관련된 생각을 써보자. 그런 생각이 어디에서 비롯되었는지 확인하자. 부모님, 선생님, 상사나 배우자한테 들은 말인가? 그다음 죄책감과 수치심을 뒤집는 문장을 써보자. 예를 들어 "너는 아무것도 제대로 할 수 없어"라는 말을 "나는 언제나 최선을 다하고 있고, 그걸로 충분해"나 "나는 많은 영역에서 성공했어"로 바꿀 수 있다. 죄책감, 수치심과 관련해 부정적인 생각을 하고 있다는 사실을 깨달을 때마다 일기장을 펴서 긍정적인 말로 바꾸어 쓰자. 시간이 지나면 무의식적으로 부정적인 생각을 긍정적으로 바꿀 수 있다.

관계가 끝나면서 반려동물과도 헤어질 때

——

전 배우자가 키우던 반려동물에게 정이 들었거나 둘이 함께 반려동물을 입양했을 때는 전 배우자와 헤어지는 게 더 가슴 아프다. 동물들은 유해한 사람과 정서적으로 건강한 사람을 구별할 수 있는 경우가 많다. 정서적으로 더 건강한 사람과 함께 사는 게 반려동물에게도 가장 좋다.

하지만 그게 어려울 때도 있다. 당신이 반려동물을 데려갈 수 없는 곳으로 이사를 했거나 함께 키우던 반려동물을 정기적으로 보여주겠다고 전 배우자가 약속해놓고 지키지 않을 수도 있다. 반려동물을 보려고 전 배우자와 다시 연락하느니 당신의 정신 건강을 지키는 게 더 중요하다고 마음먹었을지도 모른다.

반려동물과의 이별이 유해한 관계를 끝낼 때 겪는 가장 큰 스트레스일 때도 있다. 반려동물을 '버려야 해서' 자신에게 화가 났다면. 이제 자신을 용서할 시간이다. 당신은 최선을 다하고 있다. 반려동물도 당신과 함께 지냈던 시간을 아름답게 기억할 것이다.

> "전 남편과 헤어지면서 룰루와 이별한 게 가장 힘든 일 중 하나였다. 룰루는 전 남편의 개였지만, 나와도 정이 많이 들었다. 룰루를 다시 보고 싶지만 그러려면 전 남편과 연락해야 하고, 악순환에 빠져들 것이라는 사실을 알았다."_제인, 28세

외부 환경에 흔들리지 않는 단단한 내면을 키우자

—

로렌은 이제 부모님의 집에서 나올 때라고 마음먹었다. 그녀는 여러 해에 걸친 언어폭력과 정서적 학대로 큰 상처를 입었다. 부모님은 집에 문제가 생기면 언제나 로렌을 탓했다. 그녀는 아무것도 제대로 할 수 없다고 느꼈다. 로렌은 몇 년 동안 사귀던 연인과 함께 집을 얻어 이사했다. 그들은 대체로 좋은 관계를 유지했다. 그녀는 충돌을 최대한 피하고 싶어서 문제가 있어도 이야기하지 않았다. 고함치고 싸우는 건 부모님과 함께 지낼 때 겪은 걸로 충분했다. 연인은 한 번도 분노를 터뜨린 적이 없었고, 그녀는 미리 조심했다. 어떤 문제라도 끄집어내면 연인이 그녀를 버려서 부모님 집으로 돌아가야 할까 두려웠다. 그녀는 연인이나 친구들이 자신을 속상하게 하거나 누구든 자신을 비판하면 기분이 완전히 바뀌어버렸다. 어느 날 연인이 그녀에게 상담을 받으면 도움이 될 것 같다고 조심스럽게 제안했다.

상담사는 기분을 1에서 10까지 등급으로 나눌 때 그녀의 기분이 어느 정도인지 물었다. 1은 아주 나쁜 기분이고, 10은 정말 좋은 기분이라고 했다. 로렌은 "지금은 7이에요. 그러나 무슨 일이 생기는지에 따라 하루에도 2에서 9까지 왔다 갔다 해요"라고 대답했다.

상담사는 "무엇 때문에 기분이 바뀌나요?"라고 물었다. 로렌은 보통 어떨 때 기분이 나빠지는지 설명했고, 상담사는 주변에서 벌어지는 일에 기분이 좌우되는 편이냐고 물었다.

로렌은 "물론이죠. 어떻게 그렇지 않을 수가 있나요?"라고 대답했다. 그러자 상담사는 로렌에게 외부의 힘에 의해 자신의 삶이 좌우된다고 믿는 **외적 통제소재**라는 개념을 알려주었다. 외적 통제소재를 가지고 있을 때 어떤 일이 벌어지면, 그 상황에 따라 기분이 바뀐다. 기분이 나쁠 경우, 그런 상황에서 빠져나오기 어렵다. 반대로 모든 게 자기 노력의 결과라고 믿는 **내적 통제소재**를 가지고 있으면, 내면이 단단해서 흔들리지 않는다. 어떤 일이 기분에 어느 정도 영향을 줄 수도 있지만, 당신은 그것을 튕겨낼 수 있다. 내면을 들여다보며 회복력을 얻기 때문에 대부분의 일에 잘 대처할 수 있다고 느낀다.

로렌과 상담사는 로렌이 부모님 때문에 겪은 일과 그 때문에 연인과 친구들을 대하는 방식이 어떻게 바뀌었는지에 관해 이야기를 나누었다. 로렌의 기분은 다른 사람들의 행동에 많이 좌우되었다. 상담사는 몇 주에 걸쳐 로렌이 내적 통제소재를 갖도록 도왔다. 로렌은 평온함을 느꼈고, 그녀를 대하는 다른 사람들의 행동이 인신공격이 아니었다는 사실을 깨달았다. 다시 말해, 자신을 용서하면서 주변 사람의 행동이 자기 탓이라고 느끼지 않게 되었다. 방어적으로 굴거나 기분 나빠하지 않으면서 연인과 친구들이 하는 말을 귀 기울여 들을 수 있었다. 버려지거나 말싸움을 벌일까 봐 조마조마해하지 않으면서 인간관계와 우정에서 무엇이 필요한지 공개적으로 이야기하기 시작했다. 그 덕에 그녀의 삶은 훨씬 나아졌다.

자신을 용서하지 않으면, 외부의 힘에 감정과 행동이 좌우되기 쉽다. 자신을 용서할 때 내적 통제소재에 더 가까워질 수 있다. 자신을 사랑한다는 건 스스로를 믿고, 자신이 괜찮아질 것을 알아간다는 의미다.

물론 자신을 믿고, 소중히 대하는 게 말처럼 쉽지 않다. 뒤에 나오는 자기 연민을 실천함으로써 이 목표에 가까워질 수 있다.

자신을 아끼자

당신을 억압하던 것에서 벗어나는 일은 자유로워지는 과정이다. 당신은 죄책감과 수치심에서 벗어나 행복할 자격이 있다. 자신을 용서하고 도움이 되지 않는 감정들을 버리려고 노력할 때일수록 자신을 아끼는 게 정말 중요하다.

긍정적인 혼잣말을 되뇌자

긍정적인 말을 되뇌는 게 바보처럼 느껴지거나 거짓말을 하는 것처럼 느껴질 수도 있다. 그러나 우리가 뭔가를 계속 되뇌면 실제로 그렇게 된다. 긍정적인 말을 되뇌든 부정적인 말을 되뇌든 그대로 된다. 혹시 부정적인 혼잣말을 '되풀이하고' 있지는 않은가? 당신이 괜찮지 않다거나 나쁘다고 했던 전 배우자나 가족의 말처럼 말이다. 의도적으로 긍정적인 혼잣말을 하면서 부정적인 혼잣말을 떨쳐내자. 스스로 긍정적인 말을 생각해내거나 뒤에 나오는 긍정적인 말 중 하나를 활용해보자.

"나는 평온하고, 차분하고, 침착하다."

"나는 건강하고 튼튼하다."

"오늘은 기적으로 가득하다."

이때 주의할 점이 있다. 긍정적인 단어만 사용하자. **'하지 않다'**, **'못하다'** 같은 단어를 없애자. 희망적이고 만족스러운 기분이 든다면 무엇이든 긍정적인 말이 될 수 있다. 당신이 정한 긍정적인 말을 휴대전화 잠금 화면에 보이게 하고, 냉장고나 화장실 거울처럼 잘 보이는 곳에 붙이자. 휴대전화에 알람을 설정해 문구가 뜨게 할 수도 있다. 긍정적인 말을 되뇌일 때 당신이 얼마나 더 긍정적인 눈으로 세상을 보게 되는지도 관찰하자. 심지어 진짜로 그 말을 믿지 않을 때도 긍정적인 말이 효과가 있다는 사실을 기억하자.

긍정적인 대처법을 찾아보자

유해한 관계에서 벗어난 후 몇몇 나쁜 습관을 가지게 되기도 한다. 비웃음을 당하거나 조종당하지 않고 드디어 무엇이든 원하는 일을 할 수 있게 된 결과다. 그러나 분노나 슬픔 대신 다른 감정을 느끼려고 위험한 행동을 해서는 안 된다. 심리 치료사들이 **부적응 대처**라고 부르는 행동인데, 다음 행동 중 하나를 하는지 스스로에게 물어보자.

• 알코올이나 약물 사용이 늘었다.

• 여러 상대와 아무 대비 없이 성관계를 갖는 등 위험한 성생활

을 한다.

- 처방약을 오용한다.
- 정서적으로 건강한 친구, 가족들과 함께 시간을 보내지 않으려고 한다.
- 너무 많이 먹거나 너무 적게 먹는다.
- 운동을 너무 많이 한다.
- 자해한다.
- 위험한 행동을 많이 한다.
- 인터넷을 이용하는 시간이 상당히 늘었다.

건전하지 않은 대처들이 어떤 영향을 미치는지 처음에는 정확하게 알기 어렵다. 그러나 시간이 지나면 스트레스 수치가 높아지고, 기진맥진하고, 신체적, 정신적 건강이 나빠진다. 건전하지 않은 대처법은 자신을 적극적으로 치유하는 데 도움이 되지 않고, 도리어 자신을 파괴하는 수단이 된다. 당신이 이런 행동을 하고 있다면, 자존감에 뿌리 깊은 문제가 있을 수도 있다.

반면 긍정적인 대처법은 계속 현재에 뿌리를 내리고 분노와 슬픔, 낮은 자존감에 관한 해결책을 찾는 데 도움을 준다. 모든 방법이 모든 사람에게 효과가 있는 건 아니다. 마음에 끌리는 방법을 한두 가지씩 골라 실천해보면서 당신에게 도움이 되는 방법을 찾자. 여기 몇몇 방법이 있다.

- 시간을 내서 친구를 만난다.

- 마음이 편안해지는 목욕이나 샤워를 한다.

- 그리기, 글쓰기나 악기 연주처럼 창조적인 일을 한다.

- 아이들과 함께 논다.

- 반려동물과 놀면서 시간을 보낸다.

- 야외로 나가 자연에서 시간을 보낸다.

- 7장에서 설명할 자기 돌봄을 실천한다(잘 자고, 명상하고, 일기를 쓰고, 적당한 운동을 하고, 소셜 미디어 사용을 줄인다).

어려움을 겪을 때 정신 건강 전문가와 상담하면 큰 도움이 된다. 당신은 정신 건강 전문가와 함께 감정을 자세히 들여다볼 수 있을 뿐 아니라 과음이나 자해 같은 부적응 대처를 줄이고, 자기 돌봄을 실천해볼 수 있다. 혼자 시작하는 것이 어렵다면 전문가의 도움을 받아 작은 것부터 시작해보자.(정신 건강 전문가에 대해 더 많은 정보를 얻고 싶으면 6장을 보자).

"아버지 같은 알코올 중독자가 되지 않으려고 애썼지만, 자꾸 과음하기 시작했다. 나에 대한 분노를 감추려고 음주를 이용하고 있었다. 심리 치료사와 회복 프로그램의 도움을 받아 2년 동안 술을 끊었다. 이제 좌절할 때마다 일기를 쓰거나 남편, 친구에게 이야기한다."_카테리나, 32세

부정적인 생각을 긍정적으로 바꾸자

'더 일찍 헤어졌어야 해', '그 직장에 들어가지 말았어야 해' 혹은 '이럴 줄 알았어야 했어'라고 생각하지는 않는가? **'그랬어야 했어'**라고 생각할수록 우리는 심한 압박감을 느낀다. 과거는 바꿀 수 없기 때문에 절망적인 마음까지 든다. **'그럴 수 있었어'**나 **'그러려고 했어'**도 마찬가지다. 이런 생각은 당신이 미래를 향해 나가지 못하게 하고 틀에 가둬버린다. 앞부분에서 이미 '그러려고 했어', '그럴 수 있었어'와 '그랬어야 했어'라는 생각이 죄책감과 수치심을 일으킬 수 있다고 지적했다.

'그러려고 했어'나 '그럴 수 있었어', '그랬어야 했어'라는 생각을 긍정적으로 바꾸어보자. '더 일찍 헤어져야 했어'를 '헤어졌으니 괜찮아'로 바꿀 수 있다. 부정적인 생각을 긍정적으로 바꾸면 미래가 희망적으로 보이고, 일단 기분도 좋아진다. 부정적인 생각을 없애고 긍정적으로 바꾸는 연습을 하면 할수록 점점 더 그렇게 하기가 쉬워진다. 심지어 시간이 지나면서 부정적인 생각을 하는 빈도가 극적으로 줄어든다. 부정적인 생각을 어떻게 긍정적으로 바꿀 수 있는지 몇 가지 사례를 보자.

"상사가 유해한 사람이라는 위험 신호를 알아차려야 했다고, 더 일찍 퇴직했어야 했다고 스스로 자책했다. 그러다 상사가 처음에는 정상적으로 행동했고, 그가 실제로 어떤 사람인지 알 길이

없었다는 사실을 깨달았다.”_에두아르도, 45세

부정적인 생각	바꾼 생각
'이 일을 어떻게 극복할지 모르겠어.'	'나는 지금 힘든 시간을 겪고 있지만, 나아질 거야. 도움을 요청할 수 있는 방법들이 있어.'
'내가 얼마나 멍청하면 그녀가 나르시시스트라는 사실을 더 일찍 알아차리지 못했을까? 믿어지지 않아.'	'나르시시스트를 알아보기란 누구에게도 쉽지 않아. 게다가 나는 헤어질 용기가 있었잖아.'
'내가 누군가를 다시 믿을 수 있을지 모르겠어.'	'처음에는 다른 사람들을 믿는 게 어려울 수 있지만, 그렇게 될 거야.'
'내 인생에서 그를 되찾기 위해서라면 뭐든 할 거야.'	'그와 더 이상 함께 있지 않아서 좋아. 더 잘 자고, 매일 더 건강해지고 있어.'
'내가 분명 뭔가 상사가 괴롭힐 만한 행동을 했을거야.'	'괴롭힘은 전적으로 괴롭히는 사람의 잘못이야. 나는 그런 행동을 정당화할 어떤 일도 하지 않았어.'
'나는 연락할 사람이 하나도 없어.'	'지금 내 생각보다 나를 지지하는 사람이 많아.'

경험을 털어놓자

많은 사람이 죄책감과 수치심 때문에 자신이 겪은 일을 이야기하기 어려워한다. 하지만 최근에는 미투 운동의 영향으로 점점 더 많은 사람이 학대와 괴롭힘에 시달린 이야기를 공개적으로 털어놓는다. 때때로 우리는 우리가 당한 부당한 일을 공개적으로 털어놓을 때 자유로움을 느낀다. 죄책감과 수치심이 사라진다. 죄책감과 수치심에서 벗어나면 분노도 함께 사라진다.

안전하다고 느끼는 어떤 방식으로든 당신의 경험을 공유하자. 심리 치료를 받으면서, 지원 모임에서, 믿을 수 있는 친구, 가족과 얼굴을 맞대고 혹은 블로그 같은 인터넷에서 털어놓을 수 있다.

여기에서 주의할 점이 있다. 당신이 겪은 일 중 어떤 건 밝혀도 되고, 어떤 건 밝힐 수 없는지 먼저 법률 전문가에게 확인하자. 예를 들이 상대의 이름을 직접적으로 밝히면 법적으로 문제가 될 수 있다. 특히 블로그나 SNS 등 공개적인 곳에서 당신의 경험을 공유하고 싶다면 구체적인 내용을 드러내지 않도록 주의하자.

유해한 상황을 겪은 사람들을 지원하기 위해 목소리를 높이는 방법도 있다. 가정 폭력 피해자를 보호하기 위해 법을 개정해야 한다고 주장하거나 정서적으로 건강한 사람과 건강하지 않은 사람을 구별하는 방법을 젊은 사람들에게 교육할 수도 있다. 다른 사람들을 지원하기 위한 정보를 더 찾고 싶으면 10장을 보자.

> "나는 비정상적인 가정에서 성장한 사람들을 위한 회복 모임을 발견했다. 나는 매주 그 모임에 간다. 나와 똑같은 경험을 한 사람들이 있다는 사실을 알게 되어 너무 좋다. 그들은 나를 판단하지 않는다."_카티아, 30세

자신을 의심하지 말자

사람들은 유해한 상황에서 벗어날 때 자신을 의심한다. 자신의 기억만큼 심한 학대를 받았는지 스스로 확신하지 못한다. 그 사람이 해로운 행동을 했다고 생각하면서도 자신이 너무 과장하고 있는 건 아닌지 의심할 수도 있다.

학대에서 벗어난 후 용기를 내서 새로운 삶을 살려고 할 때 당신이 실수했다는 기분이 드는 건 정상이다. 학대받는 상황이나 관계가 힘겨웠지만, 막상 자립하려고 하니 앞이 보이지 않아 두려운 경우도 많다. 문제가 많아도 최소한 예측할 수는 있었던 옛날로 돌아가고 싶은 생각이 드니, 스스로에게 화가 날 수도 있다. 하지만 아무런 문제가 없는 관계나 환경이었다면 처음부터 벗어나려고 하지도 않았을 것이다. 당신은 옳은 결정으로 그런 상황에서 벗어났다. 유해한 사람이 먼저 떠났다면, 당신에게 호의를 베풀었다고 생각하자. 시간이 흐를수록 당신은 점점 더 위험한 상황을 겪었을 것이기 때문이다.

그러니 자신이 내린 결정을 의심하지 말자. 슬프고 두렵더라도 자신을 더 믿자. 이별 후 잠깐의 슬픔 때문에 다시 옛날로 돌아갈 필요는 없다. 지금 당신에게 확실함과 안정감이 필요하다는 사실을 인정하자. 그날이 오고 있다. 불편함을 덜 느끼고, 중심에 단단히 뿌리를 내리고 있다고 느낄 때가 반드시 올 것이다.

당신에게 일어난 좋은 일들을 생각하자

유해한 사람에게서 벗어난 게 잘한 일인지 스스로를 의심하게 되면, 그와 연락을 끊은 후 당신에게 얼마나 좋은 일들이 일어났는지 잊을 수도 있다. 잠깐 시간을 내서 유해한 사람에게서 벗어난 후 어떤 기회를 가졌고, 어떤 사람을 만났고, 건강이 얼마나 좋아졌으며, 삶을 바라보는 관점이 전반적으로 어떻게 달라졌는지 써보자. 삶에서 유해한 사람이나 상황을 제거한 후 긍정적인 일들이 엄청나게 많아졌을 것이다. 불안하거나 울적하면 좋은 일들을 알아보기 어렵다. 그러나 당신은 이제 아마도 더 많은 시간을 들여 관심사를 좇고, 행복을 느끼는 일에 집중할 것이다. 당신 삶에서 벌어지는 좋은 일들을 계속 써보자. 유해한 사람과 헤어진 게 실수라는 생각이 들 때마다 그때 이후 생긴 좋은 일들의 목록을 다시 들춰보자.

✳

유해한 관계가 끝나면 다른 사람들과 자신에 대해 분노와 억울함을 느끼는 게 당연하다. 죄책감과 수치심을 느낄 수도 있다. **모두 정상적인 감정이다.** 아무도 유해한 상황을 피할 수 없다. 그런 일을 겪은 게 당신 책임이 아니라고 생각할 때 내적 통제소재를 기를 수 있고, 삶의 굴곡을 헤쳐 나가는 데 도움이 되는 회복탄력성을 가지게 된다. 회복탄력성을 키우기 위해 꼭 필요한 또 다른 단계는 경계선을 잘 정하고 유지하는 일이다. 다음 장에서 그 내용을 이야기한다.

Healing from
Toxic Relationships

Healing from
Toxic Relationships

5장

경계선을 정하자

*

어떻게 나 자신을 먼저
챙기고 보호할까?

라이스는 어린 시절을 돌아보면서 자신이 문제를 일으키고 싶지 않은 조용한 아이였다고 설명한다. 그는 집을 들락날락하던 사람들과 아버지를 종종 떠올린다. 정신적 외상으로 어린 시절 기억이 많이 사라졌지만, 마약 중독이었던 아버지 때문에 겪었던 일들은 똑똑히 기억한다. 아버지는 때때로 마약을 받는 대가로 자신의 '친구들'이 아들을 육체적, 성적으로 학대해도 모른척했다. 아버지는 라이스가 학교에 그런 이야기를 털어놓으면 집에서 쫓아낼 것이라고 말했다. 또 자신이 경찰에 잡혀가면 라이스는 더 끔찍한 일들을 당할 것이라고 위협했다. 라이스는 자신에게 도움이 필요하다는 사실을 선생님들이 먼저 알아채면 좋겠다고 종종 생각했다. 자신이 이야기하기 전에 선생님들이 알아내면 아버지가 그를 탓하지 않을 것 같았다. 아버지가 늘 마약에 취해 있는 것은 아니었다. 다른 아버지들처럼 행동할 때도 있었다. 그러나 그는 사실 다른 아버지들이 어떻게 행동하는지 몰랐다. 다른 아이들과 잘 어울리지 않았기 때문이다.

　몇 년이 지난 후, 라이스는 여자친구 오데트 덕분에 살아갈 희망을 느꼈다. 그가 아버지와 연락을 끊고 집에서 나와 갈 곳이 없을 때, 오데트가 그에게 같이 살자고 제안했다. 그런데 오데트는 라이스가 외출할 때마다 어디로 가는지, 언제 돌아오는지 일일이 물었고, 끊임없이 문자 메시지를 보내거나 전화했다. 오데트에게 지나치게 간섭하지 말라고 말할 때마다 오데트는 "내가 너를 폭력적인 집에서 구해냈잖아, 라이스. 나는 그저 너를 지키려는 거야. 너는 왜 그렇게 고마워할 줄 몰라?"라고 비난했다.

라이스는 최근 동료 벤과 친하게 지내기 시작했다. 라이스와 벤이 서로를 알아가면서 어린 시절에 비슷한 경험을 했다는 게 드러났다. 벤은 정신적 외상을 치유하기 위해 많은 노력을 했다. 어느 날 점심시간에 두 사람은 함께 공원을 산책했고, 벤은 조심스럽게 오데트 이야기를 꺼냈다. "너는 몇 번이나 이 문제를 오데트에게 이야기하려고 했잖아. 하지만 자신의 행동에 책임지지 않으려는 사람과 좋은 관계를 유지하기란 불가능해."

라이스는 "나는 좋은 관계가 어떤지조차 몰라. 오데트가 그런 식으로 행동하는 게 옳지 않다는 건 알지만…"이라고 벤의 말을 받아들이면서도 "때때로 내가 과하게 반응한다고 느껴. 아버지와 지낼 때 어땠는지를 생각하면 특히 더 그래. 최소한 오데트는 내가 어디에 있고 무엇을 하고 있는지 신경이라도 쓰잖아"라고 말했다.

벤은 "이제 어느 정도는 네가 노력해야 할 부분도 있어. 어릴 때 겪은 일에서 빠져나오고, 경계선을 정하는 법을 배워야 해"라고 말했다. 라이스는 **경계선**이라는 용어를 들어보긴 했지만, 그게 무슨 뜻인지는 정확히 몰랐다. 벤은 경계선을 정하니 사람들이 그를 함부로 대하지 않았다고 말했다. 그는 "처음에는 어려워, 친구. 그렇지만 경계선을 명확하게 긋는 일이 익숙해질수록 정서적으로 건강한 사람들과 더 많이 어울리게 되었어"라고 덧붙였다.

경계선이란 무엇일까?

―――

경계선은 다른 사람과의 관계에서 타인이 어느 정도까지 다가와도 괜찮은지를 정해놓은 한계점이다. 경계선은 다른 사람보다 자신의 욕구를 중요시하면서 나의 행복을 보호하는 방법이다. 경계선에는 여러 종류가 있다.

1. **정서적 경계선**: 감정과 에너지를 잘 지키고, 감정을 털어놓기 좋은 때가 언제인지(그리고 얼마나 많이 나누어야 할지) 안다. 정서적인 에너지를 얼마나 쓸 수 있는지를 안다.

2. **육체적 경계선**: 개인 공간을 지키고, 육체적인 접촉을 어느 정도까지 편안하게 받아들일 수 있는지, 신체적 욕구가 채워지는지(음식과 물 먹기, 잠자기 등) 확인한다. 건강에 도움이 되는 정도까지만 운동하기도 여기에 포함된다.

3. **성적 경계선**: 서로 동의할 때만 성행위를 한다. 어떤 성행위를 좋아하고 어떤 건 싫어하는지 상대에게 이야기한다. 어떤 순간에도 마음을 바꿀 권리가 있음을 알고, 불편하거나 안전하지 않다고 느끼는 성행위는 거절한다.

4. **시간 경계선**: 우선순위를 안다. 약속을 너무 많이 잡지 않고 우선순위를 지키기 위한 시간을 확보한다. 시간을 현명하게 사용할 수 없는 요청이라면 거부한다.

5. **정신적 경계선**: 자신과 다른 사람들의 생각이나 가치관을 존

중한다. 정신적 경계선을 가진다는 건 쟁점에 대해 상대를 존중하는 태도로 스스럼없이 논의하고, 함께 대화하는 사람에게도 똑같은 태도를 기대한다는 의미다. 정보를 찾아내고, 관심사와 흥미 분야를 공부할 권리도 포함된다.

경계선을 정하면서 당신은 유해한 관계 안에서 당신에게 어떤 권리가 있는지 잘 알지 못했거나, 상대가 끊임없이 당신의 경계선을 침범했있다는 사실을 알게 될 것이다.

이 장에서 우리는 바람직한 경계선과 인간으로서의 권리, 애착 유형이 우리 경계선에 미치는 영향, 공동 양육 같은 특별한 상황에서 경계선을 유지하는 방법 등을 배운다. 바람직한 경계선은 아래와 같은 모습을 띤다.

- 우리 삶에 맞지 않거나 우리를 불안하게 하거나 위험하게 하는 것들을 거절한다.
- 지지나 도움을 받아들인다.
- 혼자만의 시간이 필요할 때는 다른 사람에게 이야기하고, 그런 시간을 갖는다.
- 알고 지내던 사람 외에 새로운 사람에게도 관심을 가진다.
- 개방적인 태도로 대화하면서 자신을 표현한다.
- 다른 사람들에게 자신의 경계선을 알린다.
- 경계선을 침범당할 때 다른 사람들에게 직접적이고 적극적으

로 알린다.

- 죄책감이나 수치심 없이 즐긴다.

- 자신이 원하고 필요한 게 무엇인지 밝힌다.

- 다른 사람들의 문제 있는 행동을 찾아낼 수 있다.

- 새로운 사람을 만나면 서서히 마음을 연다.

- 변화를 받아들인다.

- 내 힘으로 통제할 수 있는 부분과 통제할 수 없는 부분을 알아
  차린다.

더불어 유해한 사람으로 인해 쩔쩔매지 않으면 얼마나 많은 시간
과 에너지를 되찾을 수 있는지도 알게 된다.

경계선은 시간이 흐르면서 바뀔 수 있다. 어떤 경계선은 다른 것들
보다 더 유연하다. "우리 삶에 맞지 않거나 우리를 불안하게 하거나
위험하게 하는 것들을 거절"하는 것이 가장 중요할 때도 있는 반면,
알고 지내던 상대와 공통 취미나 관심사를 가지고 있을 때는 "새로운
사람에게도 관심을 가지는 것"이 별로 중요하지 않을 수도 있다. 이
장을 읽으면서 지금 당신에게 어떤 경계선이 가장 중요한지 생각해
보자.

누군가가 경계선을 침범할 때 분명하게 선을 그을지, 그 사람을 삶
에 받아들일지는 순전히 당신의 결정이다. 그 사람과 거리를 둘 방법
이 없다면(공동 양육자인 경우 등) 최대한 연락을 줄일 방법을 생각해
봐야 한다.

"나쁜 놈과 만나지 않으니 사는 게 얼마나 편안해졌는지 놀라울 정도다."_캐럴라인, 54세

스스로 기록해보기

당신의 경계선을 써보자

유해한 사람은 당신의 경계선을 없애거나 무시하려고 했을 것이다. 그래서 당신에게 경계선이 하나도 남아 있지 않다고 느낄 수도 있다. 하지만 당신의 삶에도 여전히 몇몇 경계선이 남아 있을 것이다. 어떤 경계선인지 생각해보자. 삶에서 가장 중요하게 생각하는 규칙은 무엇인가? 삶에서 어떤 것 혹은 어떤 사람을 보호하기 위해 싸우려고 하는가? 당신은 어떤 가치관에 따라 사는가? 이런 다짐을 몇몇 사례로 들 수 있다.

· 나는 존중받아야 한다.
· 나는 정중한 어조의 말을 들어야 한다.
· 나는 친구, 가족이나 애인에게 돈을 빌려주지 않을 것이다.

어떤 경계선을 만들지 생각해내기 어려워도 괜찮다. 살았든 죽었든 당신이 존경하는 누군가를 떠올려보자. 그들의 삶을 이끌거나 이끌었던 규칙은 무엇인가? 그 규칙을 당신의 경계선으로 삼아도 좋다.

당신의 경계선을 기록하고, 자주 들여다보자. 경계선을 기록하고 되새기면 누군가에게 관심이 생길 때, 삶에서 무언가가 잘못되었다고 느낄 때 혹은 큰 결심을 할 때 특히 도움이 된다. 이럴 때는 경계선이 무너지기 쉽기 때문에 미리 써놓은 기록이 당신을 지켜줄 것이다.

어떻게 경계선을 지킬까?

유해한 사람은 당신의 경계선이 바보 같고 터무니없다고 혹은 당신이 너무 예민하다고 말할 수도 있다. 인간관계를 겪으면서 경계선을 정하는 게 나약함의 표시라고 배웠을 수도 있고, 경계선을 지키는 법을 몰랐을 수도 있다.

사실 당신에게는 경계선을 지킬 힘이 있었다. 그저 그럴 권리가 없다는 말을 들었을 뿐이다. 여기에서 긍정적인 면은, 당신은 이미 유해한 상황으로 힘겨웠을 때조차 경계선을 지킨 경험이 많다는 사실이다. 돌이켜 생각해보자. 어린 시절부터 지금까지 다음 행동을 해본 적이 있는가?

- 누구에게든 아니라고 말했다.
- 누구에게든 아니라고 말한 후 설명할 필요를 느끼지 않았다.
- 괴롭힘을 당하고 있던 누군가의 편을 들었다.
- 당신에게 무엇이 필요한지 누군가에게 말했다.
- 주문을 잘못했을 때 그 회사에 이메일을 쓰거나 전화했다.
- 물건을 가게에 반품했다.
- 사람들을 모임에 초청했다.
- 자녀가 제멋대로 행동하지 않도록 제지했다.
- 특정 시간 이후에는 문자 메시지, 이메일과 음성 메일을 확인하지 않았다.
- 누군가가 당신의 머리카락, 문신, 흉터나 임신한 배를 만졌을 때 뒤로 물러났다.
- 판촉 전화를 거절하면서 전화를 끊거나 대답하지 않았다.
- 치료 후 상태 혹은 증상이 사라지지 않고 있다는 사실을 의사에게 말했다.
- 누군가가 일을 제대로 하지 못하고 있다는 사실을 알아차렸고, 그들에게 알리거나 제대로 하는 법을 보여주었다.

- 아이들을 가르쳤다.

- 누군가를 감독했다.

- 누군가의 작업을 검토했다.

- 식당에서 음식 맛이 나빴거나, 주문과 다른 음식이 나왔거나, 설익은 음식이 나왔을 때 먹지 않겠다고 거부했다.

- 자녀, 부모님이나 반려동물의 건강 문제를 어떻게 해결할지 결정했다.

이런 것들이 모두 경계선을 정하고 유지한 사례다. 당신은 이전에 그렇게 했고, 다시 그렇게 할 수 있다.

인간으로서의 권리를 지키자

당신에게는 경계선뿐 아니라, 인간으로서의 권리도 있다. 아래와 같은 권리다.

- 안전하다고 느낄 권리

- 언제든 거절할 권리

- 언제든 마음을 바꿀 권리

- 누구와 함께 시간을 보낼지 선택할 권리

- 인간이 할 수 있는 한계 이상은 애쓰지 않을 권리

- 정중한 대우를 받을 권리
- 스스로 결정할 권리

인간으로서의 권리를 침해당하면 경계선을 침범당할 때보다 더 큰 문제가 생긴다. 당신의 권리를 '모래 위에 그은 선'이라고 생각하자. 누군가 당신의 권리를 짓밟으면 곧바로 삶에서 몰아낼 수 있다는 뜻이다. 누군가가 위험하다고 생각되면 협상의 여지가 없다. 뭔가 잘못되었다는 식감에 귀를 기울이자.

"나는 사람들을 실망시키고 싶지 않아서 거절하기를 힘겨워했다. 누군가에게 거절할 때는 내가 왜 거절하는지를 구구절절 설명하기 시작했고, 그다음에는 그 사람이 나에게 화가 났을까 봐 걱정했다. 그런데 '거절하겠다는 의사만 분명히 밝히면 된다'라는 말을 들었다. 그 말을 듣고 내가 거절하는 이유를 설명할 필요가 없다는 사실을 깨달았다. 나에게는 그저 아니라고 말할 권리가 있다."_베일리, 32세

스스로 확인해보기 ✱

당신은 경계선을 잘 지키는가?

뒤에 나오는 설명을 보면서 당신이 이런 경계선을 활용하는지 아닌지를 '그

렇다', '아니다'로 대답해보자(항상 이런 경계선을 활용하지는 않을 것이다. 우리는 불완전한 사람이고, 끊임없이 성장하고 발전하고 있다).

1. 내가 하고 싶지 않은 일에 참여하라는 요청을 받았을 때 거절한다.
2. 도움이 필요하면 누군가에게 부탁한다.
3. 친구가 돈을 빌려달라고 부탁할 때 빌려주고 싶지 않으면 거절한다.
4. 혼자 있을 시간이 필요하면 죄책감 없이 다른 사람들에게 알린다.
5. 피곤하면 억지로 일을 계속하려고 하지 않고 쉰다.
6. 관계에서 불만이 생기면 내가 원하는 바를 차분하고 정중하게 말한다.
7. 화가 날 때, 잠시 쉬면서 기분 전환할 시간이 필요한지 결정한다.
8. 누군가가 목소리를 높이면 불편하다고 말하고, 그러지 말아 달라고 요청한다.
9. 간단히 "고마워"라고 인사하며 칭찬을 받아들일 수 있다.
10. 나의 강점과 약점을 알고 있다.
11. 내가 오해받고 있다고 느끼면, 상대에게 그 문제를 이야기한다.
12. 누군가가 화를 내도 내가 그 문제를 해결해야 한다고 느끼지 않는다.

앞의 설명 중 절반 이상 '그렇다'라고 답했다면, 경계선을 상당히 잘 지키고 있다는 의미다. '아니다'라고 답한 부분에 주의를 기울이면서 개선하려고 노력하자. 앞의 설명 중 대부분에 '아니다'라고 답했다면, 경계선을 한 번에 하나씩 집중해서 개선하자.

애착 유형의 종류

———

인간관계에서 경계선을 잘 유지할 수 있느냐는 **애착 유형**에 따라 결정된다. 애착 유형은 어린 시절에 양육자가 당신을 어떻게 대했느냐에 따라 형성된다. 애착 유형은 주로 네 가지로 나뉜다. 불안형, 회피형, 혼란형, 안정형이다. 이 중에서 불안형, 회피형과 혼란형 애착을 불안정 애착이라고 부른다.

불안형 애착

불안형 애착 유형은 '나는 괜찮지 않지만, 너는 괜찮아'라고 생각하는 게 특성이다. 불안형 애착을 가진 사람의 부모나 양육자는 아이에게 잘해줬다가 차갑게 대하기를 예측할 수 없이 반복했을 것이다. 이런 애착 유형의 바탕에 깔린 가장 큰 두려움은 상대가 자신을 탐탁지 않게 여기며, 버릴지도 모른다는 두려움이다. 이런 사람은 **금방 정서적인 친밀감**을 느끼려고 하기 쉽다. 이들에게는 '애정에 굶주린 사람' 혹은 '집착하는 사람'이라는 부당한 꼬리표가 붙는다.

데이트할 때도 상대가 자신에게 관심이 있는지, 헤어지려고 하지는 않는지 살핀다. 상대가 연락하지 않으면 왜 그러는지 바짝 신경을 곤두세운다. 불안감을 느끼지 않으려고 상대에게 계속 전화하거나 문자 메시지를 보낼 수도 있다.

불안형 애착을 가진 사람은 관계에 대한 걱정 때문에 전전긍긍하며 참거나 분노하거나 수동 공격 행동으로 표현한다. 다른 사람의 기분을 나쁘게 하지 않고, 관계를 유지하려고 자신의 경계선을 포기한다. 직장에서는 자신이 괜찮은 직원이 아니고, 언제 해고될지 모른다고 강박적으로 걱정한다. 상사가 메일을 보내면 최악의 상황을 상상한다. 자신이 일을 잘하고 있다고 확인받고 싶어 한다.

불안형 애착을 가진 사람은 상대의 행동이나 말이 자신과 관계가 있다고 생각하기 쉽다. 상대가 잘못했을 때조차 자신의 행동 때문에 친구나 가족이 화가 난 게 아닌지 걱정한다. 심지어 혼자 남겨지는 게 더 끔찍하다고 여기기 때문에 유해한 상황에서도 벗어날 생각을 하지 않는다. 한 명의 친구에게 특별히 애착을 느끼면서 함께 지내지 못할 때 화를 내기도 한다.

> "나는 친구들에게 너무 자주 문자를 보낸다. 누군가로부터 연락을 받지 못하면 급격히 불안해진다. 내가 어떻게 했기에 그들이 화가 났는지 걱정이 되고, 그들이 다시는 나와 대화하고 싶지 않아 할 것이라고 생각한다. 그러나 이제는 그저 바빠서 연락을 하지 않을 수도 있다는 사실을 알게 되었다." _라라, 29세

회피형 애착

회피형 애착 유형은 '나는 괜찮지만, 너는 괜찮지 않아'라고 생각하는 게 특징이다. 회피형 애착을 가진 사람의 부모나 양육자는 정서적 친밀감을 느끼는 대신 감정을 억누르고 표현하지 말아야 한다고 가르쳤을 것이다. 회피형 애착 유형에게는 다른 사람에게 거절당하고 상처받을까 봐 두려워하는 마음이 깔려 있다.

회피형 애착을 가진 사람은 변화를 받아들이지 않으면서 엄격한 경계선을 지키려고 한다. 말해봤자 좋을 게 없다고 느끼기 때문에,

관계에 대한 이야기를 하려고 하지 않는다. 만난 지 얼마 안 된 피상적인 관계는 흥미진진하게 느끼기도 한다. 그러나 점점 가까워지면서 정서적인 친밀감을 제대로 느끼기 시작해야 할 때가 되면 거리를 둔다.

이런 애착 유형을 가진 사람은 악수, 포옹 같은 육체적인 접촉을 피하려 한다. '차갑다', '냉정하다', '다정하지 않다'라는 평가를 종종 듣는다. 이들은 일이나 다른 활동들로 너무 바빠서 배우자와 친구, 가족과 함께 지낼 시간이 없다고 말한다. 다른 사람에게 아주 비판적이고, 완벽주의적인 성향을 보이면서 지나칠 정도로 독립적이고, 도와달라고 부탁하는 걸 어려워한다.

회피형 애착을 가진 사람은 다른 사람을 자기보다 못한 존재로 보고, 그들의 요청을 심각하게 받아들이지 않는다. 가족 모임이나 사교 모임을 피한다. 다른 사람과 너무 많이 접촉하거나 자신의 삶에 대해 말하고 싶어 하지 않기 때문이다. 몇 주 동안 다른 사람을 만나지 않거나 연락하지 않으면서 지낼 수 있지만, 그러면서 외로움을 느끼기도 한다.

> "나는 회피형 애착을 개선하기 위해 노력하고 있다. 나는 사람들과 거리를 유지해왔다. 그러지 않으면 다른 사람 때문에 숨이 막히는 느낌이다. 누군가와 어떤 사이라고 정하는 걸 좋아하지 않고, '둘만의' 대화가 싫다."_에릭, 50세

혼란형 애착

혼란형 애착은 '나도 괜찮지 않고, 당신도 괜찮지 않다'라고 생각하는 게 특징이다. 이런 애착 유형을 가지고 있는 사람은 관계 대처 기술이 심각하게 부족하다. 어린 시절의 정신적 외상이나 학대 때문에 불안형과 회피형 애착이 뒤섞인 경우, 버려질까 봐 두려워하면서 동시에 다른 사람에게 상처받을까 봐 두려워한다. 기분이 수시로 바뀌고, 자신에게는 상황을 바꿀 힘이 없다고 느낀다. 혼란형 애착 유형을 가진 사람은 문제가 생겼을 때 대처법을 잘 찾지 못하고, 변덕스럽게 행동하고, 폭발적인 분노를 표출하고, 자해 행위를 하거나 좋지 않은 자아상을 가진다.

이런 애착 유형의 사람과 관계를 유지하기란 정말 어렵다. 혼란형 애착을 가진 사람에게는 경계선이 거의 없거나 아예 없을 수도 있다. 상대가 경계선을 밝히면 화를 내기도 한다. 혼란형 애착을 가진 사람은 집착했다가 거리를 두는 행동을 반복하면서 오락가락하는 태도를 보인다. 친구, 가족과 동료들은 어느 장단에 맞춰야 할지 알기 어렵다.

"나는 혼란형 애착 유형을 가지고 있었다. 친구와 너무 가까워지는 것도, 너무 멀어지는 것도 싫었다. 친구가 나와 함께하지 않으려 할 때마다 분통이 터졌다. 하지만 그다음에는 그 친구가 연락하지 않는다고 불안해했다."_리버, 30세

안정형 애착

안정형 애착 유형은 '나도 괜찮고, 너도 괜찮다'라고 생각한다. 안정형 애착 유형을 가진 사람은 상처받기 쉬운 관계에서도 불편해하지 않고, 혼자 있어도 괜찮다. 인간관계에 문제가 있을 때 정직하고 정중하게 말한다. 사람들을 비난하지 않는다. 자신과 다른 사람의 행동이 언제나 일치하지 않는다는 사실을 안다. 자신을 잘 돌보고, 언제 사람들과 어울려야 하고, 언제 혼자 있는 시간이 필요한지를 안다.

안정형 애착을 가진 사람은 경계선을 잘 지키고, 경계선을 편안하게 밝힌다. 또한 상황이나 관계가 바뀔 때 경계선을 조정한다. 만족스럽지 않은 연애, 우정이나 일을 기꺼이 그만둔다. 누군가가 헤어지자고 하면 몹시 슬퍼하지만, 자책하거나 매달리려고 하지 않는다.

연인 관계에서 두 사람 모두 안정형 애착 유형이면 **서로 의지하기** 쉽다. 각자 독립된 개인일 수 있다고 느끼지만 서로 편안하게 마음을 나눈다. 각자 존중받는다고 느끼고, 무언가에 대해 의견이 다를 때도 여전히 긴밀한 유대감을 유지한다. 예민한 주제를 이야기할 때는 서로 조심한다.

불안형-회피형 관계

유해한 관계에서 한쪽은 불안형 애착, 다른 쪽은 회피형 애착을 가지고 있는 경우를 흔히 볼 수 있다. 이런 상황이 익숙한가? 두 유형은 서로 만나자마자 금방 강렬한 매력이나 성적인 이끌림을 느낀다. 각자의 특별한 욕구를 채우기 때문이다. 그러나 불안한 사람이 '매달리면' 연인 관계가 자신의 독립과 정체성을 잃게 한다는 회피형 애착 유형의 생각이 확고해진다. 반대로 회피형 애착을 가진 사람이 '시큰둥한' 태도를 보이면 다른 사람이 자신을 괜찮게 여기지 않는다는 불안형 애착 유형의 생각이 확고해진다. 불안형-회피형 관계에서 회피형 사람은 뒷걸음질치고, 불안형 사람은 쫓아간다.

> "나는 안정형 애착 유형을 가지고 있었다. 그러나 나르시시스트와 사귀면서 내 안의 불안형 애착 유형이 튀어나왔다. 안정형 애착으로 돌아가는 게 내 회복 과정의 일부다."_메건, 46세

의사소통 방법에 주의하자

당신이 불안정한 애착 유형을 가지고 있다면, 전화나 얼굴을 마주 보고 소통하기보다 문자 메시지로 소통하는 걸 좋아할 수도 있다. 회피형 애착 유형의 사람 또한 문자 메시지를 더 자주 활용한다. 친밀함이 덜하고, 상대의 호응이 그다지 필요하지 않은 수단이기 때문이다. 불안형 애착 유형의 사람은 연인에게 버림받을지 모른다는 불안에서 벗어나려고 끊임없이 전화를 하거나 문자 메시지를 많이 보낸다. 그럼으로써 다른 형태의 소통이 줄어들어 두 사람 관계에서 불만이 커지기도 한다.

문자 메시지가 연인 관계에 긍정적인 도움을 줄 수 없다는 말이 아니다. 한 연구에 따르면, 연인에게 긍정적인 문자 메시지를 보낼 때 관계에 대한 만족도가 높아진다. 문자 메시지를 읽는 일 역시 긍정적인 효과가 있었다. 긍정적이거나 실제 정보를 담은 짧은 문자 메시지(예를 들어 '10분 안에 갈게' 같은)만 때때로 보내는 게 좋은 방법이 될 수 있다.

문자 메시지로 감정을 자극하는 말은 하지 말아야 한다. 문자 메시지는 글 뒤의 어조와 감정을 전달하지 못하고, 얼굴 표정과 몸짓 같은 비언어적인 표현을 빠뜨리기 때문이다. 얼굴을 맞대고 만나거나 전화로 이야기하는 게 정서적 친밀감을 키우고 예민한 주제를 의논하는 데 도움이 된다.

"나는 안정형 애착 유형을 가진 사람을 만나고 있다. 우리는 하루에 최대 두 번씩 서로 문자 메시지를 보내고, 며칠에 한 번씩 전화로 통화한다. 우리는 사귀기 시작할 때 얼마나 자주 연락하는 걸 좋아하는지 각자 이야기하면서 미리 확인했다. 그 방법이 우리에게 도움이 되었다."_그레이스, 32세

당신은 어떤 애착 유형인가?

당신이 어떤 설명에 해당하는지 답해보자.

1. 나는 감정을 억누르는 편이고, 감정을 표현하지 않는다.
2. 누군가가 나와 거리를 둔다고 느끼면 화를 내거나 대화를 피한다.
3. 연인이나 가족, 친구들이 꼭 자주 연락해야 한다고 느끼지 않는다.
4. 일정 시간이 지나도록 누군가로부터 연락이 오지 않으면 불안해진다.
5. 연인이 떠나도 비교적 슬픔을 덜 느끼고 살아갈 것이다.
6. 연인이나 친구가 관계를 끝내자고 할까 봐 계속 두렵다.
7. 배우자나 아이들과 다정하게 지낼 필요를 크게 느끼지 않는다.
8. 나는 자연스럽게 손을 뻗어 사람들을 만지는 편이고, 그러면서 친밀감을 느낀다.
9. 나는 너무 가깝게 붙어 앉는 걸 비롯해 다른 사람들과 길게 신체 접촉하는 게 불편하다.
10. 때때로 주변에 사람이 없으면 불안해진다.

당신이 1, 3, 5, 7, 9의 설명과 비슷하다면 회피형 애착 유형일 수 있다.
당신이 2, 4, 6, 8, 10의 설명과 비슷하다면 불안형 애착 유형일 수 있다.
대부분의 설명에 해당하지 않는다면 안정형 애착 유형을 가지고 있을 확률이 높다.

당신의 애착 유형을 알고 난 다음에는 어떻게 할까?

———

이제 당신의 애착 유형을 알게 되었다. 그다음에는 무엇을 해야 할까? 먼저, 불안정 애착 유형을 가지고 있어도 나쁜 일은 아니라고 안심하면 좋겠다. 애착 유형은 그저 다른 사람들과 어떻게 관계를 맺는지를 설명해줄 뿐이다. 애착 유형을 알면 자신의 애착 유형이 인간관계나 친구와 연인을 선택할 때 어떤 영향을 주는지도 알 수 있다. 우리는 일정한 방식으로 인간관계를 맺는다. 앞에 나오는 설명과 인용문을 보면서 당신과 비슷하다고 생각하지는 않았는가? 설령 안정형 애착 유형을 가지고 있는 사람이라 해도 불안하거나 회피적인 사람과 함께 지내면 어느 정도 불안에서 비롯되는 행동이나 회피하는 행동을 할 수도 있다.

특정 애착 유형을 발달시켰다고 해서 평생 그대로 살 운명이라는 뜻은 아니다! 어떤 유형인지를 알면 안정형 애착 유형으로 바꾸기 위해 노력할 수 있다. 또한 다른 사람의 애착 유형에 관해서도 잘 알게 되고, 그들이 왜 그런 식으로 행동하는지 이해하게 된다. 이제 그런 인간관계에 어느 정도의 시간과 에너지를 쏟고 싶은지 더 잘 알고 결정할 수 있다.

불안정한 애착 유형을 치유하려면 알고 인정하는 게 첫 단계다. 그다음에 불안정 애착 유형에 대처하는 방법을 배우자. 애착 유형은 연인 관계뿐 아니라 동료, 가족, 친구와의 관계에도 영향을 주었다. 심리 치료사의 도움을 받아 당신의 애착 유형이 어디에서 시작되었는지를 알아봄으로써 상처를 빨리 극복하고 치유할 수 있다.

당신이 안정형 애착 유형을 가지고 있어도 그것이 잘 작동하도록 전문가의 점검을 받을 수 있다. 인간관계에서 불안하거나 회피적인 성향이 생기지 않았는지 알고 싶다면, 다음 장을 살펴보자. 정신 건강 전문가에게 도움을 받는 일에 관해 설명할 것이다. 현재 정신 건강 전문가의 도움을 받고 있지 않거나 이 문제를 스스로 해결하고 싶다면 앞으로 이야기할 대처 방법을 살펴보고 일상에서 작은 것부터 하나씩 실천해보자.

어떻게 불안정 애착 유형에 대처할까?

———

애착 유형을 확인했다면 안정형 애착 유형으로 바꾸기 위해 아래와 같은 방법들을 시도해보자.

불안형 애착 유형에서 벗어나는 방법

1. 마음 챙김 명상을 연습한다. 지금, 여기에 집중하자.

2. 연인이나 친구의 연락을 받지 못하면 불안해지는 마음을 찬찬히 들여다보자. 당신은 무엇을 걱정하는가?

3. 이 관계가 끝나면 어떨지 머릿속으로 상상해보자. 한동안은 속상하겠지만, 결국은 괜찮아질 것이라는 사실을 알자.

4. 누군가의 말이나 행동이 인신공격이 아니라는 걸 알자. 그건 그저 자신을 드러내는 행동일 뿐이다.

5. 스스로 사람들을 밀어내며 자기 파괴적인 행동을 한다는 사실을 깨닫자. 그래야 버림받았다는 느낌을 갖지 않게 된다.

6. 일이 잘못되리라고 지레짐작하며 부정적으로 생각할 가능성이 크다는 사실을 깨닫자. 방금 받은 메일에 부정적인 내용이 담겨 있거나 음성 메시지로 끔찍한 소식을 들을 것이라고 추측하는 식이다. 생각 멈추기를 연습하자. 메일을 열거나 음성 메시지를 듣기 전까지는 실제 내용을 알 수 없다는 사실을 기억하자.

회피형 애착 유형에서 벗어나는 방법

1. 감정을 회피하지 말고 느껴보자. 처음에는 아주 불편할 것이다. 그러나 '기분 나쁜' 감정을 느끼는 것도 살면서 경험하게 되는 자연스러운 일이다.

2. 커다란 위험을 무릅쓰면 엄청난 보상이 따른다는 사실을 기억하자. 연인이나 믿을 만한 친구나 가족에게 마음을 터놓고 당신의 고민을 이야기하자. 결정을 내릴 때 다른 사람들의 감정을 고려하자.

3. 당신의 배우자나 아이들에게 육체적인 친밀감을 더 많이 표현하는 연습을 하자.

4. 정서적으로 건강한 사람들의 전화나 문자 메시지를 받으면

제때 회신하려고 노력하자. 합리적인 수준에서 소통이나 정서적인 친밀감을 기대하는 사람과 스스로 거리를 두려고 할 때 알아차리자.

5. 소통을 피하지 말고 주관식 질문부터 시작해보자. 한마디로 대답할 수 없는 게 주관식 질문이다. 예를 들어 "오늘은 뭐 했어?"가 대화를 끌어내는 주관식 질문이고, "안녕하세요?"는 그런 질문이 아니다.

6. 다른 사람들도 타당한 의견을 가질 수 있고, 당신보다 더 많은 정보를 알고 있을 수도 있다는 사실을 받아들이자.

혼란형 애착 유형을 가지고 있다면, 불안형과 회피형 애착 유형에서 벗어나는 방법 모두 도움이 된다. 정서적으로 건강하지 않거나 폭력적인 사람과 함께 있을 때는 더 불안하거나 회피적인 사람이 될 수 있다. 이를 알아차리고 안정형 애착 유형이 되려고 노력하는 게 중요하다.

비상경계 상태가 될 때
―

유해한 상황에서 빠져나온 후에는 아주 예민해진다. 새로 만난 누군가 혹은 주변의 모든 사람에게 문제가 있는 것은 아닌지 경계하게 된다. 다시 데이트를 시작할 때는 특별히 더 그렇다.

안전지대를 벗어날 때 우리는 종종 긴장하거나 불편함을 느끼고, 남의 시선을 의식한다. 이런 태도가 반드시 나쁜 건 아니다! 우리는 안전지대를 뛰어넘으면서 성장한다. 새로운 시도를 하거나 새로운 사람을 사귀면서 더 유능해지고, 다음에 그런 상황을 만나면 쉽게 해결한다. 새로운 걸 알고 익히면 자존감과 자기효능감이 높아지고, 자아를 발견하는 데 도움이 된다. 스스로를 얼마나 가치 있는 존재로 보는지가 자존감이고, 스스로 다양한 상황을 헤쳐 나갈 수 있다는 믿음이 자기효능감이다. 자아 발견은 스스로의 능력을 정확하게 파악하는 능력과 그 능력을 활용하려는 노력으로 이루어진다.

그러나 경계선이나 권리가 침범당하면, 감정적·신체적으로 안전하지 않다고 느낄 수 있다. 불편한 상태와 안전하지 않은 상태는 다르다. 또 두려움이나 불안 때문에 어떤 행동을 하는 것과 실제 문제에 직면해서 합리적으로 주의를 기울이는 건 다르다. 앞 장에서 이야기했듯, 불안하면 보통 몸이 얼어붙고 문제에 대처하기 어려워진다. 불안 발작을 일으킬 때는 몸이 마비된 것처럼 느껴진다. 아드레날린이 솟구치고, 걱정거리를 어떻게 해결할지 생각하기 어렵다. 합리적으로 사고할 때 우리는 보통 생각한 것을 행동으로 옮긴다. 문제를 해결하기 위해 어떤 선택을 할 수 있는지 생각해낸 다음, 그중 하나를 실행해보자.

여기서 핵심은 **자신을 믿는 것**이다. 왠지 느낌이 좋지 않다면 그 느낌을 신뢰하고, 사귀거나 데이트하던 사람과 헤어질지 고민해보자. 안전하지 않다고 느끼면서 그냥 어울리느니 '무례하게' 보일 위험을 무릅쓰는 게 낫다. 시간이 지나서 당신이 그때 어떻게 느꼈는지를 이야기하고 싶을 때 합리적인 사람이라면 기꺼이 당신과 대화하려고 할 것이다. 그 사람이 대화를 거부한다면, 헤어지기로 한 당신의 판단이 옳았다는 표시일 수 있다. 당신에게는 죄책감이나 수치심을 느끼지 않고 언제든 어떤 상황에서 벗어날 권리가 있다. 그게 바람직한 경계선이다.

연락을 끊을 수 없다면 어떻게 경계선을 정할까?

———

2장에서 보았듯, 유해한 관계나 상황에서 벗어난 후 연락을 끊는 게 가장 좋은 선택일 때가 많다. 그러나 자녀를 함께 돌보아야 하거나 가족 모임에서 만나야 하거나 아직 같은 직장에서 일하는 상황처럼 연락을 완전히 끊을 수 없는 경우도 있다. 이럴 때도 바람직한 경계선을 정하면서 자신을 보호할 수 있는 방법이 있다.

유해한 공동 양육자와 경계선을 정하고 유지하자

———

당신의 안전과 행복뿐 아니라, 자녀들을 보호하기 위해서라도 유해한 공동 양육자와의 경계선을 정하는 게 매우 중요하다. 2장에서 앱을 활용한 소통, 공동 양육 계획 세우기처럼 전 배우자와의 경계선을 정하기 위해 밟아야 할 몇몇 단계를 간략하게 설명했다. 공동 양육은 유해한 전 배우자와 몇 년은 연락하고 지내야 한다는 의미다. 앞선 설명에서 더 나아가 세운 경계선을 오래 유지하는 방법을 생각해보자.

믿을 만한 전문 변호사의 도움을 받자

2장에서 공동 양육 계획을 세울 때 당신을 보호하기 위해 경험 많은 가사 전문 변호사의 도움을 받으라고 권했다. 가사 전문 변호사는 당신과 자녀들의 권리를 위해 싸우는 사람이다. 좋은 변호사는 당신이 자신과 자녀들을 위해 최선의 결정을 하도록 정보를 알려준다. 어떤 한계가 있는지와 어떤 문제가 생길 수 있는지도 알려주고 행동 방침을 지도한다. 변호사를 얼마나 자주 만나야 하는지는 당신이 처한 상황, 상대가 얼마나 적대적인지, 해결해야 할 문제가 얼마나 많은지에 따라 달라진다. 변호사를 처음 만나면 왜 그에게 변호를 맡기고 싶은지 간략하게 설명하자. 질문할 내용을 미리 써놓고, 이름, 연락처, 주소, 당신과 공동 양육자의 생일이 적힌 서류를 가지고 가자. 공동 계좌와 독립 계좌를 포함해 재정에 대한 서류도 건네자. 아래 정보도 알려야 한다.

• 공동 양육하는 자녀들의 나이

- 특별하게 돌보아야 할 아이가 있는지 여부
- 아이와 함께 보낼 시간, 이혼 수당, 앞으로의 거주지 등에서 당신의 우선순위
- 부부로 지낸 기간과 (별거하고 있다면) 별거를 시작한 날짜
- 당신이 아이들과 얼마나 많은 시간을 보내고 싶은지 등 찾고 있는 해결책
- 각자의 양육비 기여도와 당신의 재정 상황
- 집, 자동차나 함께 운영하는 사업 등 당신과 공동 양육자가 공유하는 자산
- 결혼 생활을 하던 집에 현재 누가 살고 있는지와 그 집이 팔린다면 어떻게 할지에 관해 공동 양육자와 의논했는지 여부
- 공동 양육자가 괴롭힘과 스토킹을 포함해 당신이나 자녀들에게 폭력적인 행동을 했는지 여부

더 알아야 할 내용이 있으면 변호사가 당신에게 물을 것이다. 몇몇 변호사와 이야기를 나눠보고 당신과 제일 잘 맞는 변호사를 골라도 된다. 변호사에게는 이런 질문을 할 수 있다.

- 의뢰 비용(선불 비용)과 시간당 비용은 얼마인가?
- 나와 비슷한 사건을 얼마나 많이 맡았나?
- 어떤 방식으로 연락하는 걸 좋아하는가? 연락할 때마다 언제, 어떻게 회신을 받을 수 있을까?

- 누가 또 내 사건을 도와줄 예정인가?

- 내 사건의 경우 어떤 결과를 기대할 수 있을까?

- 예상되는 큰 문제들이 있는가?

- 나 같은 사건은 어떤 방법으로 해결하는가?

- 내가 타당한 결과를 원하고 있는가?

양육 조정관의 도움을 받자

미국의 많은 수에는 갈등이 심한 공동 양육 문제를 해결할 수 있도록 특별 훈련을 받고 자격증을 받은 공인 정신 건강 전문가들이 양육 조정관으로 활동하고 있다. 공동 양육 분쟁에서 갈등이 심할 때 판사가 양육 조정관을 지명할 수 있고, 당사자가 개인적으로 의뢰할 수도 있다.

양육 조정관은 확고한 공동 양육 계획을 세우도록 도와준다(2장과 다음 단락에서 더 자세히 알 수 있다). 공동 양육의 다른 문제들도 계속 조정관과 의논할 수 있다. 예를 들어 아이가 얼마 후 야구 경기에 참가한다고 생각해보자. 참가비를 누가 부담하는가? 누가 경기를 보러 갈 것인가? 어떻게 장거리 여행 계획을 세우고 비용을 부담할 것인가? 야구 선수로 성장할 가능성이 보일 때 추가로 들어갈 훈련비를 누가 부담하는가? 당신이 모시고 사는 연로한 부모님과 공동 양육자가 마주치는 문제가 생길 수도 있다. 공동 양육자들이 얼마나 문제를 잘 해결할 수 있는지, 함께 돌보아야 할 자녀가 몇 명인지, 해결해야 할 문제가 얼마나 많은지에 따라 양육 조정관의 도움을 받는 기간이 달라진다. 양육 조정관의 도움을 받기만 해도 중요한 문제들을 해결할 수 있다는 사실을 알게 되고, 이 때문에 양육 조정관을 계속 만나기도 한다.

자세한 양육 계획을 세우자

2장에서 전 배우자와 함께 자세한 양육 계획을 작성하라고 권했다. 양육 계획이 자세할수록 갈등이 심한 공동 양육자와 부딪칠 일이 줄어든다. 상대가 여전히 경계선을 무너뜨리려고 애쓸 수도 있지만, 양육 계획을 바탕으로 경계선을 지킬 수 있다. 아이와 보내는 시간, 아이를 데리러 가고 데려다주기, 연락과 관련해 당신이 정한 경계선을 지키자.

자녀들이 성장하면서 양육 계획을 다시 논의해야 할 수도 있다. 아이가 특별 학교에 진학하고 싶어 하거나, 아이에게 치료가 필요하거나, 운전을 시작할 경우에 특히 더 그렇다. 아이에게 치아 교정이 필요한 경우, 누가 그 비용을 부담하고 치과 의사와 상담할지 등 양육 계획을 다시 의논하고 싶을 수도 있다. 아이가 일정한 나이가 되면 자동차를 사줘야 할지 말지, 어느 부모가 사주고, 어느 부모가 자동차 보험 비용을 대줄지를 결정하기 위해 양육 계획을 다시 의논하고 싶을 수도 있다. 이 때문에 아이가 일정한 나이가 되면 앞으로의 계획을 다시 논의하자고 서류에 써넣기도 한다.

또한 당신이 이사하거나, 아이를 돌볼 수 있는 시간이 늘어나거나 줄어든다면 변호사에게 연락해 양육 계획을 변경하면 된다. 이전에는 일 때문에 한 달에 절반 이상 집을 비워야 했지만, 이제 멀지 않은 곳으로 출퇴근할 수 있어서 더 자주 아이와 함께 지내고 싶을 수도 있다. 학교와 더 가까운 곳으로 이사해서 더 자주 학교에 데려다주고 데리고 오고 싶을 수도 있다. 직업을 바꾸고 수입이 많이 줄어들어서 양육비를 조정해야 하는 경우에도 변호사와 이야기하자.

자녀가 개입될 때

부모의 갈등에 자녀들이 개입되지 않았다면 정말 다행이다. 그러나 유해한 공동 양육자는 부부의 분쟁에 자녀를 개입시킬 수도 있다. 공동 양육자가 아이와 합세해 당신을 따돌리기도 한다. 공동 양육자가 당신과 자녀 사이를 갈라놓으려고 애쓸 때 그런 일이 벌어진다. 많은 사람이 이를 아동 학대의 한 형태로 여긴다. 유해한 사람은 여러 방법으로 아이와 합세해 당신을 따돌린다.

- 아이가 자신에게만 "엄마"나 "아빠"라고 부르게 하면서, 당신에게는 그런 호칭을 쓰지 못하게 한다.
- 이혼이나 양육 계획 서류를 아이가 보도록 놓아둔다.
- 아이 앞에서 당신을 헐뜯는 말을 한다.
- 당신 때문에 돈이 없다고 아이에게 이야기한다.
- 당신이 학대했다고 근거 없이 비난한다.
- 아이가 당신에게 불리한 진술을 하도록 지도한다.
- 당신과 아이가 만날 시간을 정했음에도, 아이와 만나지 못하게

한다.

- 당신이 바람을 피웠다고 말하는 등 이혼이나 별거의 이유를 아이에게 말한다.
- 당신을 외면하지 않으면 사랑해주지 않거나 대화하지 않겠다고 아이들을 위협한다.

주의할 점이 있다. 상대가 아무리 충동질해도 그와 똑같이 행동하지 않도록 조심하자. 그는 당신이 하는 모든 말이나 행동을 당신에게 불리하도록 활용하고, 법정에서 증언할 수 있다. 아이가 말려든 사건에 관한 기록을 보관하고, 이런 내용을 변호사에게 알리자. 아이가 이런 상황을 이겨내도록 심리 치료사의 도움을 받을 수도 있다. 특별 훈련을 받은 전문가인 놀이 치료사는 아이들이 놀이를 통해 감정을 표현하도록 돕는다. 어른조차 복잡한 문제를 말로 표현하기 어려울 수 있다. 아이를 심리 치료사에게 데려가는 일에 관해 공동 양육 계획에서 어떻게 정했는지 확인하자. 다른 양육자가 찬성해야 한다거나 두 사람이 심리 치료사에 관해 합의해야 한다는 내용이 있을 수도 있기 때문이다.

직장에서 경계선을 침범당할 때

'직장 내 괴롭힘 금지법'처럼 직장에서 필요한 몇몇 경계선은 이미 법으로 지켜지고 있다. 그러나 또 다른 방식으로 경계선이 침범당할 수 있다. 직장에 아래와 같이 행동하는 사람들이 있는지 살펴보자.

- 일부러 잘못된 지시를 하거나 당신이 한 일의 공을 가로채면서 일을 방해한다.
- 자신의 행동에 책임지지 않으려고 한다.
- 자신의 행동이 어떤 영향을 주는지 잘 알지 못한다.
- 문제를 유연하게 해결하지 못한다.
- 한 사람이나 몇몇 사람을 골라 집중적으로 괴롭힌다.
- 분노 조절을 못한다.
- 사람, 과정, 결과에 결코 만족하지 않는다.

만약 직장에서 누군가가 당신을 괴롭힌다고 느끼면, 그 사람이 몰라서 그러는지 아니면 악의를 가지고 그러는지 살펴보자. 몰라서 하는 행동이라도 경계선을 침범한다는 사실에는 변함이 없다. 다만 의도적으로 상처를 주지는 않았다는 사실을 알 수 있다. 반면 악의적으로 당신을 괴롭혔다면 상처를 주는 게 처음부터 그의 목표였을 것이다. 당신은 이런 상황에 맞춰 각기 다른 접근법을 찾을 수 있다.

누군가가 당신에게 앙갚음하거나 악영향을 줄지도 모른다고 느끼면, 직장에서 바람직한 경계선을 유지하는 것이 힘들어진다. 하지만 침착하고 적극적인 태도로 스스로의 행복을 지키는 것이 무엇보다 중요하다.

- 문제가 있는 상대에게 명확하게 당신의 경계선을 설명한다.
- 그 사람이 한 말, 날짜, 시간 등을 기록으로 남긴다.
- 괴롭힘 고발에 대한 회사의 지침을 확인한다.
- 직장 문제 전문 변호사와 상담한다.

직장에서 겪는 문제가 해결될 수 있는 문제인지, 아니면 퇴사가 최선책일 정도로 끝이 안 보이는 문제인지 가늠하기 어려울 때도 있다. 그 직장을 계속 다닐 때의 장점과 단점을 써보자. 당신에게 상황을 바꿀 만한 힘이 있는가? 직장에서 유해한 관계보다 바람직한 관계를 더 많이 만들었는가? 직업 특성상 그만두고 떠나면 경력에 해가 되지는 않는가?

어떤 동료나 상사는 너무 구제불능이라 행동이 바뀔 것 같지 않을 때도 있다. 그때 일을 그만두는 대신 다른 부서나 다른 층으로 옮겨서 일할 수 있는지 먼저 알아보자. 재택근무가 가능한지 알아볼 수도 있다. 어떤 선택을 할 수 있는지 알아보면서 지금 당신이 어떤 결과를 원하는지 명확하게 파악하자. 전혀 스트레스가 없는 근무 환경은 없겠지만 퇴사보다 나은 선택지가 있을 수도 있다.

최근 잠을 이루기 힘들고, 너무 적게 먹거나 많이 먹고, 불안과 우울증에 시달리고, 사랑하는 사람에게 쏘아붙이고, 아침에 일어나는 게 두렵거나 자살 충동을 느낄 정도로 삶의 질이 떨어진다면 떠나야 할 시간일 수도 있다. 자살 충동을 느낄 때 전국 어디에서나 1393(자살예방상담전화)으로 전화하면, 365일 24시간 전문 상담사와 전화 상담을 할 수 있다.

가족이나 친구들이 경계선을 침범할 때
—

당신을 괴롭히던 사람과 관련이 있거나 함께 아는 사람들이 있다면, 그 사람과의 관계가 끝난 후에도 경계선을 확고하게 지키기가 어렵다. 휴일이나 사교 모임에서 계속 우연히 그를 만날 가능성이 있기 때문이다.

그가 선을 넘으면 마음을 단단히 먹고 당신의 경계선이 어디인지 침착하고 명확하게 이야기하자. 증인이 필요하다고 느끼지 않는 한, 단둘이 있을 때 말하는 게 가장 좋다. 왜 그런 경계선을 정했는지 설명할 의무는 없다. 당신에게는 어떤 경계선이든 원하는 대로 정할 권리가 있다. 만약 상대가 선을 지켜달라는 요구를 무시하거나 다른 사람들에게 당신의 이야기를 계속하면 경계선에 관해 반복해서 이야기해야 할 수도 있다. 그럼에도 경계선이 지켜지지 않는다면 스스럼없이 대화를 중단하거나 그 자리에서 벗어나자.

보기 싫은 친척이 참석하는 가족 모임에 참석해야 한다면, 그 자리에 언제까지 있을지 시간을 미리 정해놓자. 정서적으로 건강한 가족이나 친구에게 '완충재' 역할을 부탁하자. 유해한 사람이 당신에게

다가오려고 하면, '완충재'가 관심을 돌리며 막을 수 있다.

유해한 사람을 아는 누군가가 당신에게 문자 메시지를 보내고 있다면, 그 사람과 관련된 이야기는 듣고 싶지 않다고 명확하게 경계선을 밝히자. 끈질기게 그의 말을 전하거나 그와 관련된 이야기를 하면, "그런 이야기는 선을 넘는 것이라고 말했어"라고 침착하게 이야기하면서 그 자리에서 벗어나자.

어떤 관계에서나 경계선은 중요하다. 다른 관계에서도 당신의 욕구가 충족되고 있는지 생각해보자. 예를 들어 누군가와 좋은 우정을 맺고 있지만, 그 우정을 위해 당신이 더 헌신하기 시작했다는 걸 알아차렸다면 이 문제에 관해 대화하는 것도 좋다. 어색하게 느껴질 수도 있지만, 그저 걱정되는 문제를 입 밖으로 꺼내기만 해도 관계가 크게 달라진다.

✻

경계선은 당신의 행동, 당신과 교류하는 다른 사람들의 행동과 관련해 정한 지침이나 한계다. 이 장에서는 연인 관계, 직장, 가족과 친구 관계에서 바람직한 경계선을 정해 유지하는 게 얼마나 중요한지를 배웠다. 당신은 경계선을 정할 권리가 있고, 누구에게든 그것에 대해 설명할 의무가 없다는 사실을 기억하자. 바람직한 경계선을 정하거나 유지하기 어렵다면 당신을 돕고 지지해줄 정신 건강 전문가를 만나보자. 다음 장에서는 전문가를 어떻게 찾을지 이야기한다.

Healing from
Toxic Relationships

6장

전문가와 상담하자

*

어떻게 정신 건강 전문가를 찾아서
도움을 받을까?

샤론은 진퇴양난에 빠졌다. 그녀는 아들 라이언이 고등학생이던 10년 전에 게리와 재혼했다. 라이언의 친아버지는 아들의 삶에 별로 관여하지 않았다. 대신 새아버지 게리가 라이언을 잘 돌보았다. 샤론과 게리는 대부분 잘 지냈다. 그러나 라이언은 몇 번이나 게리에게 소리를 지르거나 욕설을 퍼부었고, 주말 파티에서 폭음을 했다. 열여덟 살 생일에도 새아버지에게 분노를 터뜨렸고, 그대로 집에서 뛰쳐나갔다.

샤론은 라이언이 불같이 화를 낼 때마다 죄책감을 느꼈다. 아들에게 분노 조절 문제가 있는 것이 자신의 잘못처럼 느껴졌다. 샤론은 "라이언에게 적응할 시간을 좀 줘"라고 게리에게 간곡히 부탁했다. 게리는 "3년이나 지났잖아"라고 말하면서, 샤론이 엄하게 대하지 않아서 라이언이 그렇게 행동하는 것이라고 덧붙였다.

라이언은 대학에 입학하면서 집을 떠났다. 시간이 흐르면서 자신이 10대 때 걸핏하면 분노를 터뜨렸던 일들이 옛날이야기처럼 느껴졌다. 음주 때문에 문제가 생기기도 했지만, 최근에는 알코올 중독 치료 프로그램도 마쳤다. 샤론과 게리는 둘이서 밝은 미래를 꿈꾸고 있었다. 여행 계획을 짜고, 은퇴를 위해 저축하고, 함께 보낼 휴일을 고대하면서 말이다. 그런데 그때 라이언이 직장에서 해고되었다. 라이언은 샤론에게 전화해 집으로 돌아오고 싶다고 말했다.

바로 다음 주에 라이언이 돌아왔다. 샤론은 게리의 화를 돋우고 싶지 않아 이 사실을 미리 이야기하지 않았다. 게리는 의붓아들이 잠시 쉬러 온 게 아니라는 사실을 알게 되자 화가 났다. 샤론이 그 일을 자신과 의논조차 하지 않았다는 사실이 믿어지지 않았다.

부부는 라이언이 새 직장을 찾는 동안 길어야 6개월 정도 일시적으로 머무를 예정이며, 집에서 먹고 자는 대신 집안일을 돕고 술을 마시지 않을 것이라는 조건에 합의했다. 그러나 라이언은 1년이 지나도록 새 직장을 얻지 못하고 집에서 지냈다. 라이언이 집안일을 돕지 않고, 일자리도 열심히 찾지 않자 샤론과 게리는 이 문제로 말싸움을 벌였다. 심지어 라이언은 두어 번이나 술에 취한 채 집으로 돌아왔다. 샤론은 게리가 그 모습을 보지 못해 안심하면서 가정의 평화를 깨뜨리고 싶지 않아 게리에게 이 사실을 말하지 않았다.

라이언이 5천 달러를 빌려달라고 했을 때가 한계점이었다. 샤론과 게리가 늘어난 생활비를 메우려고 이미 은퇴 계좌에서 돈을 뺀 다음이었다. 게리는 "라이언이 따로 살 곳을 구해야 할 때야. 걔는 자립해야 해!"라고 말했다. 샤론은 가슴이 찢어졌다. 그녀는 눈물을 흘리면서 "어떻게 해야 할지 모르겠어"라고 친구 티나에게 털어놓았다. "걔 친아버지는 너무 멀리 있으니 내가 라이언을 도와주어야 할 것 같아. 그런데 게리도 한계에 이르렀어."

친구 티나도 공감하면서 고개를 끄덕였다. 그리고 "누군가와 상담해본 적 있어? 내 말은, 심리 치료사 같은 전문가의 도움을 받아봤느냐고"라면서 물었다.

샤론은 기분이 상해서 "무슨 뜻이야? 나는 미치지 않았어!"라고 대답했다.

티나는 "정신이 이상해야만 심리 치료사를 찾는 게 아니야. 누구든 가끔 상담을 받아야 해. 나는 지난해에 상담을 받았어"라고 말했다. 샤론은 친구가 어떤 일을 겪고 있었는지도 몰랐다. "여기, 내 상담사의 연락처를 줄게. 아니면 네가 다른 상담사를 찾을 수도 있어. 어쨌든 상담사와 이야기하는 게 정말 도움이 될 거야."

이 책에서 자주 이야기했듯이 훈련받은 정신 건강 전문가의 도움을 받는 것은 치유와 회복에서 꼭 필요한 단계 중 하나다. 이미 정신 건강 전문가의 도움을 받고 있거나 이전에 받은 적이 있을 수도 있다. 찾을 수만 있다면, 나르시시스트의 학대나 가정 폭력의 상처에서 회복하도록 전문적으로 돕고, 대인관계 문제를 다룬 경험이 많은 정신 건강 전문가와 상담하는 게 특히 도움이 된다.

이 장에서는 정신 건강 전문가에 관해 알아본다. 당신과 어떤 전문가가 잘 맞는지, 어떤 방식으로 상담할지를 미리 파악하는 방법도 알게 된다.

당신과 잘 맞는 전문가를 찾아내 상담을 받으면서 많은 도움을 받기를 바란다! 마지막에는 언제부터 상담 빈도를 줄일지를 알아차리는 법도 이야기하려고 한다. 그러나 모든 이야기에 앞서 잠시 확인할 것이 있다.

당신의 고통에는 근거가 있다

정신 건강 전문가의 도움을 받기 시작하는 단계에서 주저하고 있는가? 이미 도움을 받고 있지만 솔직하게 말하기를 망설이고 있는가?

당신만 그런 게 아니다. 사람들은 때때로 자신들이 겪는 일이 '다른 사람들이 겪는 일'만큼 나쁘지 않다고 느낀다. 사람들은 어떤 일을 겪은 사람에게 교묘하게 혹은 대놓고 속상할 권리가 없다고 말한다. '다른 사람들은 더 나쁜 일을 겪었고', '네가 그걸 선택했다'는 이유다. 특히 가해자들은 당신이 불평할 게 하나도 없다고 말한다. 그들은 당신의 느낌이 틀렸다는 걸 증명하려 애쓰고, 심지어 도움을 요청하지 못하게 한다.

당신이 도움을 요청하지 않으면 그 사람의 행동에 관한 추악한 진실은 계속 비밀로 남는다. 유해한 사람은 자신의 이미지를 중요하게 여기기 때문에 진실이 노출되는 걸 끔찍이 싫어하기 때문이다.

다른 사람들이 겪은 일만큼이나 당신의 고통과 정신적 외상에도 확실한 근거가 있다. 다른 사람들이 더 심한 고통을 겪었고, 그들의 고통이 더 치료받을 가치가 있다고 느끼겠지만, 이런 식으로 느끼는 게 학대를 받았다는 증거다. "너는 훨씬 덜하다"나 "너는 불평할 게 없다"라는 식의 말을 들었다는 뜻이다.

전문가와 상담해서 문제를 해결하기보다 "그저 가진 것에 감사해야 한다"라는 말을 들었을 수도 있다. 하지만 삶에 '좋은' 일이 아무리 많아도 나쁜 감정이 사라지지는 않는다.

심리 치료나 상담 과정이 처음에는 어색하거나 불편하게 느껴질 것이다. 사람들은 때때로 심리 치료 과정을 드라마나 영화에서 보고, 자신이 조목조목 파헤쳐질까 봐 두려워한다. 심리 치료를 어떻게 하는지 잘 모르거나 샤론처럼 '미친 사람들'만 심리 치료를 받는다고 생각할 수도 있다.

심리 치료는 훈련된 전문가에게 생각과 감정을 털어놓으면서 자신을 치유하는 과정이다. 우리 모두는 무슨 일을 겪었는지, 어떻게 하고 있는지, 어떻게 할지, 어떻게 하고 싶은지를 나와 관계없는 사람에게 털어놓을 수 있다.

심리 치료라는 말에 거부감이 든다면, 인간 행동에 대한 훈련을 받은 누군가와 커피를 마시는 일과 비슷하다고 생각하자. 많든 적든 당신이 원하는 만큼 받을 수 있다는 게 심리 치료의 좋은 점 중 하나다. 심지어 몇 번 시도해보다 끝내도 괜찮다(그러나 처음 받아보았을 때 효과가 없어도, 한 번 더 받아보기를 권한다).

> "누군가가 자신이 겪은 고통에 관해 말할 때 다른 누군가가 '오, 가진 사람들이나 할 법한 불평이지'라고 말하면 정말 짜증이 날 것이다. 우리 모두 해결할 문제가 있고, 모든 사람의 고통에는 근거가 있다. 그저 각자 다른 고통에 시달리고 있을 뿐이다."_누르, 35세

어떤 정신 건강 전문가가 있는가?

심리 상담사, 심리 치료사, 정신과 의사, 정신 건강 사회복지사 등 정신 건강 전문가들은 당신이 고통을 극복하고 새로운 삶을 살도록 돕는 훈련을 받은 사람들이다. 이 장에서는 그런 전문가들의 명칭을 다소 자유롭게 사용하려고 한다.

좋은 심리 치료사는 당신이 겪는 어려움이 당신에게 특별히 중요한 문제이며, 그 어려움을 진지하게 받아들여야 한다고 여긴다. 당신은 인간관계에서 많은 걸 겪었다. 당신이 의지하는 사람들이 당신을 지지하기는 하지만, 실제 어떤 일을 겪고 있는지 진정으로 이해하기는 쉽지 않다. 믿을 만한 친구와 가족은 보통 당신 편이지만, 객관적인 도움을 주지 못할 때도 있다.

정신 건강 전문가는 유해한 관계가 끝나고 꼼짝도 못 하겠다고 느낄 때, 당신이 어떤 선택을 할 수 있는지 알려줄 중립적인 제삼자다. 정신 건강 전문가는 특히 주변에 유해한 사람이 있을 때 바람직한 경계선을 정하도록 돕고, 경계선을 확고하게 지키는 방법을 가르쳐준다. 심리 치료사는 자신의 경험을 인정하고, 스스로 위로하는 방법들을 찾도록 돕는다. 이 책의 단계에 따라 스스로 치유하는 과정을 밟는 동안 당신을 도우면서 지지할 수도 있다. 내가 자신의 독특한 상황에 가장 잘 맞는 정신 건강 전문가에게 도움을 받으라고 강력하게 권하는 이유도 그 때문이다.

이런 정신 건강 전문가의 도움을 받을 수 있다.

- 정신과 의사
- 정신 건강 간호사
- 임상 심리학자
- 공인 정신 건강 상담사 / 공인 전문 상담사
- 정신 건강 사회복지사
- 결혼과 가족 치료사

각각의 전문가는 어떤 훈련을 받았고, 수년 동안 어떤 경험을 쌓았는지가 다를 뿐이다. 정신과 의사는 약을 처방하지만, 미국의 몇몇 주에서는 임상 심리학자도 약을 처방할 수 있다. 임상 심리학자, 공인 정신 건강 상담사, 정신 건강 사회복지사와 결혼 및 가족 치료사는 심리 치료를 할 수 있고, 그중 일부는 심리 검사와 진단도 제공한다. 임상 심리학자, 공인 정신 건강 상담사와 정신 건강 사회복지사는 사람들을 만나 개인 심리 치료, 부부 심리 치료, 가족 심리 치료를 할 수 있는 반면, 결혼 및 가족 치료사들은 부부와 가족을 돕도록 특별 훈련을 받았다(사람들을 만나 개인 심리 치료도 할 수 있다). 이미 심리 치료사를 만나 부부 상담을 받고 있다면, 보통 개인 심리 치료는 다른 사람에게 받으라고 권한다. 앞에서 이야기했듯, 유해한 배우자는 심리 치료사를 조종하려고 애쓴다. 많은 심리 치료사들은 부부 치료가 끝나기 전까지 한 사람에게 부부 치료와 개인 치료를 동시에 하지 않으려고 한다.

정신 건강 전문가를 찾을 때 당신과 잘 맞느냐가 가장 중요하다.

꼭 맞는 사람을 찾기 위해 여러 심리 치료사를 만나보는 방법도 있다. 우리는 누군가를 금방 좋아할 때도 있고, 그렇지 않을 때도 있다. 상담사를 찾을 때도 똑같다. 믿을 만한 친구, 가족이나 성직자에게 추천을 받자. 아니면 나르시시스트의 학대와 가정 폭력 문제를 전문적으로 다루는 근처 지역의 심리 치료사를 검색해보자.

> "나는 상담사를 만나 상담 치료를 받고, 정신과 의사를 만나 내 불안을 삼재워줄 약을 처방받는다. 나는 그들을 나의 '정신 건강 팀'이라고 부른다."_제마, 35세

스스로 확인해보기

이 사람이 내게 맞는 심리 치료사일까?

심리 치료사와 처음 전화하거나 첫 상담을 마친 후, 아래 사항을 검토하자. 당신이 만난 치료사가 아래 설명과 얼마나 비슷한가?

1. 그에게 비판받지 않고 자유롭게 이야기할 수 있다고 느낀다.
2. 그와 이야기하는 게 편안하다.
3. 품위 있고 다정해 보인다.
4. 내 말을 열심히 듣는다.
5. 내 질문에 대답하거나, 답을 알지 못한다고 솔직하게 말한다.
6. 공인 정신 건강 전문가이고, 면허증과 자격증에 대해 묻거나 다른 전문가를 소개해달라고 하면 적절히 대답한다.

7. 학대 피해자들을 도운 경험이 있다.

8. 그에게 전화하거나 메일을 보내면 24시간 안에 회신한다.

9. 나와 유머 감각이 비슷하다.

10. 첫 상담에서 비밀 보장과 나의 권리에 관해 알려줬다.

11. 나의 사고방식, 성별, 성적 취향, 종교·신앙과 세계관에 대해 잘 알고, 존중한다.

12. 나를 격려하면서 바람직한 방식으로 의문을 제기한다.

심리 치료사에게 해당하는 설명이 많을수록 그 심리 치료사와 당신이 잘 맞는다는 뜻이다. 앞의 설명에 해당하는 게 별로 없다는 사실을 알았다면, 당신에게 더 잘 맞는 심리 치료사를 계속 찾아보자. 이미 심리 치료를 시작했는데, 당신이 원하는 방향으로 진행되지 않는다는 걸 깨달았다면 이 책에서 심리 치료 중단에 관해 설명한 부분을 보자(205쪽).

인간관계 코치는 정신 건강 전문가가 아니다

소셜 미디어에서 자신을 '인간관계 코치'나 '인생 코치'라고 주장하는 사람들이나 광고를 본 적이 있는가? 코치는 허가나 규제를 받는 직업이 아니다. 어떤 정신 건강 전문가는 코치이기도 하지만, 모든 코치가 정신 건강 전문가는 아니다. 그러니 당신이 도움을 받는 사람이 공인된 정신 건강 전문가인지 확인하자.

공인된 전문가는 최소 2년 이상의 엄격한 대학원 교육, 여러 시간의 실습과 수련 과정을 거친다. 대학원 졸업 후 더 시간을 들여야 겨우 면허증을 받을 자격이 생긴다. 미국의 경우 공인 정신 건강 전문가들은 그들이 사는 주의 법과 연방법을 따라야 할 뿐 아니라, 윤리 강령도 따라야 한다. 정신 건강 전문가들은 각 주의 면허 위원회, 자격증 위원회, 직업윤리 강령에 따라 책임을 져야 한다. 예를 들어 공인 정신 건강 전문가(어떤 주에서는 공인 전문 상담사라고 부른다)는 그들이 사는 주의 법과 규칙들, 전국 공인 상담사 위원회의 윤리 강령과 필요한 조건, 미국 정신 건강 상담사 협회와 미국 상담 협회의 윤리 강령을 지켜야 한다. 또한 특별한 치료법 훈련을 따로 받은 정신 건강 전문가도 많고, 그들 직업에서 최고의 자격을 얻어 그 분야 최고 전문가로 불리는 정신 건강 전문가도 있다. 임상의는 자신의 일에 오랫동안 헌신해야 전문의가 될 수 있다. 정부에서 발행한 정신 건강 전문가의 면허증과 자격증을 보여달라고 하자. 인터넷에서 이름을 확인할 수도 있다. 미국의 많은 주는 정신 건강 전문가에게 상담실에 면허증을 걸어두라고 요구한다. 당신을 치료하는 사람에게 면허증을 보여달라고 했을 때 불쾌해하면 적당한 사람이 아니다. 합법적인 정신 건강 전문가라면 기꺼이 면허증과 자격증을 보여줄 것이다.

심리 치료의 종류

───

심리 치료는 개인, 부부, 가족 혹은 집단 치료 등 다양한 형태의 치료가 있다.

개인 치료(때때로 상담 치료 혹은 심리 요법이라고 부른다)에서는 심리 치료사를 일대일로 만나 상담한다. 인생의 어려운 시기를 헤쳐 나가면서 성장하고 지지받을 수 있는 기회다.

부부 치료에서 당신과 배우자는 같은 심리 치료사에게 상담을 받는다. 상담사는 결혼과 가족 관련 공인 치료사이거나 부부 문제와 관련된 특별 훈련을 받은 정신 건강 전문가일 것이다. 심리 치료사는 부부가 갈등을 해결하고 관계 속에서 통찰력을 얻도록 돕는다.

가족 치료는 단기로 끝날 때가 많다. 가족 치료를 하면 가족 구성원이 안전한 공간에서 그동안의 문제를 터놓고 이야기할 수 있다. 모든 구성원이 치료에 참여할 수도 있지만, 기꺼이 참여하려는 사람들만 치료받을 수도 있다. 심리 치료사는 가족 구성원이 관계를 돈독히 하는 방법을 익히도록 돕는다.

집단 치료에서는 심리 치료사가 다섯 명에서 열다섯 명까지 한꺼번에 상담한다. 대부분의 집단 치료는 특정 문제를 겪는 사람들이 함께 모여서 치료를 받는다. 몇몇 사례를 들자면, 사별을 이겨내고, 약물 남용을 극복하고, 만성 통증을 관리하는 문제를 함께 치료한다. 모르는 사람들에게 어려움을 털어놓는 게 처음에는 어색하고 겁나지만, 같은 어려움을 겪는 사람끼리 서로 조언하고 지지할 수 있다.

샤론은 여러 심리 치료 중 개인 치료가 가장 안전하고 확실한 방법이라 생각했고, 약속을 잡았다. 처음에는 심리 치료사 앤에게 자신의 문제를 모두 털어놓을 준비가 되지 않았다고 느꼈다. 샤론은 몇번 더 상담한 후 조금 더 편안하게 집에서 벌어지는 일을 털어놓았다. 그녀는 상담사에게 어떻게 해야 할지 물었다.

앤은 "내가 당신 대신 그런 문제를 결정할 수는 없어요. 그렇지만 모든 선택지를 고려해보도록 확실히 도와드릴 수는 있어요. 라이언에 관해 더 이야기해보세요"라고 말했다.

샤론은 심호흡한 후 계속 이야기했다. 샤론이 이야기를 마치자 앤이 곧장 "아들이 나가기로 약속한 시점에서 6개월이 지나도록 나가지 않고, 술을 마시지 않겠다고 한 약속도 지키지 않았고, 집안일도 돕지 않고, 일자리를 찾고 있지도 않고, 남편에게 무례하게 굴고, 이미 은퇴 자금으로 아들 생활비를 대고 있는데 더 많은 돈을 요구하고 있는 거잖아요"라고 말했다. 심리 치료사가 요약해서 말하자, 샤론은 자신이 어떻게 해야 하는지 깨달았다.

그녀는 집으로 돌아간 후 남편, 아들과 모여 앉았다. 그녀는 아들에게 더는 생활비를 지원하지 않겠다고 선언하면서 2주 안에 나가서 살 곳을 찾고, 술을 마시지 말라고 이야기했다.

샤론은 아들이 불같이 화를 낼 것이라고 예상했다. 그러나 아들은 "알았어요"라고 차분하게 말하고 자리에서 일어났다. 그는 1주 후에 집을 나갔다.

그때부터 상담 방향이 바뀌었다. 샤론은 아들과의 관계에서 비롯된 당장의 어려움을 해결할 필요는 없었지만, 이혼 후의 고통과 죄책감에서 아직 벗어나지 못했다는 사실을 깨달았다. 라이언이 집으로 돌아오면서 표면화된 몇몇 문제를 해결하고 관계를 회복하기 위해 샤론과 게리 역시 부부 치료를 받기 시작했다. 샤론은 자신을 조금 더 잘 이해하게 되었고, 앞으로 가족 문제에 더 잘 대처할 수 있을 것이라고 느꼈다.

심리 치료의 방향

심리 치료사들은 각기 다른 훈련을 받을 뿐 아니라, 내담자의 문제를 어떤 시각으로 보는지에 관한 이론적 바탕이나 '렌즈'도 각기 다르다. 그중 **인지 행동 치료**, **변증법적 행동 치료**, **해결 중심 치료**와 **수용 전념 치료** 이론이 가장 많이 활용된다. 대부분의 심리 치료사는 여러 이론을 혼합해서 절충하는 방식을 활용한다.

이전에 심리 치료를 받으면서 특정 방식이 당신에게 효과가 좋다는 사실을 알았다면, 똑같은 방식을 활용하는 심리 치료사와 상담하는 게 좋다. 이전의 심리 치료가 도움이 되지 않았다면, 다른 방법을 활용하는 정신 건강 전문가를 찾아보자.

인지 행동 치료

그리스 철학자 에픽테토스는 "사람들은 상황 때문이 아니라, 상황을 바라보는 관점 때문에 불안해진다"라고 썼다. 인지 행동 치료에는 당신이 어떻게 생각하는지, 그런 사고방식이 주변에 어떤 영향을 주는지에 관한 세 가지 핵심적인 개념이 있다. 첫 번째, 속상하거나 화가 나는 건 어떤 사건 때문이 아니다. 감정은 그 사건을 어떻게 해석하느냐에 따라 달라진다. 두 번째, '내면의 목소리'를 알아차리고 그것을 바꿀 수 있다. 세 번째, 생각과 내면의 목소리를 바꾸면 상황을 보는 관점이 바뀌고, 결국 행동도 바뀐다.

심리 치료사는 인지 행동 치료를 하면서 당신에게 방해가 되는 '생각의 왜곡'이나 사고방식에 관해 이야기할 것이다. 내면의 목소리는 때때로 자신에게 그다지 친절하지 않고, 자신과 사건에 관해 사실과 다르게 말한다. 아래에 나오는 경우처럼 다양한 방식으로 생각의 왜곡이 생길 수 있다.

과장과 축소: 과장은 '침소봉대'라는 말과 비슷하다. 알고 보면 비교적 사소한 문제에 지나치게 속을 끓인다는 뜻이다. 자동차 열쇠를 찾지 못해 늦게 출근한 일로 해고되지는 않을까 걱정하는 식이다. 축소는 반대다. 큰일을 사소하고 중요하지 않게 여긴다. 알코올 중독자가 전날 밤에 곤드레만드레가 되고도 자신이나 다른 사람들에게 "별일 아니다"라고 말하는 행동을 예로 들 수 있다.

지나친 일반화: 지나친 일반화는 한 번 일어난 일에 대한 생각을 그다음에 일어나는 모든 일에 적용할 때 생긴다. 친구가 당신과 함께 점심을 먹으러 갈 수 없다고 말하는데 "나에게는 친구가 하나도 없어"라고 말하는 식이다.

개인화: 전혀 상관없는 다른 사람의 행동이나 사건을 자신과 관련지어 생각하는 걸 개인화라고 한다. 그 일이 당신과 깊은 관련이 있다고 느낄 때조차 실제로 그런 경우는 거의 없다. 누군가가 남을 대하는 방식은 그들 자신과 관련이 있을 뿐이다. 전화로 들리는 친구의

목소리가 화가 난 것 같아서 내가 뭘 잘못했을까 어리둥절해하는 게 개인화다.

> "인지 행동 치료를 통해 사람들이 나에게 한 말과 행동이 인신 공격이 아니었고, 내가 아니라 그들 자신 때문에 그렇게 행동했다는 사실을 깨달았다." _저말, 28세

변증법적 행동 치료

변증법적 행동 치료도 일종의 인지 행동 치료이다. 한 사람의 스트레스 내성을 키우고, 감정을 조절하고, 수용과 변화 사이에서 균형을 찾는 게 변증법적 행동 치료의 목표다. 상반된 감정을 동시에 느껴도 전혀 이상하지 않다는 게 변증법적 행동 치료의 원리 중 하나다. 당신은 유해한 사람에게 분노와 애착을 동시에 느낄 수 있다. 많은 사람이 한 번에 하나의 감정만 느낀다고 믿기 때문에 혼란스러워한다.

변증법적 행동 치료에서 당신이 삶의 스트레스 요인에 대처하도록 돕는 방법을 ACCEPT(받아들이다)라는 약자로 설명할 수 있다.

A=Activities(활동)-몸을 움직여 간단한 일을 하면서 화났던 일을 잊는다.

C=Contribute(공헌)-자기 문제에만 빠져 있지 않기 위해 다른 사람들을 돕는다. 이타심의 치유력에 관해서는 10장에서 더 자세히 소

개한다.

C=Comparisons(비교)-나보다 훨씬 가진 게 없는 사람들과 나의 삶이 어떻게 다른지 비교해보자. 관심을 외부로 돌리면 속상한 일에 대처하는 데 도움이 된다. 감사할 일, 잘되고 있는 일을 감사 일기로 써보면 삶에서 속상한 부분이 아니라, 좋은 부분에 초점을 맞출 수 있다.

E=Emotions(감정)-어떤 감정을 가지고 있든 그와 반대로 행동하자. 피곤하다고 느끼면, 더 활기차게 행동하자. 슬프다고 느끼면 웃긴 영화를 보자. 이런 연습을 하면 감정이 일시적이라는 걸 알게 되고, 감정을 바꿀 수 있는 힘이 생긴다.

P=Push away(밀어내기)-삶의 주도권을 쥐고 나의 유능한 모습을 상상하며 부정적인 감정을 떨쳐낸다.

T=Thoughts(생각)-논리적인 생각에 더 집중하자. 감정은 사실이 아니다. 어림짐작에 초점을 맞추기보다 무엇이 사실인지 들여다보자. 무슨 일이 일어났다는 생각보다 실제 무슨 일이 일어났는지에 초점을 맞추자.

해결 중심 치료

해결 중심 치료에서는 심리 치료사가 지금 잘되고 있는 일이 무엇인지 혹은 언제 스트레스, 불안이나 우울함이 줄어든다고 느끼는지를 묻는다. "그 일이 잘되면 상황이 어떻게 달라질까요?"라고 물을 수도 있다. 해결 중심 치료에서는 이 질문을 '마법의 질문'이라고 부른다. 그 질문에 답하면서 치유의 목표를 세우고 희망을 가질 수 있기 때문이다. 해결 중심 치료는 당신이 가진 힘과 에너지를 자신을 치유하는 방향으로 돌리는 데 도움이 된다. 유해한 관계에서 벗어나지 못한 상황에서는 아무것도 제대로 할 수 없다거나 다시는 좋은 관계를 맺을 수 없다고 느낀다. 반면, 해결 중심 치료에서는 당신이 이미 강하고 능력이 있었다는 걸 깨달으면서 바람직한 관계를 맺는 방법을 다시 찾아간다.

삶에서 무언가 한 가지라도 바꾸면 긍정적인 효과가 많이 나타난다는 게 해결 중심 치료의 핵심 개념 중 하나다. 예를 들어, 사는 게 너무 힘들어 또 다른 하루를 마주할 자신이 없을 때는 아침에 침대에서 나오기도 힘들다. 잠에서 깨도 침대에서 한두 시간 뒤척이다 화장실에 가야 해서 겨우 몸을 일으킨다. 그때 심리 치료사는 잠에서 깨자마자 일어나 앉아야 한다고 말한다. 지금 당장 바꿀 건 그저 그것뿐이다. 하지만 일단 아침에 잠에서 깨자마자 일어나 앉기 시작하면 침대에서 나와 하루를 시작하는 게 훨씬 더 쉬워진다.

"심리 치료사가 내 인생에서 잘되고 있는 일이 무엇인지 물어주어서 정말 고마웠다. 이전에는 아무도 내게 그런 질문을 하지 않았던 것 같다."_리슬, 45세

수용과 전념 치료

수용과 전념 치료는 감정을 무시하거나 딴 데로 돌리지 않

고 제대로 느끼는 데 초점을 맞춘다. 불쾌한 감정을 피하는 건 정상적인 반응이다. 그렇지만 그런 감정을 극복하지 않으면 그 감정이 다시 불쑥 나타나는데, 때때로 더 강렬해진다. 수용과 전념 치료에서는 감정을 관찰하고, 느끼고, 떠나보낸다. 또한 핵심 가치관을 형성하고 마음에 담아 세상을 살아가는 법을 배운다. 마음 챙김에 집중하는 과정도 수용과 전념 치료 중 하나다. 마음 챙김은 지금 이 순간에 머무르는 능력이다(마음 챙김은 7장에서 다시 이야기하려고 한다).

인지적 탈융합이라는 개념을 통해 감정과 생각을 떼어놓는 게 수용 전념 치료의 핵심 원리다. 인지적 탈융합은 생각으로 정체성이 바뀌지도 않고, 생각을 다 믿을 필요도 없다는 사실을 알려준다. 생각을 품을 수도 있지만, 사실이 아니라고 떨쳐버릴 수도 있다. 당신이 무가치한 인간이라는 생각처럼 부정적인 생각을 알아차리는 게 한 단계다. 부정적인 생각이라는 걸 알고 나면, 그런 생각으로 인한 감정도 가라앉는다. 우스꽝스러운 목소리로 부정적인 생각을 거듭 말하면서 그 생각에서 감정적으로 멀어질 수도 있다. "그건 그냥 내 두뇌가 뒤틀려서 하는 생각이야"라고 말하면서 부정적인 생각을 객관화하려고 노력할 수도 있다. 감정과 생각을 분리할수록 감정을 더 많이 수용하고, 회복될 가능성이 커진다.

*

이런 방식 중 하나를 택해 당신에게 맞는 심리 치료사를 찾는 출발점으로 삼기를 바란다. 더 많은 치료법을 찾아보고 싶으면 이 책의 참고 자료를 확인하자.

상담료 지불하기

———

당신이 도움을 받고 싶은 심리 치료사를 찾았다면, 상담 비용을 어떻게 감당할지 궁금할 것이다. 사실 심리 치료에는 돈이 많이 든다. 그러나 비용 때문에 도움을 받지 않을 수는 없다! 생각보다 돈이 많이 들지 않는 방법도 있기 때문이다. 보험으로 해결할 수도 있고, 심리 치료를 지원하는 회사도 있다. 심리 치료사가 비용을 깎아줄 수도 있고, 국가나 지방자치단체의 지원을 받아 무료로 혹은 낮은 비용으로 심리 치료를 받을 수도 있다.

건강 보험으로 지불하기

먼저 보험 이야기부터 해보자. 건강 관련 보험이 있다면, 정신 건강 혜택이 있는지, 보험이 보장하는 범위가 어디까지인지 알아보기 위해 보장 범위와 혜택을 요약한 내용을 확인하자. 보험회사에 전화를 걸어 책임자에게 물어볼 수도 있다. 책임자에게 서면으로 보장 범위를 확실히 확인받자. 또한 당신이 받으려는 심리 치료가 특정 보험의 혜택을 받을 수 있는지도 확인해야 한다.

건강 보험으로는 상담료의 일부만 지원받을 수 있는 게 일반적이다. 보험으로 상담을 몇 시간이나 지원받을 수 있는지, 상담료의 어느 정도를 지원받을 수 있는지, 본인부담금이 있다면 얼마나 되는지를 확인하자. 보험의 공제 조항을 확인해서 어느 정도 이상이어야 보험금을 청구할 수 있는지도 확인하자.

미국의 경우, 보험회사에 비용을 청구하면 청구 정보가 의료정보국이라는 국가 정보 처리 기관으로 넘어간다. 의료정보국은 보험사기를 막기 위해 존재한다고 말하지만 청구 정보 이력이 생명 보험, 장애 보험과 장기 보험의 가입 조건을 바꿀 수 있다(미국에서 건강보험 개혁법이 시행되기 전에는 의료 보험도 포함된다). 미국의 경우, 의료정보국 웹사이트에 있는 개인 정보 복사본을 요청할 수 있다. 이를 통해 개인 정보가 모두 정확한지 확인하고 틀린 정보가 있다면 그 사람이 다니는 병원이 수정 사항을 의료정보국에 제출할 수 있다. 예를 들어 코딩이 잘못되면 앞으로 보험 가입 조건이 바뀔 수도 있다.

대학 상담 서비스를 활용하자

많은 대학에서 따로 비용을 받지 않고 학생에게 개인 상담과 집단 상담을 해준다. 수업료에 이런 상담 서비스도 포함되어 있다. 대학에 상담 관련 학과가 있는 경우, 대학원 학생의 훈련 과정으로 무료 상담을 해줄 수도 있다. 당연히 대학에서 상담한 내용도 비밀이 보장된다. 정보를 공개하겠다고 서명하지 않는 한, 대학 직원이나 교수, 부모나 다른 누구에게도 상담 내용을 알리지 않는다. 자살이나 살인 충동 등 예외적인 경우에는 비밀을 지키지 않아도 된다. 그럴 경우, 정신 건강 전문가가 강제로 입원시키면서 법적, 윤리적

의무를 질 수도 있다. 그러나 보통은 먼저 자발적으로 입원할 수 있게 선택권을 준다. 대학에서 상담한 기록은 학업이나 행정 기록에 포함되지 않는다. 상담을 시작할 때 대학 상담 서비스를 이용하는 학생으로서의 권리가 무엇인지 상세히 설명된 동의서를 먼저 읽어보자.

직원 복지 제도나 복지비를 활용하자

회사의 직원 복지 제도를 이용해 비용을 내지 않고 상담을 받을 수 있다. 직원 복지 제도는 특히 대기업에 많고, 작은 회사는 직원에게 따로 복지비를 주기도 한다. 정신 건강 전문가를 소개하는 회사도 있다. 건강 관련 복지 포인트를 주는 경우, 몇몇 온라인 심리 치료를 비롯해 다양한 정신 건강 서비스를 받을 수 있다.

무료 상담소를 찾자

지방자치단체 따라 소득이 낮은 사람에게 무료나 낮은 비용으로 상담해주는 심리 치료 프로그램을 운영하는 곳도 있다. 각 지역 홈페이지에서 관련 내용을 확인해보자.

비밀 보장 의무

———

심리 치료사들이 지켜야 할 윤리 규범은 까다롭다. 내담자의 비밀을 확실히 보장하는 것도 그중 하나다. 몇몇 예외가 아니라면 심리 치료사에게 한 말이 밖으로 새어나가지 않는다는 뜻이다. 이런 경우는 예외가 될 수 있다.

- 심리 치료사가 판사에게 소환되어 내담자에 관해 증언해야 하는 경우
- 내담자에게 자살이나 살인 충동이 있는 경우
- 심리 치료사가 특정 사람에게 이야기해도 된다고 내담자가 동의한 경우

비밀 보장 의무란 내담자의 동의가 없는 한, 가족이나 전 배우자가 심리 치료사에게 연락해도 심리 치료사가 그 사람에게 아무 말도 할 수 없다는 뜻이다. 상담하고 있다는 사실조차 확인해줄 수 없다.

어떤 사람들은 자신 때문에 상처를 입은 사람의 정신 건강 전문가에게 직접 연락하기도 한다. 그래서 유해한 사람에게는 심리 치료를 받고 있다는 사실이나 심리 치료사의 이름을 밝히지 않는 게 좋다. 유해한 사람은 거의 언제나 그런 정보를 이용해 상대를 해롭게 하려고 한다. 처음 심리 치료를 받을 때, 그 사람이 심리 치료사에게 연락할까 봐 걱정된다고 알리자. 그런 부분도 얼마든지 상담할 수 있다.

"엄마는 내 심리 치료사에게 횡설수설하는 문자 메시지를 남겼다. 심리 치료사는 아무 답도 보내지 않았다고 말했다. 상담 내용을 밝혀도 된다는 동의를 받지 않았고, 설사 그런 동의를 받았

더라도 먼저 나와 그 문제를 깊이 논의했을 것이라고 설명했다. 그다음 우리는 엄마가 문자 메시지를 남긴 게 내 경계선을 침범한다는 또 다른 증거라고 이야기했다.”_릭, 58세

심리 치료는 노력하는 만큼 도움이 된다
—

이제 심리 치료사를 찾았고, 상담료를 부담할 방법도 알아냈다. 그럼 앞으로의 과정은 쉽게 진행될까?

솔직하게 이야기하고 싶다. 심리 치료는 힘든 과정이다. 심리 치료를 끝낼 때마다 지치고 피곤할 수 있다. 그럴 만한 가치가 있는지 의심이 들 때도 있을 것이다. 당신이 겪은 문제와 유해한 관계에 관해 이야기하는 건 쉽지 않다. 아무리 정신 건강 전문가와 마음이 잘 맞고, 유머 감각까지 잘 통해도 심리 치료는 재미로 하는 게 아니라는 사실을 잊지 말자. 대체로 노력을 기울이는 만큼 얻는 게 많아진다. 상담 시간이 가볍게 느껴질 때도 있겠지만, 전체적으로는 부담스러울 것이다. 심리 치료사의 관계가 조금 더 가볍게 느껴지고, 문제가 덜 심각해 보이는 시간도 있을 것이다. 심리 치료사와 이야기하는 내용이 상당히 심각할 때도 있고, 덜 심각할 때도 있는 건 전혀 이상하지 않다.

그렇긴 하지만, 상담 후에 꺼림칙한 점이 있다면 다음번 만났을 때 심리 치료사에게 이야기하자. 심리 치료사는 치료 과정에 대한 질문

에 대답해야 한다. 그 대답이 만족스럽지 않다면, 상담을 중단하고 다른 정신 건강 전문가를 찾을 수도 있다.

> "종종 상담 후 너무 피곤해서 낮잠을 자야만 할 것 같았다. 심리 치료사는 그게 정상이라고 말했다. 나는 상담 후 며칠 동안은 특별히 나를 잘 돌보려고 한다."_샘, 38세

스스로 기록해보기 ✱

심리 치료에서 무슨 이야기를 하고 싶은가?

심리 치료를 받으러 가기 전, 말하고 싶은 일이나 이야기를 정리해보는 게 도움이 된다. 아무리 해결책이 없는 것 같아도 개선하고 싶은 부분을 기록하자. 심리 치료는 당신의 시간이다(첫 번째 상담에서는 심리 치료사가 당신에 관해 많이 알아야 하기 때문에 내담자 중심으로 진행되기가 조금 어렵지만, 그다음부터는 내담자 중심으로 상담이 진행될 수 있다). 심리 치료를 받으면서 큰 소리로 당신의 상황을 이야기하다 보면 새로운 해결책이 생각날 때도 있다. 문제를 스스로 해결하려고 노력했다면, 어떤 노력을 했는지 기록하고 그 노력으로 상황이 나아졌는지 더 나빠졌는지 써보자. 이 목록을 심리 치료사에게 가져가자. 원격 상담을 받고 있다면 심리 치료사가 운영하는 인터넷 사이트에 업로드할 수 있는지 알아보자.

아이들의 심리 치료

———

당신의 아이 역시 유해한 상황의 악영향으로 어려움을 겪고 있다면 아이들을 위해서도 정신 건강 전문가를 찾아보자. 아이들과 청소년의 심리를 전문적으로 치료하는 정신 건강 전문가도 많다.

치료 중단하기

———

심리 치료는 순전히 자유 의지로 이루어지고, 언제든 중단할 수 있다. 꼭 이유가 있을 필요도 없다. 사람들은 때때로 심리 치료사와 잘 맞지 않아 치료를 중단하기도 한다. 더 이상 도움이 필요 없다고 느낄 때도 있다. 킬로하가 그랬다.

킬로하는 분노를 조절할 수 없다는 걸 깨닫고 심리 치료를 시작했다. 분노 조절이 되지 않아 인간관계를 유지하기 힘들었다. 그녀는 몇 달 동안 매주 치료를 받은 후, 한 달 동안 격주로 치료받았다. 심리 치료를 하면서 자신의 분노가 어디에서 비롯되었는지 알게 되었다. 아버지의 학대를 견뎌야 했을 뿐 아니라, 고향에서 계속 원주민이 소외되는 상황에 무력감을 느꼈다. 심리 치료사는 그녀의 분노가 인간관계에 어떤 영향을 주는지 이해할 수 있도록 도왔다. 또한 그들은 킬로하가 원주민 문화의 보존에 관해 더 적극적으로 목소리를 높일 수 있는 방법을 함께 의논했다. 시간이 지나면서 킬로하는 화가 나기 시작할 때 그것을 알아차릴 수 있었고, 더 바람직한 방식으로 감정을 표현할 수 있었다. 그러면서 상담 시간에 할 이야기가 점점 더 줄어들었다. 그녀와 심리 치료사는 원래 목표를 다시 검토했다. 킬로하는 이제 누군가의 도움 없이도 삶의 복잡한 문제들을 만족스럽게 다룰 수 있었다. 둘은 상담을 끝낼 시간이라는 데 서로 의견이 일치했다. 심리 치료사는 앞으로 다시 상담이 필요하면 언제든 찾아오라고 말했다.

모든 심리 치료사에게는 어느 시점에 치료를 중단한 내담자들이 있다. 이제 오지 않아도 될 것 같다는 당신의 말은 그들이 이전에 내담자들에게 한 말이기도 하다. 그들의 마음이 상할까 봐 혹은 내담자가 없어서 어려워질까 봐 걱정할 필요는 없다. 심리 치료를 시작하고 싶어 차례를 기다리는 사람들의 명단을 가지고 있는 심리 치료사도 많다.

상담사에게 껄끄럽게 느끼는 점이 있다면, 문제를 터놓고 이야기하자. 좋은 정신 건강 전문가라면 그런 문제도 거리낌 없이 받아들인다. 누군가 다른 사람을 소개받고 싶거나 심리 치료에 어떤 문제라도 있으면 심리 치료사에게 알리자. 심리 치료사는 잘 들어주는 사람이지, 마음을 읽는 사람은 아니다. 걱정거리가 있다면 그들에게 알리자. 심리 치료사에게 상담을 중단하고 싶다고 어떻게 이야기할까? 뒤에 나오는 말 중 하나를 이용해보자.

- "이제 오지 않아도 될 것 같아요."

- "치료로 내게 필요한 걸 얻고 있는지 잘 모르겠어요."

- "우리가 잘 맞는지 모르겠어요."

- "이제 어떤 문제든 더 잘 대처하게 되었다고 생각해요."

- "전문 심리 치료사로 바꿔야 할 것 같아요."

- "여기에서 받을 수 있는 치료는 모두 받았다고 생각해요."

- "이제 괜찮아져서 오지 않아도 될 것 같아요."

좋은 심리 치료사들은 친절하고 전문적으로 대응한다. 대부분의 심리 치료사는 당신이 감정을 직설적으로 표현했다고 이해할 것이다. 심리 치료사는 자율성을 지지한다. 내담자들에게는 상담 중단을 포함해 자신의 선택대로 행동할 자유가 있다. 심리 치료사의 도움을 받지 않아도 삶의 복잡한 문제에 스스로 대처할 수 있다고 느끼는 게 심리 치료의 목표다. 앞으로 언제든 심리 치료사가 필요해지면 다시 연락해도 된다.

심리 치료사가 불쾌해하거나 다른 반응을 보이면 상담을 끝내기로 한 선택이 옳았다고 생각하자. 그러나 다른 사람이 강요해서 심리 치료를 끝내는 것이라면 주의할 필요가 있다.

심리 치료사가 다른 정신 건강 전문가를 추천할 수도 있다. 약물 처방을 위해 정신과 의사를 추천할 수도 있다. 당신에게 다른 심리 치료사를 추천하거나, 다른 심리 치료사에게 당신의 치료를 의뢰할 수도 있다. 다른 정신 건강 전문가가 더 도움이 되리라고 판단해서다. 이것은 개인적인 판단이 아니다. 정신 건강 전문가의 윤리 강령에 따르면, 누군가가 치료를 더 잘해줄 수 있다면 심리 치료사는 내담자에게 그 사람을 추천해야 한다.

스스로 확인해보기　　　　　　　　　　＊

심리 치료를 끝낼 때인가?

정신 건강 전문가에게 받던 치료를 끝내야 할지 고민하고 있다면 준비가 되었는지 판단하기 위해 아래 목록을 끝까지 읽어보자. 어떤 설명이 당신에게 해당하는가?

1. 심리 치료에서 '정체기'에 이르렀다는 느낌이다. 아직 어느 정도 도움을 받아야 하지만, 앞으로 나가지 못하고 있다.
2. 심리 치료사의 도움 없이도 삶을 헤쳐 나갈 수 있다고 느낀다.
3. 심리 치료에서 내 목표를 이루었다고 느낀다.
4. 심리 치료사와 성격 차이가 심하다고 생각한다.
5. 나와 비슷한 사람들을 도운 경험이 많은 심리 치료사를 만나고 싶다.
6. 근본적으로 심리 치료사의 몇몇 관점에 동의하지 못한다.
7. 심리 치료사가 습관적으로 늦게 나타나거나, 약속을 어기고 나타나지 않은 적도 있다.
8. 서로 맞지 않는 것 같다.
9. 심리 치료사가 내 경계선을 하나 이상 침범했다.

위의 설명 중 하나라도 해당하면 심리 치료사와의 관계를 끝내는 게 좋을 수도 있다. 심리 치료사가 경계선을 넘었다면 어떻게 해야 할지 다음 부분을 읽어보자.

심리 치료에서 무엇을 배웠는가?

심리 치료를 끝냈거나 다시 찾아가지 않을 생각이라면, 그동안 배웠던 것을 돌아보는 게 도움이 된다. 심리 치료를 받으면서 삶이 어떻게 바뀌었는가? 자신이 어떻게 변화되었는가? 삶의 복잡한 문제에 잘 대처할 수 있게 되었는가? 배우자와의 관계가 좋아지는 등 기대하지 않았지만 심리 치료로 얻은 유익을 모두 기록하자.

심리 치료사가 경계선을 침범했다면 어떻게 할까?

———

심리 치료사가 부적절하게 행동한 경우, 앞에서 말했듯 먼저 심리 치료사에게 이야기를 하는 게 좋다. 그런데도 문제가 만족스럽게 해결되지 않으면 심리 치료사에게 면허증을 발급한 기관이나 단체에 알리자. 그 기관이나 단체가 더 자세히 조사하려고 당신에게 연락할 수도 있다. 그동안에는 심리 치료사와의 상담을 중단하자.

심리 치료사에게 문제를 이야기하면 당장 당신이 위험해질 것이라고 느끼거나 그가 경계선을 심하게 침범하고 있다면, 곧장 기관이나 단체에 알리자.

대부분의 정신 건강 전문가들은 당신을 돕기 위해 최선을 다한다. 그러나 다른 전문 분야와 마찬가지로, 그 일을 해서는 안 될 소수의 사람이 피해를 입힐 수도 있다. 내담자는 정신적으로 취약한 데다 개인적인 문제를 털어놓고 있으니 더 많은 피해를 입는다. 그래도 여전히 회복을 위한 길은 열려 있음을 잊지 말자.

∗

정신 건강 전문가 같은 제삼자에게 문제를 털어놓으면 당신의 감정과 유해한 관계에서 생긴 정신적 외상에서 회복하는 데 도움이 된다. 이 장에서는 심리 치료의 과정과 심리 치료에서 얻는 유익에 관해 알게 되었다. 당신은 고통을 느끼는 게 낭연하다. 당신을 도울 수 있도록 훈련받은 누군가에게 그런 감정을 표현하는 게 도움이 된다는 사실을 잊지 말자.

좋은 정신 건강 전문가는 당신이 상담실에서 나간 후에도 자신을 잘 돌보고, 스스로를 달래는 방법들을 찾아줄 것이다. 다음 장의 주제는 자기 돌봄이다.

Healing from
Toxic Relationships

Healing from
Toxic Relationships

7장

자신을 돌보자

*

어떻게 나의 욕구를 확실히 채우면서
일상생활을 잘 돌볼 수 있을까?

유해한 사람은 말이나 행동으로 당신의 욕구가 중요하지 않다는 메시지를 보낸다. 유해한 관계를 벗어난 후에는 자신에게 특별히 친절해야 한다. 다정하게 자신을 돌보는 연습을 하자.

자기 돌봄은 삶에서 가끔 누리는 사치가 아니라 일상에서 꼭 해야 하는 일이다. 자신을 돌보는 일이 사치라거나 자신보다 다른 사람의 욕구를 더 중요하게 여겨야 한다고 믿는 사람이 많다. 얼토당토않은 말이다! 자신을 먼저 돌보아야만 회복에 필요한 에너지와 평온한 마음을 얻을 수 있다. 이 장에서는 자기 돌봄에 관한 흔한 오해를 없애고, 자기 돌봄을 연습할 수 있는 몇몇 방법을 탐색하려고 한다.

> "내 심리 치료사는 비행기를 비유로 들어 자기 돌봄을 설명했다. 아이와 함께 탄 비행기에서 사고가 나면 아이보다 내가 먼저 산소마스크를 써야 한다. 마찬가지로, 나를 먼저 돌보아야 다른 사람들을 돌볼 수 있다."_메건, 35세

자기 돌봄이란 무엇인가?

자기 돌봄이란 응석을 부리거나 '특별대우'를 받는 것이 아

니다. 제일 소중한 친구를 대하듯 자신을 대하는 행동이다. 몸과 마음, 영혼, 인간관계 등 삶의 다양한 영역에서 건강해지려고 노력하는 것이다. 각각의 영역에서 건강하다는 게 어떤 의미인지 살펴보자.

신체적 건강: 우리는 '건강'이라는 개념을 생각할 때 신체적인 건강을 가장 먼저 떠올린다. 정기적으로 건강 검진과 구강 검진받기, 꾸준히 운동하기, 좋은 수면 습관 지키기, 청결한 상태 유지하기, 균형 잡힌 식사하기 등이 신체적으로 자신을 돌보는 일이다.

정서적 건강: 감성을 인정하고, 억누르지 않고, 오롯이 느낄 수 있다면 정서적으로 건강한 상태다. 강렬한 감정을 느낄 때 통제할 수 없다고 생각하지 않고, 그런 감정도 인간 경험의 일부라고 생각한다. 언제 스트레스를 받거나 기진맥진하는지, 언제 쉬면서 충전해야 하는지를 안다. 완전히 나가떨어진 다음이 아니라 미리 알고 자신을 돌본다. 스트레스를 느낄 때만 대처하는 게 아니라 한결같은 기준으로 자신을 돌본다는 의미다.

영적 건강: 자신보다 더 큰 존재와 연결되어 있음을 느낀다는 의미다. 그렇다고 꼭 특정한 종교를 믿는다는 의미는 아니다. 삶과 판단의 기준이 되는 윤리 강령이나 교리가 있다는 뜻이다. 당신은 주변 환경이나 다른 생물들과 연결되어 있다고 느낄 수도 있다. 영적으로 자신을 돌보는 일에는 예배 장소에 가는 것, 기도나 명상, 자연 속에서 지내기 등이 있다.

인간관계와 가족 관계의 건강: 다른 사람들과 유대감을 느낀다는 뜻이다. 공동체 활동에 적극 참여하고, 친구나 가족들과 함께 보내는 시간이 삶의 다른 영역과 균형을 유지한다. 죄책감을 느끼지 않고 약속이나 책임져야 할 일을 거절한다. 다른 사람들에게 잘 공감하지만, 경계선도 잘 지킨다. 여기에서 자기 돌봄이란 언제 다른 사람들에게 다가갈지를 알고, 동시에 언제 혼자만의 시간이 필요한지 알아차린다는 의미다.

스스로 기록해보기 ✳

당신의 건강은 어떤가?

앞에서 말한 각각의 건강 영역에서 1등급에서 10등급까지 등급을 매겨보자. 1등급은 도움이 필요하다는 뜻이고, 10등급은 그 영역에서 아주 만족한다는 뜻이다.

개선이 필요한 영역 중 하나를 고르자. 그다음 몇몇 방법들을 생각해보자. 신체적 건강 영역에서 2등급이라고 답했는데, 8등급으로 올리고 싶다면 매일 산책하기, 알약 정리함을 활용해 약을 빼먹지 않고 복용하기, 매일 밤 10시에 잠들기 등의 대책을 세울 수 있다. 한 달 동안 한두 가지를 꾸준히 해보자. 긍정적인 변화가 나타나기 시작하면, 장기적으로 지속할 가능성이 커진다. 한 걸음씩 나아가자. 모든 영역에서 습관을 단번에 완전히 바꿔야 한다고 느끼지 말자.

	현재 등급 (1~10등급)	원하는 등급	실천 방법
신체적 건강			

정서적 건강			
영적 건강			
인간관계의 건강			

한 달 후 다시 표를 확인하자. 지금은 어떻게 느끼는가? 다른 영역에서도 시도할 준비가 되었는가? 다른 영역에서도 똑같이 해보자. 시간이 지나면서 전반적인 삶의 질이 크게 개선되었다는 사실을 확인할 수 있다.

각자에게 맞는 방법이 있다

이 장을 읽으면서 몇몇 방법은 매력적으로 느끼지만, 어떤 것은 그리 매력적으로 느끼지 않을 수도 있다. 당연한 일이다. 어떤 사람에게는 효과가 있는 방법이 당신에게는 효과가 없을 수도 있다. 누군가에게는 종일 정원에서 일하는 게 긴장을 푸는 최고의 방법인 반면, 당신에게는 집안에 머무르며 책을 읽는 것이 더 좋을 수도 있다. 누군가는 긴 시간 목욕을 하면서 휴식을 취하지만, 당신은 금방 지루해져서 욕조에서 나가고 싶을 수 있다. 당신이 제대로 자신을 돌보지 않는다는 뜻이 아니다. 그저 사람들마다 다른 방법으로 휴식을 취한다는 의미다. 효과적인 방법을 찾기까지 이것저것 시도해보자.

스트레스를 받은 후 무엇을 할 때 안도감을 느꼈는지 생각해보자. 그걸 다시 해보면서 그 일이 지금도 긴장을 풀고 충전하는 데 도움이 되는지 확인해보자.

스스로 확인해보기 　　　　　　　　　　＊

나는 어떤 방법으로 나를 돌보고 있는가?

자신을 잘 돌보고 있는지 평가하는 효과적인 방법은 스스로 아래 항목을 확인해보는 것이다. 뒤에 나오는 설명 중 몇 가지나 당신의 이야기 같은가?

1. 나 자신보다 다른 사람들의 필요를 먼저 챙긴다.
2. 별로 중요한 일을 하지 않는다고 느낀다.
3. 매일 똑같은 일을 하고 있고, 기진맥진한 기분이다.
4. 에너지가 부족하다.
5. 잠에서 깨면 개운하지 않고 피곤하다.
6. 도망가서 새로운 삶을 살까 생각한다.
7. 다른 사람들에게 거절하기가 어렵다.
8. 아무 일 없이 즐기기 위한 시간을 따로 내지 않는다.
9. 몸을 많이 움직이지 않는다.
10. 휴식을 취하는 방법이 따로 없다.

당신에게 해당하는 설명이 많을수록 자기 돌봄을 더 많이 연습해야 한다. 다시, 한 걸음씩 나아가자. 꾸준히 실천하면서 시작할 수 있는 한 가지 방법을 찾아보자.

즐거운 시간을 갖자

———

유해한 사람은 뭔가를 해내야 즐길 수 있다고, 당신이 언제나 그의 기대에 미치지 못한다고 말했을 것이다. 당신은 행복할 자격이 있다. 삶을 즐긴다고 끔찍한 일이 일어나지는 않는다.

그러니 매일 즐기기 위한 뭔가를 하자. 자신이나 다른 누군가에게 해를 입히지 않는다면, 뭐든 원하는 대로 해도 된다. 취미나 관심사가 쓸모없다는 말에 더 이상 귀 기울일 필요가 없다.

마음껏 즐기려면 집에서 벗어나는 게 좋다. 집에 머무르면 청소나 집안일에 대한 생각이 자꾸 들기 때문이다. 야외로 나오면 해야 할 일에서 즐기는 일로 관심의 초점을 확실히 바꿀 수 있다. 일상생활보다 자연의 속도가 느리기 때문에 생각도 저절로 느려진다.

혼자 즐길 수도 있고, 친구나 가족과 함께 즐길 수도 있다. 편안한 시간을 보내자는 데 그들도 전적으로 동의하는지, 골치 아픈 이야기는 다음번에 하는 데 동의하는지를 확인하자. 그렇지 않으면 마음껏 즐기지 못하고 그들을 달래주려고 애써야 할지도 모른다.

무엇을 하면 즐거운지 잘 살피자. 가족들과 놀 때인가? 요리를 하거나 정원을 가꾸거나 친구들과 어울릴 때인가? 무엇을 하고 있을 때 스트레스를 잊고 그 순간을 즐기는가? 우스꽝스럽게 느껴질 수도 있지만, 나는 즐거웠던 일을 하나하나 기록해보라고 권한다. 휴식이 필요할 때 만들어둔 목록을 꺼내서 하나를 고르자.

반드시 돈이 들어야 즐거운 시간을 보낼 수 있는 건 아니다. 무료로 즐길 수 있는 일도 많다. 당신이 사는 동네에서 무료로 혹은 값싸게 즐길 수 있는 일들을 찾아보자.

> "전 남자친구가 항상 내게 우리 관계를 진지하게 받아들이지 않는다고 불평했기 때문에 긴장을 풀고 즐기기가 어려웠다. 나는 드디어 죄책감과 수치심 없이 즐길 수 있다." _세라, 50세

잘 먹자

이 장에서 소개하는 방법은 누구에게나 유익하지만, 유해한 관계에 대처하고 있거나 막 그 관계를 끝낸 사람에게는 특히 더 도움이 된다. 상실감과 만성 스트레스에 시달릴 때는 건강하게 먹는 게 굉장히 중요하다. 음식은 우리 몸의 약이자 연료다. 유해한 관계에서 비롯된 후유증을 이겨내고 있다면, 가능한 한 최고의 약과 연료를 먹어야 한다. 규칙적인 식사가 중요하다. 배고프면 먹고, 배가 부르면 먹는 걸 중단하자.

우리는 기분이 좋지 않을 때 탄수화물과 설탕이 많이 든 음식에 끌리기 쉽고, 음식 중독에 빠진다. 심한 스트레스를 받으면 지나치게 많이 먹거나 너무 적게 먹을 수도 있다. 식이 장애를 겪은 적이 있으면 특히 더 그렇다. 식이 장애 행동이 다시 시작되면, 꼭 의사나 정신 건강 전문가를 찾아가자. 식이 장애는 재발하기 쉽기 때문에 최대한

빨리 대처하는 게 좋다. 공인 영양사를 만나 건강에 좋은 식사 계획을 논의해도 좋다. 요리를 좋아한다면 건강에 좋은 새로운 요리법을 시도해보자.

청결한 상태를 유지하자

———

우울증, 불안, 정신적 외상, 극심한 스트레스나 심한 슬픔(모두 유해한 관계나 상황에서 벗어난 후 흔히 겪는 감정이다)에 시달릴 때는 일상생활을 제대로 해내기 어렵다. 쉬워 보이는 간단한 일이라도 마음의 갈등이 심할 때는 힘들게 느껴진다. 이때 작은 일부터 해보는 게 도움이 된다.

기분이 안 좋을 때는 침대에서 벗어나고 싶지 않다. 그러나 침대에서 일어나는 간단한 행동만으로도 기분이 나아진다. 아침에 잠이 깨자마자 일어나 앉고, 침대에서 나오자. 잠옷을 벗고, 깨끗하고 편안한 옷으로 갈아입자. 아침에 해야 할 일에 집중하는 게 어렵다면, 아침과 저녁에 규칙적으로 해야 할 일을 욕실 거울처럼 잘 보이는 곳에 붙여놓자.

세수하고 양치하는 일까지 빼먹고 있다면, 정신 건강 전문가를 만나보자(전문가의 도움에 관해 자세히 알고 싶으면 앞 장을 다시 확인하자). 당신의 경험을 누군가에게 털어놓는 게 도움이 된다. 의사에게 약물을 처방받을 수도 있다.

규칙적으로 운동하자

건강을 유지하려면 몸을 움직이는 게 정말 중요하다. 규칙적인 운동을 시작하는 게 벅차고 불편하게 느껴질 수도 있다. 그러나 활기가 넘치고, 스트레스가 줄고, 에너지가 많아지고, 통증이 줄어드는 등 효과를 보면 운동을 일이 아닌 자신을 즐겁게 돌보는 방법으로 느끼게 된다.

'운동'보다는 '움직임'에 더 초점을 맞추고 어떤 종류의 움직임이든 포함시키자. 직장에서 엘리베이터를 타는 대신 계단을 오르거나 아이들과 함께 춤추는 시간을 가질 수도 있다. 아래와 같은 방법들을 시도해보자.

- 점심시간에 산책한다.
- 책상 앞에 앉을 때나 전화할 때 짐볼에 앉는다.
- 대청소 같은 집안일을 한다.
- 보통 운전해서 다니던 길을 자전거를 타고 간다.
- 정원 일을 한다.
- 동영상을 보는 동안 다음 회로 넘어가거나 광고가 나올 때 급하게 움직인다.
- 걸으면서 전화한다.
- 댄스 수업처럼 몸을 활발하게 움직이는 일에 함께 참여하자고 친구에게 권한다.

- 가상현실 신체 단련 앱이나 가상현실로 전 세계를 다니면서 걷는 프로그램을 활용해서 몸을 움직인다.
- 좋아하는 음악에 맞추어 춤을 춘다.
- 좋아하는 운동 종목의 심판 혹은 코치가 되거나 어린이 팀을 지도한다.

아침에 일어나자마자 운동하는 게 효과가 제일 좋다. 도파민과 엔도르핀 분비로 집중력이 높아지고 신상이 풀리는 효과를 더 많이 얻을 수 있다. 아침에 일어나자마자 운동부터 하면 운동에 대한 부담감을 줄이는 데도 도움이 된다. 종일 일한 다음에 운동까지 하려고 하면 부담이 더 커지기 때문이다.

규칙적으로 운동하면 스트레스가 줄어들 뿐 아니라, 기분도 북돋울 수 있다. 운동에 익숙해졌다고 느끼면서 자기효능감이 높아진다. 자기효능감은 어떤 일을 성공적으로 해낼 수 있다는 믿음이다. 힘든 시기에는 새로운 걸 배우고 익숙해지면서 발전하고 있다고 느끼는 게 특별히 중요하다. 당신을 아프게 했던 사람이 당신 혼자서는 아무것도 할 수 없다고 반복해서 이야기했다면 특히 더 그렇다.

> "나는 정식 운동이라면 아무것도 하고 싶지 않았다. 그런데 해변에서 친구들과 함께 걷는 일도 운동이라는 사실을 알게 되었다. 이제 운동이 그렇게 거창하게 느껴지지 않는다."_세라, 42세

일기를 쓰자

이 책에서 내가 일기 쓰기의 중요성을 자주 강조한다는 사실을 알아차렸을 것이다. 일기 쓰기는 감정을 극복하는 데 도움이 될 뿐 아니라 정서적인 성장과 개인적인 성장을 돕는다. 유해한 관계를 겪었다면, 만성 스트레스에 시달리느라 건강이 악화되었다는 사실을 알아차릴 수도 있다.

우리는 일기에 생각과 감정을 쏟아놓는다. 생각과 감정을 밖으로 꺼내면 두뇌의 부담이 줄어든다. 머리에 넣고 다녀야 할 게 줄어들기 때문이다.

일기를 단순히 일기장에 생각을 써넣는 일이라고 여길지도 모르겠다. 하지만 그건 옛날 방식이다. 이제 일기를 쓰는 방법도 아주 다양해졌다. 남에게 보여주지 않을 일기라면 어떤 수준으로 글을 써도 아무 상관없다. 생각을 큰 소리로 말하는 걸 좋아하거나 손으로 쓰는 걸 좋아하지 않는다면, 글이 아니라 말로 표현해도 된다. 말을 녹음한 후 컴퓨터의 받아쓰기 기능을 활용해 글로 옮겨도 된다. 점심시간에 차 안에서 몇 분 동안 생각을 녹음하는 간단한 방법도 있다. 스케치나 그림으로 표현하는 방법도 괜찮다.

일기를 쓰는 데 얼마나 많은 시간을 들여야 하는지도 정답은 없다. 일기를 많이 쓸수록 기분이 좋아진다는 증거가 있지만, 일기를 쓴다는 사실 자체가 중요하다. 어쨌든 당신은 회복되고 있다.

종종 일기를 다시 보자. 정신적 외상을 겪은 사람이라면 이 과정에서 심리 치료사의 도움을 받아야 할지도 모른다. 과거에 쓴 내용을 훑어볼 때, 치유 과정을 거치면서 인간으로서 얼마나 많이 성장했는지에 계속 초점을 맞추자. 우리가 변화하고 있을 때는 얼마나 변화했는지 알아차리기 어렵다. 그러나 돌아보면 위대한 진보의 순간들이 보인다. 아무것도 헤쳐 나갈 수 없다고 생각했던 때도 있을 것이다. 그러나 당신은 어려움을 극복하고 여기에 이르렀다.

여기에서 주의해야 할 점이 몇 가지 있다. 아직 유해한 사람과 연락하고 있다면, 그 사람이 당신의 일기장을 보려고 할지도 모른다. 그럴 경우 종이 일기장보다 비밀번호를 입력해야 확인할 수 있는 파일 형태로 전자 기기에 보관하자. 그러나 전자 기술에 밝고 끈질긴 누군가가 전자 기기에 저장된 파일까지 열어볼 수 있다. 현재 양육권 소송 중이거나 앞으로 법정에 출석할 수도 있다면, 일기를 써야 할지 말지 변호사에게 물어보자. 미국의 몇몇 주에서는 심리 치료사의 치료를 받는 과정에서 쓴 일기는 법적인 효력이 없다. 그러나 치료가 아니라 개인적인 이유로 쓴 일기는 효력이 있을 수 있다. 법적인 효력이 있다는 건 소송 과정에서 반대편이 당신의 일기장을 보겠다고 요청할 수도 있다는 뜻이다.

> "유해한 친구들과 다시 연락하고 싶은 마음이 들 때마다 내 일기장을 들춰 보았다. 그리고 그들과 연락을 끊은 후 내 기분이 얼마나 나아졌는지를 확인했다. 일기는 내가 얼마나 나아졌는지를 잘 알려준다."_재비어, 26세

지금 이 순간 당신의 기분을 쓰자

일기를 처음 쓰거나 지금 이 순간에 초점을 맞추고 싶다면, 바로 이 순간의 기분을 습관적으로 기록해보자. 감정을 최대한 자세히 표현하자. 어떤 기분인가? 슬픔을 느낀다면 그 감정을 더 깊이 탐구하려고 노력해보자. 실망하고, 비참하고, 불안하고, 가슴이 찢어지고, 허탈하고, 비관적이거나 침울한 기분인가? 혹은 신이 나고, 즐겁고, 기쁘고, 만족스럽고, 평온하고, 흐뭇하고, 황홀하거나 쾌활하다고 느끼는가? 때때로 사람들은 자신의 기분을 색깔로 묘사하거나 그동안의 경험과 장소에 빗댄다. 심지어 자신의 기분을 동물에 비유하기도 한다. 예를 들어 어떤 사람들은 그들의 분노를 "달려들려는 호랑이 같다. 활활 타는 붉은색이다. 불공평한 상황이라고 느껴진다"라고 표현할 수도 있다. 당신의 기분을 그림으로 표현하면 다른 방식으로 생각하는 데 도움이 된다.

일기에 계속 감정을 표현하는 연습을 하자. 글로 자세히 풀어놓을 때 당신의 감정을 얼마나 잘 극복하면서 벗어날 수 있는지 알아차리자.

명상을 하자

———

명상은 현재에 머무르는 연습이다. 명상은 들이쉬고 내쉬는 호흡처럼 간단한 일이다. 앉거나 누워서 하는 명상도 있다. 어떤 사람들은 **마음 챙김**을 연습한다. 명상을 할 때는 움직여도 될 뿐 아니라, 움직이라고 권하기까지 한다.

명상을 하고 있으면 때때로 '원숭이 두뇌'라고 부르는 상태를 경험한다. 원숭이가 이 가지 저 가지로 건너뛰듯이 머릿속에 온갖 생각이 스쳐간다는 의미다. 원숭이 두뇌 상태가 되는 건 전혀 이상한 일이 아니다. 마음을 비우는 건 명상의 목표가 아니다. 여러 해 동안 명상을 한 사람들조차 그 일이 사실상 불가능하다고 말한다. 자신을 더 많이 자각하면서 현재에 머무르는 게 목표다. 명상을 하는 동안 어떤 생각이 마음에 떠오르는지 알 수 있다. 그 생각을 인정하고, 내보낸다. 명상을 많이 할수록 마음에 떠오르는 생각을 내보내기가 더 쉬워진다. 명상을 잘할 수 있도록 인도하는 앱과 음성 파일도 있다. 참고 자료에서 더 많은 정보를 얻을 수 있다.

마음 챙김

마음 챙김은 현재 이 순간에 집중하면서 계속 움직이는 명상의 일종이다. 우리 삶은 늘 분주하다. 마음 챙김 연습 때만이라도 관심을 딴 곳으로 돌려보자.

식사할 때 '먹는 일에만 집중하기'도 하나의 마음 챙김 연습이다. 식사하려고 앉을 때 텔레비전을 포함한 모든 전자 기기를 끄자. 오로지 먹는 일에만 집중하자. 음식을 입에 넣고 최소한 열 번 이상 씹으면서 질감과 맛, 냄새에 집중하자. 마음을 집중해서 먹을 때 음식을 덜 먹어도 배가 부르다는 걸 알게 될 것이다. 더 건강한 음식을 먹고 싶다는 마음도 일어난다.

세 가지 이름 말하기 연습

스트레스를 느끼거나 학대의 악몽이 되살아날 때 '세 가지 이름 말하기'를 연습해보자. 움직이지 않고도 연습할 수 있다. 지금 있는 자리에서 먼저 시작해보자. 지금 있는 자리에서 들리는 세 가지, 보이는 세 가지, 느낄 수 있는 세 가지의 이름을 불러보자. 평소 기분으로 돌아올 때까지 반복해서 세 가지 이름을 부르자. 큰 소리로 해도 좋고 작은 소리도 괜찮다. 매번 같은 이름을 부를 수도 있고, 다른 이름을 선택할 수도 있다. 이런 연습을 **그라운딩 기법**이라고 부른다. 그라운딩 기법은 두뇌의 관심을 다른 데로 돌리고, 현재에 집중하도록 돕는다. 평소에 '세 가지 이름 부르기'나 다른 그라운딩 기법을 많이 연습할수록 스트레스를 받을 때 바로 적용하기 쉽다.

편안해지는 장면을 상상하자

두뇌의 창의적인 능력을 활용해 편안해지는 장면을 상상해보자. 긴장이 풀리면서 편안해지는 장면을 보여주는 동영상이나 음성 파일을 인터넷에서 찾을 수 있다. 최면을 걸 듯 '하나, 둘, 셋'을 세면서 당신을 느긋한 환경으로 데리고 간 다음, 정신을 차리고 일상으로 돌아와야 할 때가 되면 다시 '하나, 둘, 셋'을 세면서 데리고 나오자. 편안한 상태로 만들어서 잠이 들게 하는 음성 파일도 있다.

당신에게 어떤 것이 더 효과적인지 알아내기 위해 여러 음성을 듣거나 동영상을 보아야 할 수도 있다. 더 끌리는 목소리, 더 편안하게 느껴지는 영상을 선택하자.

밤에 푹 자자

———

밤에 잘 쉬기만 해도 두뇌가 스스로를 치유하기 때문에 일상생활을 훨씬 더 쉽게 해나갈 수 있다. 유해한 관계에서 벗어나 회복할 때도 좋은 수면습관이 꼭 필요하다. 유해한 배우자가 당신을 좌지우지하면서 겁주려고 일부러 밤에 못 자게 했을 수도 있다. 몇 년간 밤에 잠을 제대로 이루지 못했을 수도 있다.

여기에 푹 잘 수 있는 몇 가지 방법이 있다. 만약 당신이 오랜만에 혼자서 잔다면 이 중 몇 가지를 꼭 시도해보자.

- 잠자기 전 마음이 편안해지는 음성 파일을 듣자.
- 잠자기 최소한 1시간 전부터 모든 전자 기기를 끄자.
- 텔레비전을 침실에서 치우자.
- 매트리스가 낡았거나 불편하면 새 매트리스를 장만하자.
- 반려동물을 침실에서 내보내자.
- 침대는 잠을 자거나 성행위를 할 때만 사용하고, 일할 때에는 침대에 앉지 말자.
- 잡동사니를 줄이고 부드러운 조명을 사용해서 침실과 침대를 안락하고 편안한 장소로 만들자.

수면에 문제가 있으면 의사에게 말하자. 잠을 잘 자지 못하는 가족력이 있으면 알리자. 일시적으로 수면을 돕는 약을 먹어야 할 수도 있다. 수면을 돕는 약을 먹으면 다음 날 감정과 스트레스를 조절하는데 도움이 된다. 좋은 수면은 회복에 도움이 될 뿐 아니라, 새로운 삶에 대한 희망을 심어준다.

"잠자기 1시간 전에 전화기와 태블릿을 끄기 시작했다. 그러자 아침에 훨씬 더 상쾌했다."_세이드, 28세

전자 기기를 적당히 사용하자

—

앞에서 이야기한 대로, 잠자기 최소 1시간 전에는 전자 기기를 모두 끄는 게 좋다. 왜일까? 두뇌가 긴장을 풀 시간이 필요하기 때문이다. 잠자기 전에 전자 기기를 보면 기기에서 방출하는 빛이 두뇌에서 멜라토닌 분비를 억제한다. 멜라토닌은 수면 조절을 돕는 호르몬이다. 스마트폰의 빛 조절이나 '밤 시간' 기능을 이용하면 도움이 된다고 생각할 수도 있지만, 불행히도 이런 방법으로 멜라토닌 분비 억제를 막지 못한다. 그러니 잠자기 전에는 컴퓨터, 태블릿, 스마트폰이나 텔레비전을 멀리해야 한다. 한밤중에 잠이 깨도 전자 기기를 켜지 말자.

'9시 이후에는 전자 기기를 멀리하자'를 가족 모두가 지키는 규칙으로 만들어보자. 잠자기 1시간 전이 어려우면 처음에는 15분 전부터 꺼보자. 아침에 더 상쾌한 기분으로 일어날 수 있다는 걸 알게 될

것이다. 그다음 잠자기 30분 전, 45분 전, 1시간 전에 전자 기기를 끄도록 노력해보자. 이처럼 습관을 기르려는 노력을 **행동 조성**이라고 부른다. 이 방법이 서서히 생활 습관을 바꾸는 데 도움이 된다.

소셜 미디어 사용을 자제하자

당분간 소셜 미디어를 통한 소통을 줄이자. 점점 더 많은 정신 건강 전문가뿐 아니라 일반 사람들도 소셜 미디어에 몇몇 심각한 문제가 있다는 사실을 깨닫고 있다. 소셜 미디어를 하면서 보내는 시간이 길어질수록 우울하고 불안한 증상이 많이 나타난다. 여기에는 몇 가지 이유가 있는데, 나는 두 가지를 강조하고 싶다.

첫 번째, 우리는 사람들이 소셜 미디어에 올린 행복해 보이는 게시물이나 사진을 보면서 우리 삶을 그들의 삶과 비교하고, 우리 삶은 왜 이렇게 힘든지 한탄한다. "비교는 기쁨을 도둑질한다"는 속담과 같다. 언제나 우리보다 더 많이 가진 사람도 있고, 덜 가진 사람도 있다. 사람들이 소셜 미디어에 올린 게시물이 그들의 일상생활을 있는 그대로 보여주는 건 아니다. 누군가가 평상시에 어떻게 지내는지 우리는 제대로 알 수 없다. 당신이 유해한 관계로 고통을 받을 때조차 당신은 모든 걸 가진 사람처럼 보였을지도 모른다. 친구들이나 소셜 미디어 팔로워들은 당신이 실제로 어떤 일을 겪는지 모른다.

그다음, 게시물에 '좋아요'나 긍정적인 댓글이 얼마나 많이 달리느냐로 자존감이 좌지우지된다. 게시물에 하트나 치켜세운 엄지손가락 표시를 받으면 기분이 정말 좋다. 그러나 그것은 그저 우리 뇌의 화학작용일 뿐이다. 소셜 미디어에서 '좋아요'나 좋은 댓글을 받으면 두뇌에서 도파민이 분비되어 내면의 '보상 체계'를 활성화한다. 이것은 누구에게나 기분 좋은 일이다. 유해한 상황에서 막 벗어나 누군가의 인정에 목마른 사람은 이런 반응을 특히 더 반긴다. 두뇌는 차츰 이런 상황에 익숙해진다. 얼마 후에는 게시물에 대한 반응이 시원치 않다는 이유로 하루를 망칠 수 있다. 당신이 올린 게시물이나 동영상이 얼마나 많은 피드백을 받았는가가 당신이 얼마나 가치 있는 인간인지를 보여주지는 않는다. 당신도 그 사실을 논리적으로는 이해하겠지만, 두뇌는 다른 신호를 보낸다.

또한 소셜 미디어에서 소통을 하다 보면 얼굴을 마주 보고 이야기할 때는 절대 하지 않는 거친 표현을 하게 된다.

소셜 미디어를 피하는 게 어렵다면 스마트폰이나 태블릿에서 앱을 삭제하거나 계정을 정지 또는 삭제해야 할 수도 있다(극단적으로 들리지만, 자신을 보호하기 위해서는 그럴 만한 가치가 있다. 소셜 미디어로 허비하던 시간을 돌려받을 수 있다). 일 때문에 소셜 미디어를 활용해야하고, 완전히 피하기가 어렵다면 댓글 기능을 차단하는 방법도 있다. 팔로워들과 소통하는 게 도움이 될 때도 있지만, 부정적인 댓글을 읽을 때 생기는 피해가 더 크기 때문이다.

소셜 미디어를 계속 이용한다면 유해한 사람과 관련 있는 사람들을 확실히 차단하자. 어떤 사람을 차단함으로써 문제가 생기거나 심지어 유해한 사람과 다시 연락하게 되는 일이 생긴다면, 차단하는 대신 댓글을 달지 않게 하자. 문제가 될 만한 게시물이 있다면, '학대' '자해'와 '나르시시스트' 같은 특정 단어가 포함된 게시물을 차단할 수도 있다.

> "다른 사람들은 모두 그렇게 멋지게 살고 있는데, 나는 새로운 삶을 살기 위해 왜 이렇게까지 발버둥 쳐야 하는지 도무지 이해가 되지 않아 스스로에게 정말 화가 났다. 하지만 그들의 행복한 인간관계, 아기, 해외여행 사진을 모두 들여다본 후 그 사람들 역시 모두 발버둥 치고 있다는 사실을 깨달았다. 그저 그런 일들은 인터넷에 올리지 않을 뿐이다."_콘스턴스, 40세

이 중독에서 저 중독으로 옮겨 가지 말자

건강하지 않은 관계를 끝낸 후 처음에는 안도했다가도 그 후에는 공허감을 느낀다. 옳은 결정을 했다는 걸 알면서도 함께 시간을 보내고, 이야기하고, 육체적으로 친밀하게 지냈던 누군가의 빈자리를 계속 느끼게 된다. 그런 상실감이 압도적으로 느껴질 수도 있다. 다비는 내게 그런 상황을 모두 말했다.

다비와 전 여자친구 마이카는 1년 동안 사귀다 헤어졌다. 처음에는 좋았지만, 서서히 바람직하지 않은 관계가 되었기 때문이다. 나르

시시스트인 마이카가 잇따라 벌컥 화를 낸 후 모든 게 무너졌다. 다비는 걷잡을 수 없는 사람과 연인 관계를 유지하느니 혼자 지내는 게 낫다는 사실을 깨달았다. 그래서 그녀와 헤어졌고 그 후로는 일절 연락하지 않았다. 이전에 더 길게 연인으로 지낸 사람도 있었지만 그가 겪었던 어떤 이별보다 마이카와 헤어진 슬픔을 이겨내는 게 힘들었다. 헤어진 지 6개월이 지났을 무렵에는 몇 번 데이트도 했지만 아무에게도 관심이 생기지 않았다. 그는 혼자 살았고, 마이카가 그리워서 견딜 수 없었다. 마이카가 어떤 사람이었는지, 얼마나 두 사람이 끔찍하게 헤어졌는지를 생각하면 왜 아직도 그리움에서 벗어날 수 없는지 이해가 되지 않았다. 처음에는 술 한두 잔으로 그런 기분에서 벗어났다. 그러나 시간이 지나면서 외로움을 느끼지 않으려면 조금 더 마셔야 한다는 걸 알게 되었다. 그는 점점 집밖으로 나가지 않게 되었고, 데이트도 무의미하게 느껴졌다. 데이트를 시작하면 '이 사람도 결국 마이카와 비슷하지 않을까?'라는 걱정만 커질 뿐이었다. 밤마다 한두 잔 마시던 술이 너덧 잔으로 늘었다. 그다음에는 와인 한 병을 마시지 않고는 하룻밤도 넘길 수 없었다.

중독성 있는 관계를 끝낸 후, 그 과정을 다른 중독으로 대체하는 사람들이 많다. 유해한 연인이나 배우자와 잠시 사이가 좋아졌을 때 느꼈던 황홀감을 다른 무언가를 통해 느끼려고 한다. 술, 마약, 외설물, 음식이나 지나친 운동조차 중독의 대상이 된다. 삶에 부정적인 영향을 주는데도 멈추기 어렵다면 그게 무엇이든 중독이라고 할 수 있다. 중독은 두 가지 목적으로 이용된다. 상실감과 불안, 우울증을 누그러뜨리는 동시에 직면하고 싶지 않은 상황에 대처해야 한다는 부담감에서 우리를 해방한다.

어느 날 다비의 친구 헤더가 전화해서 다비가 평소보다 술을 더 많이 마시는 것 같다고 말했다. 다비는 방어적인 모습을 보였다. 그는 "알지도 못하면서 무슨 말이야"라고 말했다.

헤더는 고개를 저었다. "다비, 우리 아버지가 알코올중독자여서 조짐을 알 수 있어. 네가 술을 끊지 않으면 무슨 일이 생길까 걱정돼." 다비는 그 후 2주 동안 헤더와 말하지 않았다. 그러나 결국 헤더가 자신을 걱정해서 직설적으로 말했다는 사실을 깨달았다. 그는 그저 이별의 슬픔과 외로움을 피하려고 술을 마신 게 아니었다. 술을 마시는 동안에는 **어떤** 감정도 느낄 필요가 없었기 때문에 술을 마셨다. 그는 어떻게 변화해야 하는지 상담하려고 의사와 약속을 잡았다.

여기서 기억해야 할 점이 있다. 하나의 중독을 피하려고 다른 중독에 빠져드는 일은 흔하다. 그러나 당신에게는 그것을 확인하고 통제할 힘이 있다. 만약 하나의 중독 대신 다른 중독에 빠져들 것 같다고 느낀다면 이 장에 나오는 자기 돌봄 방법 중 몇 가지를 활용해보자. 상담사와 만나 도움을 받을 수도 있다.

스스로 확인해보기   *

중독적인 행동을 처음 시작했거나 다시 시작했는가?

최근에 빠져든 중독성 물질이나 행동에 대해 생각해보자. 뒤에 나오는 설명 중 몇 가지나 당신에게 해당하는가?

1. 중독성 물질이나 행동을 통제하기 어렵다.
2. 중독성 물질이나 행동 때문에 법적인 문제가 생겼다.
3. 가족과 친구들이 나의 중독성 행동을 걱정했다.
4. 중독성 행동을 통제하려고 노력했지만 효과가 없다.
5. 중독성 행동 때문에 빚을 졌다.
6. 중독성 행동 때문에 내 인생의 중요한 일들을 놓쳤다.
7. 내 인생에서 꼭 필요한 사람들보다 중독성 행동에 매달렸다.
8. 내가 중독성 행동을 그만두는 걸 상상할 수 없다.
9. 중독성 행동을 중단하면 쩔쩔매면서 금단 증상을 경험했다.
10. 중독성 물질을 더 많이 얻기 위해 유해한 사람에게 돌아가야겠다고 생각하고 있다.

위의 설명 중 하나 이상 해당한다면, 중독과 의존을 경험하고 있을지도 모른다. 복잡한 감정을 이겨내려고 중독성 물질이나 행동에 의존하고 있다면, 중독에 관련된 훈련을 받은 정신 건강 전문가와 상담하자. 어떻게 도움을 받을 수 있는지 더 많은 정보를 알고 싶으면 앞 장을 다시 보자.

자신을 우선시하자

자신을 돌볼 시간이 없다고 느끼는가? 이 장을 읽은 후에는 어떤 일보다 자기 돌봄을 우선시할 수 있기를 바란다. 충분히 자고, 잘 먹고, 건강한 생활을 유지하자. 일기 쓰기, 명상이나 운동 같은 일상적인 자기 돌봄을 실천하기 위해 이렇게 해보자.

- **5분만 투자하자**: 한 번에 몇 분씩 자기 돌봄을 연습하는 것이 아예 안 하는 것보다 낫다.
- **작게 쪼개자**: 운동 시간을 1시간도 낼 수 없다고 생각하는가? 지금 10분, 나중에 몇 분 더 하면 어떨까? 모두 합산된다.
- **자기 돌봄 약속을 정하자**: 일정표에서 자기 돌봄 시간을 정하고, 정해진 시간에는 다른 일을 거부하자. 할 수 있는 일과 없는 일의 경계선을 정하면 사람들이 당신의 시간을 더 존중하게 된다.
- **여행이나 휴식으로 자기를 돌보자**: 여유가 있다면 자기 돌봄 여행을 떠나자. 짓눌려 있던 일상의 온갖 일에서 벗어나는 데 도움이 된다. 여행을 떠나기 어렵다면 며칠을 떼놓고 푹 쉬면서 자신을 돌보는 일에만 집중하자.
- **의례를 만들자**: 매일 혹은 매주 시간을 정해두고 똑같은 연습을 하면 습관이 된다. 예를 들어 매일 저녁 6시에 일기를 쓰거나 뭔가를 끄적거린다.

자신을 돌보는 연습을 시작한 후 당신의 기분, 관점, 주변 세상과 소통하는 방식이 얼마나 좋아졌는지 알게 되면 그 행동을 긍정적으로 강화하게 된다. 그러면 자연스럽게 자기를 돌보는 시간을 더 많이 만들고 싶어진다.

*

회복하려면 자신을 잘 돌보는 게 꼭 필요하다. 이 장에서 우리는 충분히 자고, 운동하고, 일기를 쓰고, 명상을 통해 자신을 돌보는 방법들을 탐색했다. 적극적으로 자신을 돌보면 위기가 닥치기 전에 자신을 건강하게 지킬 수 있다. 자신을 돌볼 때 다른 일도 잘 해내고, 현재에 집중하고, 다른 사람들을 도울 수 있다. 다음 장에서는 건강한 사람들과의 관계를 회복하는 일이 새로운 삶에 얼마나 도움이 되는지 탐구해보자.

Healing from
Toxic Relationships

8장

인간관계를 회복하자

*

어떻게 정서적으로 건강한 사람들과
다시 관계를 맺을까?

줄스는 자신을 지지해주는 사람들이 상당히 많다고 느꼈다. 가족과 잘 지냈고, 아주 친한 친구들도 몇 명 있었다. 그러나 최근 친구들이 아이들을 키우느라 바빠졌고, 줄스는 원하는 만큼 친구들을 자주 보지 못했다. 어느 날, 사람들과 어울리려고 요리 수업에 등록하기로 마음먹었다. 요리 수업에서 동네에 새로 이사 온 샌디와 금방 마음이 통했다. 두 사람은 수업 후 함께 커피를 마시러 갔고, 그리 오래지 않아 주말마다 어울렸다. 샌디는 "나는 단짝 친구를 사귀어본 적이 없어. 그런데 너와 함께 있기만 해도 충만해지는 기분이야"라고 들떠서 이야기했다.

줄스는 "그런 말을 들으니 정말 좋아. 친구들과 함께 지내는 시간이 그리웠는데, 나도 너를 만나서 기뻐"라고 큰 소리로 말했다. 샌디는 분명 그 말을 가까운 관계가 되는 신호로 받아들인 것 같았다. 그녀는 틀어져버린 과거의 친구 관계를 잔뜩 털어놓기 시작했다. 친구들을 도와주려고 애썼는데, 그들에게 이용만 당하고 버림받는 일이 계속되었다고 했다. 줄스는 만난 지 얼마 되지도 않았는데 이렇게 자기 이야기를 많이 털어놓는 게 조금 이상하다고 생각했지만, 샌디가 그렇게 상처받은 이야기를 편안하게 털어놓는 걸 보니 멋있다는 생각도 들었다.

몇 주 후 줄스의 친구 메건이 전화해 만나자고 했다. 줄스는 반가

위하면서 "내가 요즘에 새로 알게 된 친구도 함께 만나자"라고 덧붙였다. 메건은 둘과 같은 동네에 사는 데다 누구와도 잘 지냈다. 두 사람을 서로 소개하면 샌디에게 동네 친구가 더 생겨서 좋을 것이라고 생각했다.

세 사람은 줄스와 샌디가 자주 찾는 커피숍에서 만났다. 그러나 샌디는 줄스와 둘이서만 이야기하고 싶어 하는 것 같았다. 어느 순간, 샌디는 의자를 옮겨 메건과 등을 돌리고 앉았다. 그날 밤늦게, 메건은 줄스에게 전화했다. 그녀는 "어떻게 이야기해야 할지 모르겠어. 네 친구, 뭔가 이상해"라고 말했다.

줄스는 "나는 잘 모르겠어. 그 친구가 아마도 새로운 사람을 만나 긴장했나 봐. 샌디는 어려운 일을 많이 겪었어. 네가 좀 비판적인 것 같아"라고 말했다. 두 사람은 평소보다 훨씬 더 냉랭해진 말투로 전화를 끊었다.

다음 날 아침, 샌디가 전화를 걸었다. 그녀는 "나는 너와 좋은 친구가 되고 싶어. 그래서 메건이 너에 대해 한 말을 전해야만 할 것 같아. 네가 들러붙어서 자기 시간을 너무 많이 뺏는다고 말했어"라고 이야기했다. 샌디와 메건 단둘이 이야기할 시간이 있었는지 잠시 의심스러웠다. 그러나 지난밤 메건과의 대화가 냉랭하게 끝났기 때문에 샌디의 말에 흔들렸다. 그녀는 오랜 친구였던 메건에게 너무 화가 나서 앞으로 메건과 대화하지 않기로 했다.

몇 주 후 줄스는 가족과 함께 저녁을 먹는 자리에 샌디를 초대했다. 모든 게 순조로웠다. 그러나 샌디가 집으로 돌아간 후, 줄스의 어머니는 돌아서서 화를 냈다. "네가 그렇게 고마움을 모르는지 몰랐어"라고 말했다. 줄스는 어머니가 무슨 말을 하는지 몰랐지만, 어머니는 줄스의 말을 들으려고 하지 않았다.

그 후 줄스와 어머니 사이는 서먹해졌고, 함께 보내는 시간이 줄어들기 시작했다. 시간이 흐르자 줄스는 샌디하고만 만나서 이야기를 나누었다. 그러던 어느 날, 두 사람은 여느 때처럼 커피숍에서 만났다. 그런데 화장실에 다녀오던 줄스는 급히 뭔가를 자신의 지갑에 넣는 샌디를 보았다. 그 후에 자신의 지갑에서 돈이 없어진 걸 알았다. 줄스가 좋아하는 귀걸이도 서랍에서 사라졌다. 정신을 번쩍 차려야 할 사건이었다. 어떻게 그런 위험 신호를 놓칠 수 있겠는가?

줄스는 샌디와 거리를 두었고, 결국 관계를 끊었다. 그러나 엄청나게 외로웠다. 재미있는 '새 친구'를 잃자 삶의 커다란 구멍이 보였다. 가족, 친구들과의 오랜 관계를 간절히 회복하고 싶었지만 샌디의 속임수에 넘어가 그들과 멀어졌다는 사실 때문에 죄책감과 수치심을 느꼈다. 이번에는 관계를 어떻게 회복해야 할지 알기 어려웠다.

*

유해한 관계나 상황을 겪을 때 다른 친구나 가족과 멀어질 수 있다. 샌디처럼 유해한 사람은 옛 친구들과 갈등을 일으키도록 만든다. 당신이 제정신이 아니라거나 너무 의존적이라고 누군가가 이야기했다는 말을 전할 수도 있다. 이런 거짓말에 넘어가 다른 사람에 대한 신뢰가 깨질지도 모른다. 유해한 사람들은 대체로 당신이 다른 사람들을 믿지 않고 최대한 그에게만 의존하도록 만들고, 고립시킨다.

회복 과정에서 정서적으로 건강한 친구와 가족에게 다시 연락하자. 그들과 함께 있을 때 비교적 평온함을 느끼고, 본래의 모습을 되찾는다면, 그 관계는 건강한 관계다. 당신을 사랑하는 사람들은 당신이 다시 연락하면 기뻐할 것이다. 만약 그들이 당신을 비난하거나 관계를 회복할 생각이 없다면 가까이하지 말자. 사람들과의 관계를 회복하려고 노력할 때, 당신이 다른 사람을 신뢰하고 건강한 우정을 맺을 수 있는 사람이라는 사실을 다시 확인할 수 있다. 이 장에서는 인간관계를 회복할 때 조심해야 할 몇 가지를 간단하게 설명한다. 또한 관심사가 같아서 함께 즐거운 시간을 보낼, 정서적으로 건강한 사람을 찾는 방법과 장소에 관해 몇 가지 제안을 하려고 한다.

> "전 남자친구는 다른 여자와 나를 비교하면서 그들이 내내 그에게 추근거린다고 말하곤 했다. 다른 말로도 나를 불안하게 했다. 이제 나는 다른 여성들과 우정을 쌓으려고 노력한다. 대부분의 사람들이 나를 받아들이고, 나에게 해코지하지 않는다는 사실을 점점 더 많이 깨닫고 있다."_제이미, 28세

모든 사람과의 관계를 회복할 필요는 없다
——

유해한 관계에서 벗어나 인간관계를 회복할 때, 때때로 다시

유해한 관계에 빠져들 수 있다. 우리가 이미 그런 관계에 익숙해졌기 때문이다. 지나치게 경계하지는 말아야 하지만, 관계를 다시 맺으려는 사람이 정서적으로 건강한지 확인할 필요는 있다. 그래야 당신을 지킬 수 있기 때문이다.

유해하거나 폭력적인 사람 외에도 당신을 함부로 대한 사람들이 있는가? 이전에 다른 사람들에게 당신을 헐뜯었던 친구나 가족이 있는가? 당신에 대한 소문이 들리면 물어보지도 않고 너무 빨리 믿어버리는 사람이 있는가? 그런 사람들은 관계를 회복할 명단에서 빼버리자.

유해한 사람을 위해 다리 역할을 하려고 했던 사람도 점검하자. 당신이 유해한 사람과 연락을 끊은 다음에도 그의 말을 전했다면, 두 사람이 아직 만나고 있을 가능성이 크다. 그런 상황을 흥미진진해할 수도 있다.

사람들이 절대 변하지 않는 것은 아니지만, 확인할 필요가 있다. 그 사람과 관계를 회복하고 싶으면, 그런 말을 전하지 말라고 확실하게 선을 긋자. 유해한 사람의 부탁을 받아 말을 전하면서 어떤 피해를 주고 있는지 깨닫지 못하는 사람도 많다.

오직 당신만이 가족과 친구 중 누가 정서적으로 건강하고 좋은 사람인지 알 수 있다. 완벽한 사람을 찾는 게 아니다. 당신을 존중하고 배려하고, 실수를 하면 인정하고 사과하고, 자신의 행동을 바꾸어나가는 사람을 찾는 것이다. 다음에 나오는 '스스로 확인해보기'를 통해 한번 점검해보자.

이 사람은 정서적으로 건강한가?

당신이 연락하고 싶은 친구나 친척이 아래 설명에 해당하는가?

1. 이 사람 때문에 죄책감과 수치심을 느낀다.
2. 이 사람은 내가 자신에게 돌아오기 위해 애써야 한다고 말했다.
3. 이전에 이 사람에게 따돌림을 당하거나 괴롭힘을 당한 적이 있다.
4. 이 사람과 함께 시간을 보낸 다음에는 기운이 빠진다.
5. 이 사람과 함께 시간을 보낸 다음에는 내가 좋은 사람이거나 사랑받을 만한 사람인지 의문이 든다.
6. 나에게 다른 사람들의 개인적인 일을 구체적으로 이야기한다.
8. 내가 그와의 관계나 우정을 끝내면 자해하거나 자살하겠다고 위협했다.
9. 다른 사람들 앞에서 나를 깎아내렸다.
10. 그들과 연락하지 않을 때 기분이 좋다.

이 설명 중 한 가지 이상 해당하면 유해한 사람을 상대하고 있을 가능성이 크다. 그 사람과의 관계를 회복하고 싶은지 다시 생각해보자. 그런 관계를 그냥 포기하는 게 최선일 때도 있다. 만약 당신이 아는 사람이 자살하겠다고 위협하면 119에 전화하자.

사람들을 새로운 관점으로 보자

유해한 상황에서 벗어나면 문제 행동을 이전보다 훨씬 더 신속하게 알아차릴 수 있다. 그러면서 온갖 질문이 생긴다. '내가 특별히 유해한 행동에 민감한가? 그들은 내내 이상한 행동을 했는데, 지금에야 알아차리고 있나? 아니면 내가 괜찮은 상황을 유해하다고 보고 있는가?'

스스로에게 더 많은 질문을 하면서 답을 얻자. 왜 이렇게 느끼는 가? 그 사람과 바람직한 관계를 맺고 있는가 아니면 그 사람에게 두려움이나 불편함을 느끼는가? 그 사람이 바람직하지 않은 행동을 하는가? 5장에서 이야기했듯이, 직감을 믿자. 뭔가 이상하다고 느껴지면, 아마도 이상한 일이 맞을 것이다.

착해야 한다는 이유만으로, 당신을 위할 생각이 없는 사람과 관계를 유지하지 말자. 직감에 귀를 기울이자. 유해한 사람은 당신의 직감이 틀렸다고 말하겠지만, 직감은 거의 100퍼센트 맞아떨어진다.

지침이 더 필요하면 1장에서 설명한 유해한 관계의 정의와 5장에서 설명한 애착 유형에 관해 다시 읽어보자. 유해한 관계를 판별할 때 적용했던 기준을 다른 관계에도 똑같이 적용할 수 있다. 또한 11장에서는 상호의존처럼 바람직하지 않은 관계에서 나타나는 다른 위험 신호도 이야기할 것이다.

> "심리 치료를 하면서 바람직한 관계가 어떤 모습인지 알게 된 후, 내 삶에서 유해한 사람들을 더 잘 '솎아낼 수' 있었다. 나에게 도움이 되지 않은 사람들에게 에너지를 덜 쓰니까 내 삶이 훨씬 나아졌다."_찬드라, 38세

건전하지 않은 집단을 조심하자

불필요한 걱정처럼 보일 수도 있지만, 미처 생각하기 어려운 위험도 경고해야겠다. 나는 심리 치료를 하면서 취약한 사람들이 유해한 상황에서 벗어나자마자 사이비 종교 집단, 극단주의 단체나 다단계 판매 조직처럼 문제가 많은 조직에 유혹당하는 경우를 많이 보았다. 유해한 관계나 상황에서 벗어난 직후는 아주 취약한 상태라는 사실을 잊지 말자. 관계를 맺고 소속되고 싶다는 열망이 너무 강렬해서 흔들리기 쉬운 상태다.

극단주의 단체의 지도자는 회복을 원하거나 새로운 삶을 살려고 노력하는 사람들에게 관심을 집중한다. 극단주의 단체는 누군가가 취약한 상태일 때 그들의 전략에 넘어가기 쉽다는 사실을 잘 안다. 극단주의 단체의 조짐은 이렇다.

- 그들의 사고방식을 일방적으로 주입한다.
- 비밀 정보를 가지고 있다고 말한다.
- 지도자가 신과 같은 지위를 가지고 있다.
- 집단의 사람들을 추종자라고 부른다.
- 집단에 대한 정보를 외부에서 얻기 어렵다.
- 집단에서 윗사람들만 명령을 할 수 있다.
- 추종자들을 성적으로 착취한다.
- 건물 안에 가둔다.

• 당신이 떠나면 신도 자격을 뺏거나 폭행하겠다고 위협한다.

건전하지 않은 집단의 또 다른 형태는 다단계 판매 조직이다. 보통 대량으로 물건을 사들여야 그 집단에 들어가 물건이나 서비스를 판매할 수 있다. 다단계 판매 조직에서는 대부분의 돈이 제일 꼭대기에 있는 사람들에게 돌아가고, 참여자의 99퍼센트는 돈을 잃는다. 물건을 판매하는 '특권'을 가지기 위해 미리 돈을 치러야 한다는 회사라면 어디든 의심해야 한다.

유해한 가족과 멀어져 경제적 지원이 끊어졌을 수도 있다. 다단계 판매 조직은 경제적으로 어려움을 겪는 취약한 사람들을 먹잇감으로 삼는다.

다단계 판매 조직에 몸담을 생각이라면 그런 조직과 관련된 사기 사건을 확인해보자. 만약 그 회사가 서류에 서명하라고 요구한다면 먼저 변호사에게 검토해달라고 요청하자. 또한 판매하지 않은 제품을 환불할 수 있는지도 확인하자. 그러나 다단계 판매 조직에는 아예 발을 들이지 않는 게 가장 좋은 방법이다.

"나는 드디어 어딘가에 소속된 느낌이었다. 그러나 사람들이 그 집단에 한번 발을 들이면 절대 떠나지 않는다는 사실을 알게 되었다. 그들은 지도자에게 헌신했고, 그 지도자는 아무 잘못도 할 수 없다는 듯이 떠받들었다. 나도 모르게 또 다른 폭력적인 관계에 들어섰다는 사실을 금방 알게 되었다."_커크, 38세

극단주의 단체나 사이비 종교 집단에 말려들었나?

스스로 건전하지 않은 집단에 빠져들었다고 느끼거나 친구들이나 가족이 그 집단이 해롭다고 말한다면, 그 집단이 아래 설명과 얼마나 비슷한지 확인하자.

1. 나는 이 집단에서 드디어 소속감을 느낀다.
2. 지도자가 나의 소유물을 포기해야 한다고 말했다.
3. 지도자가 경제적인 주도권을 조직에 넘기라고 나를 압박했다.
4. 나는 나쁜 존재이며 죄인이거나 악마이기 때문에 그 집단이 나를 치료할 것이라고 말했다.
5. 집단에 소속되지 않은 사랑하는 사람과 연락을 끊으라고 압박했다.
6. 집단의 지도부에 대해 질문을 할 수 없다.
7. 소속원 자격을 뺏거나 때릴 것이라는 위협을 받았다.
8. 지도자가 소속원들에게 가스라이팅을 한다.
9. 집단에서 특정 소속원을 지나치게 편애한다.
10. 특정 집단 사람들을 미워하라고 부추겼다.

위의 설명과 비슷한 부분이 많을수록 극단주의 단체나 사이비 종교 집단에 들어갔을 가능성이 높다. 믿을 만한 친구나 가족 혹은 권위 있는 인물이나 외부의 도움을 구하자. 정신 건강 전문가에 대한 정보는 6장에서 찾을 수 있다. 이런 유형의 집단에서 벗어난 다음에는 상담을 받는 게 좋다.

좋은 집단을 찾자

심리 치료 모임이든 취미 모임이든 여러 모임에 참여하면 다른 사람들과 다시 관계를 맺는 데 도움이 된다. 새로운 관계를 원한다면 같은 취미를 가진 사람들을 만나는 게 가장 좋은 방법 중 하나다. 관심사가 같은 사람들이 모인 집단에서는 대화가 더 매끄럽게 이어진다. 사회 불안 장애가 있다면, 비슷한 관심사를 가진 사람들의 모임에 참여함으로써 스트레스를 줄일 수 있다. 이미 잘 알고 흥미를 가지고 있는 주제에 관해서는 쉽게 이야기를 나눌 수 있기 때문이다 (잘 아는 주제로 이야기하는 것이 완전히 낯선 주제로 이야기하는 것보다 덜 불안하다).

처음에는 조금 겁이 나겠지만, 모두가 모임에 처음 참석할 때는 불안을 느끼니 안심하자. 정서적으로 건강한 사람들이 모인 집단이라면 당신을 환영할 것이다. 그들과 교류할수록 불안도 점점 줄어든다. 만약 한 모임에 여러 차례 참석한 다음에도 불안하다고 느낀다면 모임 참여를 다시 점검해보자. 그 집단의 구성원이 정서적으로 건강하지 않은 게 문제인지 아니면 자신이 해결해야 할 불안의 문제인지 확인하자. 아래 장소에서도 사람들을 만날 수 있다.

- 당신이 사는 동네
- 문화 행사
- 수업(춤, 요리, 운동, 예술 등)

- 온라인 모임과 친구 찾기 앱

- 독서 모임

- 축제

- 토론회

- 컴퓨터 게임

- 달리기 대회

- 애견 공원

- 전문직 친교 모임

- 종교 모임

- 주민 센터

- 여행 모임

- 회복 모임

- 사회 운동

- 스포츠 팀

- 비영리 단체(자원봉사에 대해서는 10장에서 이야기할 것이다)

그 집단에서 사귀고 싶은 사람이 있다면 먼저 만나자고 손을 내밀어보자. 거절당할까 걱정하지 말자. 거절은 때때로 고통스럽지만 삶에서 피할 수 없는 부분이다. 만남을 피하는 것은 사람들과 어울리는 게 불안하거나 자신의 삶이 너무 어지럽기 때문이지 보통 당신과는 아무 상관이 없다.

온라인 만남의 장점과 단점을 알자

우리는 기술 덕분에 쉽게 친구나 가족과 연락하고, 새로운 사람을 만날 수 있는 시대에 살고 있으니 비교적 운이 좋다. 소셜 미디어가 나오기 전에는 대부분 친구나 가족의 소개를 받아 새로운 사람을 만났다. 그러나 이제 그것은 옛날 방식이다. 이제 우리는 누구의 소개도 받지 않고 인터넷으로 새로운 사람을 만날 수 있다(비정상적인 가정에서 성장했다면 가족을 통해 누군가를 만나는 일은 조심해야 한다). 얼굴을 마주 보고 관계를 맺는 게 도움이 될 때도 있지만, 인터넷을 통해 오래 지속되는 좋은 인연을 만날 수도 있다.

같은 지역에 살면서 관심사도 같은 사람들을 찾아주는 인터넷 사이트와 앱도 있다. 또한 비정상적인 부모, 가족이나 연인으로부터 벗어나려고 노력하는 사람들을 위한 회복 모임 같은 지원 모임을 찾을 수도 있다. 당신의 관심사와 필요에 맞는 모임이 있는지 확인하자. 특히 초기 단계에서는 사람들을 직접 만나는 일이 우정을 쌓는 데 유익하기 때문에 가능하면 직접 만나려고 노력하자.

하지만 인터넷이나 앱을 이용해 사람들을 만날 때 주의해야 할 점도 있다. 인터넷으로 사람들과 교류를 하고 있다면 그렇게 보내는 시간을 기록해보자. 인터넷을 하면서 보내는 시간은 자신도 모르는 사이 훌쩍 지나간다. 앞 장에서 말했듯이, 소셜 미디어를 하면서 긴 시간을 보낼수록 우울증과 불안이 심해진다. 우선순위를 정해서 시간을 잘 관리하는 일이 하나의 경계선이 될 수 있다. 타이머를 설정해

두면 언제 인터넷을 중단할지를 기억하는 데 도움이 된다.

소셜 미디어를 통해 교류하는 상대가 자신을 솔직하게 밝히지 않을 수도 있으니 조심해야 한다. 그들에게 어떤 개인적인 정보도 알려주지 말자. 당신은 지금 취약한 상태고 누군가가 당신을 먹잇감으로 삼을 수도 있다는 사실을 잊지 말자. 인터넷으로 알게 된 누군가를 직접 만날 때는 다른 사람과 함께 가고 항상 공공장소에서 만나자.

소셜 미디어를 통해 교류하는 것도 다시 정서적으로 건강한 사람들과 긍정적인 관계를 만들어갈 때 좋은 출발점이 된다. 그러나 5장에서 간단히 이야기했듯이, 얼굴을 맞대고 만나거나 전화로 목소리라도 들어야 정서적인 친밀감을 제대로 쌓을 수 있다. 나는 인터넷 세계에서 나와 현실 세계에서 사람들을 만나라고 강력히 권한다.

당신 자신을 다시 소개하자

친구나 가족에게 다시 연락할 때 무슨 말을 해야 할지 몰라 난처할지도 모르겠다. 너무 많은 일이 있어서 무슨 말부터 해야 할지 모를 수도 있다. 자신을 '다시' 소개할 때 이렇게 말해보자.

"우리가 최근에 별로 연락하지 않은 걸 알아. 하지만 너와 나, 우리 관계를 회복하고 싶어. 어떤 식으로든 내가 상처를 주었다면 사과할 게. 우리 다시 시작할 수 있을까?"

줄스가 그렇게 했다. 먼저 어머니에게 전화하기로 마음먹었다. 가족과 관계를 회복하는 게 더 쉬울 거라고 생각해서였다. 그녀는 토요일에 어머니를 만나러 갔다. 두 사람 모두 주말에 스트레스를 덜 느낄 것이라고 생각했기 때문이다. 둘은 울면서 서로를 꽉 껴안았다. 어머니를 만난 후 줄스는 메건에게도 전화할 용기가 생겼다.

어떤 관계인가에 따라 말을 전하는 방식이 달라진다. 이전에 주로 어떻게 대화했는가? 문자 메시지를 보내는 게 직접 만나거나 전화로 이야기하기보다 쉬울 때도 있다. 그러나 이 경우 몸짓이나 눈빛 같은 비언어적인 소통을 놓치게 된다. 거절당할까 걱정되어서 간접적인 방식으로 연락하고 싶다면 그렇게 해도 된다. 처음 연락할 때는 가장 좋다고 느끼는 방식대로 하자. 당신이 그런 방식으로 연락했다고 상대가 화를 낸다면 그 사람과 정말로 관계를 회복해야 할지 다시 생각해보자.

그 사람이 반드시 사과를 받아들이고 관계를 회복해야 할 의무는 없다는 사실을 잊지 말자. 사람들은 때때로 여러 이유를 들어 관계를 회복하자는 요청을 받아들이지 않는다. 이것이 당신에 대한 거부감으로 느껴지더라도 사실은 당신과 아무 상관이 없다는 사실을 알자. 한번 틀어진 관계는 되돌리지 않으려는 사람들도 있다. 인생을 살아가는 바람직한 방식은 아니지만, 상처받지 않기 위해서다. 이는 우정을 되살릴 기회를 놓친다는 의미이기도 하다. 사람들은 상대가 아니라 그들 자신 때문에 상대를 그렇게 대한다는 사실을 기억하자.

"자매에게 다시 연락하면서 불안하고 초조했다. 그런데 이야기

를 시작하자마자 우리는 완전히 옛날로 돌아갔다.”_마리아, 54세

사과할 일과 사과하지 말아야 할 일을 구분하자

사랑하는 사람과 다시 연락할 때 두 사람 사이에 일어난 모든 일을 사과하고 싶을 수도 있다. 그런 식으로 느끼는 건 전혀 이상한 일이 아니다. 그러나 당신 잘못이 아닌 일까지 사과하면 오히려 바람직하지 않은 관계가 될 수 있다. 유해한 배우자, 상사나 친구에게 쩔쩔매면서 사과했던 일을 떠올려보라.

당신의 감정이나 경계선 혹은 인간으로서의 권리를 지킨 일은 사과하지 말아야 한다(이 부분을 다시 확인해야 하면 5장을 다시 보자). 언제 누구에게 사과해야 할까?

- 실수로 누군가를 잘못된 방식으로 대했을 때
- 알고 그랬든 모르고 그랬든 잘못된 정보를 알렸을 때
- 알고 그랬든 모르고 그랬든 누군가에게 거짓말을 했을 때
- 당신의 신념, 가치관과 반대로 행동했을 때
- 누군가가 당신에게 상처받았다고 말했을 때
- 누군가를 기분 나쁘게 했을 때
- 그 사람이 알아야 하거나 알면 도움이 되는 정보를 알려주지 않았을 때

미안하다고 말하고 싶을 때, 그 일이 사과할 만한 일인지 스스로에게 물어보자. 누군가에게 상처를 주고도 사과하지 말아야 한다는 뜻이 아니다. 우리가 정말 필요하거나 적절하지도 않은데도 사과할 때가 많다는 뜻이다.

감사의 말로 사과를 더 분명히 전할 수도 있다. 예를 들어 "네 시간을 빼앗아서 미안해"는 "참아주어서 고마워"로 더 분명하게 말할 수 있다. "내 의견이 너와 달라서 미안해"는 "내 입장을 잘 들어주어서 고마워"로 바꿔 말할 수 있다. 또한 잘못을 명확하게 설명하면서 사과하면 더 적극적으로 당신의 뜻을 밝힐 수 있다.

'나 전달법'으로 이야기하자

누군가에게 고민이나 감정을 털어놓을 때나 경계선을 정할 때 나를 주어로 말하는 '나 전달법'은 누군가를 비난하지 않으면서 자신의 생각과 감정을 표현하는 좋은 방법이다. '나 전달법'이 무엇인지 한번쯤 들어보았을 것이다. 가족 치료사와 인간관계 상담사들이 공통적으로 '나 전달법'을 추천하는 데는 그럴 만한 이유가 있다. 나 전달법의 기본적인 구조는 다음과 같다.

나는 (그런 일)이 생기면 (이러이러한) 이유로 (이런) 기분이 돼. 나는 우리가 (이렇게) 해결해야 한다고 생각해.

"나는 네가 몇 주 동안 내 전화를 받지 않으면 내가 뭔가 잘못한 것 같아서 불안해져. 나는 일주일에 한 번씩 연락하는 게 좋다고 생각해"라고 말하는 식이다.

'나 전달법'을 활용할 때는 '너'라는 말을 하지 않는 게 중요하다. '너'를 주어로 말하면 상대가 비난받는다고 느끼면서 방어적인 태도를 취할 수 있기 때문이다. 그보다 **나에게** 무엇이 필요한지, **내가** 어떻게 되기를 원하는지를 이야기하면 당신의 감정과 염려를 전달하고 상대와 생산적인 대화를 하기가 훨씬 너 쉬워진다. 불편한 대화가 될까 걱정될 때는 "이건 정말 불편한 이야기지만…"이라고 미리 분명하게 밝히면, 조금 더 편안하게 대화할 수 있다.

'우리'라는 대명사를 사용해 해결책을 제안하면, 상대와 함께 해결책을 찾아나갈 수 있다. 서로 맞서는 게 아니라 함께 문제에 맞서고 있고, 같이 해결책을 찾고 있다는 사실도 알려주게 된다.

'나 전달법'을 사용한다고 상대가 반드시 당신의 염려에 귀 기울이거나 함께 해결책을 찾으려고 하지는 않는다. 그러나 일단 당신은 노력했고, 협력하고 싶지 않은 건 그의 문제라는 사실을 알아두자.

스스로 기록해보기　　　　　　　　　　　　　　＊

'나 전달법' 준비하기

누군가에게 문제에 관해 이야기하고 싶지만, 불편하지 않게 이야기하는 방법을 모르거나 비난받을까 걱정이 되는가? 누군가에게 할 말을 미리 써보면 훨씬 스트레스를 덜 받으면서 이야기할 수 있다.

당신과 사이가 좋은 누군가를 떠올려보자. 그들에게도 그냥 넘기기 어려운 문제가 있을 것이다. 배우자나 룸메이트가 세면대에 치약을 던져두어서 신경이 쓰인다고 해보자. 당신이 대신 치울 수도 있지만, 짜증이 난 당신은 그 사람이 직접 치우기를 바란다. 이럴 경우 먼저 그런 요구가 합리적인지 스스로에게 물어보자. 합리적인 요구가 맞다. 어른이라면 화장실 세면대는 스스로 정리해야 한다. 그게 예의 있는 행동이자, 자신이 사는 공간을 존중하는 행동이기 때문이다. 그다음, '나 전달법'을 활용해 그 문제를 어떻게 이야기할지 적어보자. 예를 들어 "치약이 화장실 세면대에 던져져 있으면, 기분이 정말 나빠. 세면대가 깨끗했으면 좋겠고, 내가 대신 치우다가 치약을 묻히고 싶지 않거든. 우리 각자 화장실에서 나올 때 세면대를 간단히 정리하면 어때?"라고 쓰면 된다.

간단하지 않은가? 이제 당신 차례다! 사람들과의 관계에서 겪은 문제를 '나 전달법'으로 써보자. 당신이 말하지 않는 한, 다른 사람들은 당신이 괴롭다는 사실을 전혀 모른다. 믿을 만한 친구나 친척에게 상대 역할을 맡아달라고 하면서 말할 내용을 미리 연습할 수도 있다. 이 방법을 통해 말할 내용을 조금씩 조절하면 실제 대화에서도 덜 긴장하게 된다.

방어적인 태도를 버리자

누군가가 당신의 행동 때문에 불편했다고 이야기를 꺼내면 받아들이기 힘들 것이다. 유해한 사람이 끊임없이 당신을 과소평가했다면 특히 더 그렇다. 단 한 번의 비판에도 당신은 원점으로 돌아갔다고 느낄 것이다. 그렇게 반응하는 건 그동안 유해한 사람에게 비판만 받아왔기 때문이다.

그러니 그런 반응도 당연하다. 회복을 향해 큰 발걸음을 내딛고 있지만, 아직은 스스로 취약한 상태라고 느껴질 것이다. 그럴 때 스스로를 보호하고 싶은 건 아주 당연하다. 이때 모든 사람이 유해한 건 아니라는 사실을 기억하는 게 중요하다. 처음에는 그렇게 느낄 수도 있지만, 정서적으로 건강한 사람을 만날 수 있고, 만날 것이다. 정서적으로 건상한 사람은 친구와 사랑하는 사람에게 문제를 제기한다. 문제와 갈등을 해결하기 위해 터놓고 이야기하고, 아무도 상대를 원망하지 않는다. 문제를 터놓고 이야기하면(투명하지만, 잔인하지는 않다) 안전지대를 뛰어넘어 성장하는 데 도움이 된다.

누군가가 친절하고 정중한 태도로 조심스럽게 문제를 제기할 정도로 성숙하다면 모두에게 좋은 일이다. 한 사람이 친절하게 문제를 해결하려고 할 때 건설적인 비판이 일어난다. "네가 오늘 아침에 나에게 말한 어조 때문에 불편했어. 우리 같이 그 문제에 관해 이야기할 수 있을까?"라고 말하는 식이다.

이 말을 듣고 방어적인 태도를 보이면서, "네가 무슨 말을 하는지 도통 모르겠어" 혹은 "아니, 그 이야기는 하고 싶지 않아"라고 대답할 수도 있다. 하지만 "네게 상처를 주어서 미안해. 그래, 이야기해보자"라고 말하는 게 더 성숙한 대답이다. 문제를 제기한 사람이 왜 그런 감정을 느꼈는지 이해가 되지 않더라도, 그에게는 그런 감정을 느낄 권리가 있다는 사실을 잊지 말자.

당신은 방어적인가?

방어적인 태도에 관한 설명 중 몇 가지나 당신에게 해당하는가?

1. 누군가가 나 때문에 화났다고 말하면, 무의식적으로 그들에게는 그럴 권리가 없다고 느낀다.
2. 건설적인 비판을 들을 때, 말하는 사람이 얼간이라고 속으로 생각한다.
3. 나에게 화가 난다고 이야기했던 사람들에게 원한을 가진다.
4. 사람들과의 만남을 피하기 때문에, 비판받을까 두려워할 필요가 없다.
5. 건설적인 비판을 들은 후 직장이나 일을 그만두었다.
6. 비판을 들은 후 고함을 지르거나 비명을 질렀다.
7. 누군가가 나의 문제를 지적하자 화가 치솟거나 그를 보고 싶지 않아서 방에서 나갔다.
8. 나에게 문제를 지적한 사람에 대해 다른 사람들에게 험담했다.
9. 비판을 들으면 거의 곧장 울기 시작한다.
10. 누군가가 문제를 지적하면 그걸 농담거리로 삼는다.

앞의 설명 중 하나 이상 해당한다면 방어적인 태도로 자신을 보호하고 있는지도 모른다. 건설적인 비판을 들을 때 느끼는 두려움이나 분노를 극복하는 데 도움이 필요하다면 심리 치료사에게 이야기하자. 심리 치료사는 당신이 방어적인 태도를 버리고 배려하며 대화하는 연습을 할 수 있도록 돕는다.

당신을 지지하는 사람들과 가깝게 지내자

___

그동안 가족, 친구들을 제대로 만나지 못해서 당신을 지지하는 사람들을 많이 확보하지 못했을 수도 있다. 하지만 살다가 어려운 문제에 부딪힐 때마다 터놓고 이야기할 수 있는 사람이 꼭 필요하다(모두가 그렇다). 당신이 별로 사교적이지 않다고 느끼거나 사람 자체를 별로 좋아하지 않더라도 생각과 걱정거리를 털어놓을 수 있는 사람이 최소한 한 명은 있는 게 도움이 된다. 위급한 순간이라면 새벽 3시에도 전화할 수 있는 사람이 이상적인 지지자다(당신도 그들을 같은 태도로 대하는 게 좋다는 사실을 잊지 말자).

당신에게도 지지자가 있지만, 그동안 고립된 생활을 해와서 깨닫지 못할 수도 있다. 직장, 동네, 온라인이나 종교 집단에서 이미 당신을 돕고 있는 사람들을 떠올려보자. 이미 생각보다 더 많은 도움을 받고 있을 수도 있다. 지지자 명단에 그 사람들을 적어놓자. 생각나는 사람이 없어도 괜찮다. 당신을 있는 그대로 받아들이는 사람들, 이야기를 잘 들어주는 사람들을 찾아보자.

스스로 기록해보기   *

나의 지지자를 찾아보자

줄스처럼 지금은 세상에 홀로 던져져 있다고 느낄 수도 있다. 그러나 생각보다 당신을 지지하는 사람들이 많다. 큰 종이를 꺼내서 동심원 세 개가 들어 있는 과녁을 그리자. 제일 안쪽 동그라미에는 새벽이라도 언제든 연락할 수 있는 사람들의 이름을 쓰자. 그다음 동그라미에는 낮에는 편안하게 전화할 수 있지만, 밤에 전화할 정도로 친한 사이는 아닌 사람들의 이름을 적자. 맨 바깥쪽 동그라미에는 아는 사람들, 친구라고 말하기는 어렵지만 때때로 가게나 교회에서 우연히 마주치고, 당신이 좋아하는 사람들의 이름을 쓰자. 이제 한걸음 뒤로 물러나 당신이 적은 사람들의 수를 세어보자. 사람들의 이름이 적힌 과녁을 사진으로 찍어서 즐겨찾기로 저장하자. 외로움을 느끼거나 사람들과의 교류가 필요할 때 그 사진을 보자. 제일 바깥쪽 동그라미에 적은 사람들과 사귀려고 해보고, 제일 안쪽에 적은 사람들과 좋은 관계를 유지하자. 일기장에도 이 이름들을 적어보자.

결과에 집착하지 말자

관계를 회복하는 데 필요한 마지막 조언이 있다. 결과에 집착하지 말자. 반드시 관계를 회복해야 한다고 자신과 다른 사람들을 압박하지 말라는 뜻이다. 그보다는 그런 경험을 통해 성장하고 있다는 사실에 집중하자.

사람들과의 관계가 다시 좋아지지 않았다고 해도 배울 점이 있다. 당신은 상황에 잘 적응하고 있다. 자신감을 되찾았을지도 모른다. 안전지대를 뛰어넘어 도전했다는 사실을 기억하자. 성공은 더 많은 성공으로 이어진다. 상대가 어떻게 반응하는지는 사람들과 관계를 맺어가는 당신의 능력과 아무런 관련이 없다. 가장 중요한 점은 시도했다는 사실이다. 그 사실을 자랑스러워하자.

*

이 장에서는 연락을 끊었던 사람들과 관계를 회복하는 게 왜 회복 과정에서 꼭 필요한 부분인지 알아보았다. 유해한 사람은 당신을 가족과 친구들로부터 고립시켜 좌지우지하려고 하지만 당신은 가족, 친구들과의 관계를 회복하고, 새로운 사람을 사귈 수 있다. 이제 중요한 사람들과 관계를 회복할 때 불안과 두려움을 어떻게 극복할지 알게 되었다. 새로운 사람들을 만나는 방법도 알게 되었다.

지금 당장 지지자들을 확보하는 게 정말 중요하다. 슬픔과 상실감이라는 감정을 이겨내는 중에 다른 사람들에게 손을 내밀면 큰 도움을 받을 수 있기 때문이다. 다음 장에서 그 이야기를 하려고 한다.

Healing from
Toxic Relationships

9장

깊이 슬퍼하자

*

어떻게 상실감을 극복하고
회복할 수 있을까?

유해한 관계에서 벗어난 사람들이 가장 먼저 느끼는 감정 중 하나가 안도감, 마침내 자유로워진 느낌이다. 그러나 어떤 관계든 끝나고 나면 슬픔도 따라온다.

바람직한 관계였어도 이별 후 슬픔을 피하기는 어렵다. 유해한 사람과의 관계가 끝나면 더 고통스럽다. 그 사람을 삶에서 잘라내기 위해 옳은 결정을 했다고 느끼면서도, 여전히 심란하고 혼란스럽다. 슬픔을 비롯해 복잡다단한 감정을 한꺼번에 느끼기도 한다. 안도감, 좌절감, 분노, 불안, 아찔함과 슬픔을 모두 느낀다고 해도 전혀 이상한 일이 아니다.

유해한 관계가 끝난 후 복잡다단한 슬픔을 느끼는 이유는 많다. 먼저 그에게 애착과 사랑을 느꼈기 때문이다. 당신에게 무슨 문제가 있어서가 아니라 인간으로서 느끼는 상실감이다. 그 사람과 헤어졌을 뿐 아니라, 다정한 친구나 연인으로 생각했던 사람을 잃어서 슬프기도 하다. 사귀었던 사람이 당신이 알던 것과 다른 사람이었다는 사실 때문에 그 슬픔은 복잡 미묘하다. 유해한 사람들은 아주 능숙하게 자신을 다른 사람처럼 포장하고 일단 사귄 후에야 그들의 진짜 모습을 보이기 시작한다. 그가 다정하고 애정 어린 행동을 하던 가면을 처음 벗었을 때 당신은 상당한 충격을 받았을 것이다.

갈등이 심한 사람과 남은 인생 내내 공동 양육을 해야 해서 슬플 수도 있다. 너무 힘든 환경 탓에 열심히 일했던 직장을 떠났어야 했을지도 모른다. 정신 건강을 위해 가족과 연락을 끊어야 해서 여러 상실감을 한꺼번에 느끼기도 한다. 삶이 여러 측면에서 바뀌어야 하는 순간일 수도 있다.

유해한 관계나 상황으로 뒤틀리기 전 당신의 본래 모습이 떠올라 슬플 수도 있다. 그 사람을 만나기 전 혹은 친구 관계가 뒤틀리기 전에는 더 많이 웃고, 더 평온했을 것이다. 이제 다시 그런 사람, 심지어 더 나은 사람이 될 수 있다. 분명 시간은 걸리겠지만 말이다.

당신만의 속도를 지키자

최대한 빨리 슬픔을 떨쳐버리고 싶을지도 모르겠다. 슬픔이 정말 끔찍하게 느껴질 수도 있다. 그러나 슬픔은 오묘하다. 떨쳐내려고 애쓸수록 마음속을 더 깊이 파고든다.

슬픔을 거대한 파도에 휩쓸리는 상태처럼 묘사하는 말을 들은 적이 있는가? 처음에는 끊임없이 파도에 휩쓸리지만, 시간이 흐르면 파도도 잔잔해진다. 때때로 난데없이 어마어마한 파도가 밀려오기도 한다. 옛 상사와 우연히 마주치거나 어떤 일을 보면서 유해한 관계가 다시 생각나면 거대한 슬픔의 파도가 모습을 드러낸다. 그 사람이 죽으면 모든 게 끝날 것 같지만, 사는 동안 계속 그 사람이 생각날 수도 있다. 이유조차 알지 못할 때도 있다. 슬픔과 상실감에서 회복하는 건 계속 이어지는 과정이라는 게 요점이다.

슬픔이 언제 사라진다고 정해진 시간은 전혀 없다. 일정 기간이 지나면 기분이 좋아져야 하고, 다시 누군가와 데이트를 시작해야 한다고 말하는 사람은 슬픔의 깊이나 길이를 전혀 모른다. 사람들은 데이트를 시작하기에는 너무 이르다거나 반대로 이제 충분히 오랫동안 슬퍼했다고 쉽게 말한다. 그러나 누구도 다른 사람의 슬픔을 판단하거나 빨리 끝내라고 재촉할 수 없다. 그때가 언제인지는 당사자만 알 수 있다.

슬픔을 곰곰이 돌아보거나 터놓고 이야기하자. 그게 잘 되지 않으면 슬픔이 중독 행동으로 바뀔 수 있다. 슬픔을 극복하는 과정을 안내해줄 정신 건강 전문가와 상담하는 것도 도움이 된다. 아직 심리 치료사의 도움을 받고 있지 않다면, 6장을 다시 보자. 어떻게 정신 건강 전문가를 찾고, 상담료를 지불할지 간략하게 설명했다. 슬픔을 겪고 있을 때는 특히 상담에 투자할 만하다.

퀴블러 로스의 슬픔의 5단계

슬픔의 5단계에 관해 들어본 적이 있을 것이다. 충격과 부정, 타협, 분노, 우울, 수용의 단계이다. 정신과 의사 엘리자베스 퀴블러 로스Elizabeth Kubler-Ross가 1960년대 말에 소개한 개념으로, 대중문화에도 자주 등장한다. 각 슬픔의 단계는 이별과 죽음, 건강이나 꿈을 잃었을 때 등 어떤 종류의 상실에도 적용된다. 우리 생각과 달리, 이런 단계를 언제나 하나하나 순서대로 경험하는 건 아니다. 때로는 여러 감정을 한꺼번에 느끼기도 한다. 단계를 건너뛰거나, 앞 단계의 감정을 되돌아가서 느낄 때도 있다. 슬픔의 5단계는 상실 후 겪는 감정을 체계적으로 설명한 개념으로, 슬픔을 겪는 과정을 이해하는 데 도움이 된다. 슬픔을 겪는 과정은 사람마다 다르지만, 공통점도 있다. 세상의 모든 사람은 언젠가 슬퍼할 때가 있다. 이 사실을 깨달으면, 외로움이 덜어진다.

충격과 부정

이 단계에서는 관계가 끝났다는 사실을 믿지 못한다. 유해한 사람이 헤어지자고 했을 때 자신이 존재하지 않는 것 같은 느낌이 들면서 의식이 분열된다. 두뇌의 스위치가 꺼진다. 반면 주도적으로 관계를 끝냈다면, 헤어지면서도 기분이 좋다. 이 경우에는 죄책감이나 후회를 거의 느끼지 않는다.

타협

관계를 되돌리기 위해 무엇이든 할 것이라고 혼잣말한다. 신을 믿는 사람은 친구나 연인이었던 사람이 돌아온다면 무엇인가를 포기하겠다고 신에게 애걸하기까지 한다. 새로 얻은 직장을 버리고 옛 직장으로 돌아가기를 바랄 수도 있다.

분노

슬픔을 겪는 과정에서 자신과 옛 연인, 친구, 가족에게 분노를 느낀다. 그런 관계를 너무 오랫동안 지속했다거나 이제껏 불공평하게 대접받았다는 이유로 분노한다. 그런 관계를 맺고 있는 동안 목소리를 높이지 못했기 때문에(목소리를 높이면 해를 입을 수도 있었지만) 화가 날 수도 있다. 반면 헤어지라고 부추긴 가족과 친구들에게 화가 나기도 한다.

우울

침대에서 벗어나기 힘들고, 이제까지 해오던 일에 관심이 모두 사라진다. 우울한 기분은 슬픔과 다르게 느껴질 때도 있다. 감정이 모두 사라져서 아무것도 느끼지 못하게 된 것 같은 느낌이다.

우울증을 겪으면서 자해나 자살을 생각할지도 모른다. 당신이 그런 상태가 된다면 정신 건강 전문가에게 연락하자. 보건복지부 자살 예방 상담 전화(전국 어디서나 1393)나 서울시 자살 예방 센터(1577-0199) 등 전국의 자살 예방 센터에 전화하면 365일 24시간 상담을 받을 수 있다.

수용

관계가 끝났다는 사실을 받아들이는 단계다. 드디어 괜찮아진다. 새로운 일상을 살게 되고, 다시 나 자신이 된 기분이다. 수용 단계로 들어서는 것은 회복하고 있다는 징후이지만, 이제 슬픔을 느끼지 않는다거나 이전 단계로 절대 되돌아가지 않는다는 뜻은 아니다. 때때로 슬픔을 느끼거나 이전 단계로 되돌아가도 전혀 이상하지 않다. 어쨌든 당신은 성장했고, 발전하고 있다.

복잡다단한 슬픔

슬픔의 5단계는 수용으로 끝이 나고, 일반적으로 '새로운 기준'을 받아들이게 된다. 그러나 시간이 지나도 상실감이 사라지거나 나아지는 것 같지 않아서 괴롭고, 다른 생각을 하기 어렵다면 어떻게 할까? 정신 건강 전문가들을 이것을 '복잡다단한 슬픔'이라고 부른다. 슬픔을 겪는 사람 중 일부(7~10퍼센트 정도)에게서 이런 증상이 나타난다. 이별 후 느끼는 일반적인 수준의 슬픔을 훨씬 뛰어넘는 슬픔이다. 복잡다단한 슬픔을 느낄 때 두뇌는 갑자기 중독성 물질을 끊을 때와 비슷한 방식으로 그 상실감에 반응한다.

유해한 사람이나 관계 때문에 정신적 외상을 겪은 사람은 상대가 계속 관계를 되돌리려고 애쓰거나 마무리를 짓지 않아서 복잡다단한 슬픔을 느낄 때가 많다. 복잡다단한 슬픔을 겪을 때 다음과 같은 상태를 경험할 수도 있다.

- 지나치게 걱정한다.
- 강박 관념에 사로잡힌다.

- 헤어진 사람이 생각나는 장소를 피한다.

- 슬픔을 느끼지 않으려고 약을 먹거나 중독성 행동을 한다.

- 기분 변화가 심하다.

- 감정을 억누르거나 참는다.

- 헤어졌다는 사실을 받아들이지 못한다.

- 자기를 돌보거나 건강법을 지키기 어렵다.

- 그 사람이 없는 삶이나 미래를 상상하기 어렵다.

- 심한 분노를 느낀다.

- 일상을 유지하기가 어렵다.

- 자살을 생각한다.

복잡다단한 슬픔에 빠지기 쉬운 요인들이 있다. 우울증이나 불안 증세, 약물 남용 문제, 육체적인 건강 문제로 어려움을 겪은 경우, 다른 사람에게 지나치게 의존하거나 죄책감을 느끼거나 사회적인 지지가 부족하다고 느끼거나 가족 갈등이 심한 경우에는 위험할 수도 있다. 자신을 부정적으로 바라보는 사람인 경우나 헤어진 사람과 적대적인 관계였던 경우, 갈등이 많았던 경우라면 복잡다단한 슬픔을 더 쉽게 느낀다.

본질적으로 유해한 관계는 우리를 취약하게 만든다. 슬픔이 가라앉지 않거나 하루하루 생활하는 게 힘들다면 슬픔과 상실을 전문적으로 다루는 정신 건강 전문가와 상담하자(이 문제를 더 알고 싶으면 6장을 다시 보자).

"내가 학대받았다는 사실을 부인하는 가족과 연락을 끊어야 했을 때, 다른 사람들처럼 슬픔을 느꼈다. 그다음에 무력감을 느꼈다. 나는 며칠 동안 밥을 먹지 못했고, 가슴이 아파 죽을 것 같았다. 다행히 한 고마운 친구가 내가 다른 사람들보다 심하게 슬픔을 느끼는 것 같다고 솔직하게 말해주어 도움을 받을 수 있었다." _빅터, 40세

계속되는 애매모호한 상실감

유해한 행동을 하는 친구나 가족과 연락을 끊어야 할 때는 애도와 비슷한 감정을 느끼기 쉽다. 그러면 이 슬픔이 절대 끝나지 않을 것이라고 느낀다.

우리는 살아 있는 사람을 잃었다는 슬픔을 느낄 때 곧잘 어중간한 상태에 빠진다. 그 사람이 죽지 않았다면 언젠가 당신에게 돌아오거나 상황이 바뀔 것이라는 기대를 버리지 못할 수도 있다. 함께 아이를 양육하거나 일을 해야 해서 보고 싶지 않아도 계속 보아야 할 수도 있다. 이 때문에 슬픔의 과정이 복잡해진다. 그 관계가 드디어 끝났다는 사실을 받아들이고, 새로운 삶을 살기가 더 어려워진다.

3장에서 탐구했듯, 당신 스스로 마무리해야 하거나 당신이 원하는 마무리를 결코 맺지 못할 수도 있다는 사실을 받아들여야 한다. 뒤에 나오는 '스스로 기록해보기'는 이런 감정을 극복하면서 평온함을 느

끼도록 돕는 방법이다.

"이틀에 한 번씩 그를 만나면서 어떻게 치유될 수 있을까?"_챈
드라, 28세

스스로 기록해보기 ✳

당신만의 마무리를 하자

어떤 관계나 상황에서 당신이 원했거나 필요했던 마무리를 하지 못했다면
당신만의 마무리를 스스로 할 수 있다. 관계를 어떻게 끝낼지를 비롯해 그
관계에 관해 자세히 써보자. 이제, 당신 이야기의 나머지 부분을 쓰자. 유해
한 관계를 끝내고 얻을 수 있는 게 무엇일까? 상대가 원하는 게 무엇인지 가
늠하느라 보냈던 시간을 돌려받으면 그 시간에 무엇을 할까? 이런 경험을
통해 어떻게 성장할까? 아마도 상대가 허락하지 않아 그동안 하지 못했던
여행이나 활동을 하게 될 것이다. 이런 경험을 통해 더 나은 사람이 될 방법
을 모두 적어보자.

유해한 사람이 죽었을 때

제시는 어린 시절에 어머니, 세 자매와 함께 살았다. 어머니
는 자매들끼리 경쟁을 시켰다. 어머니와 자매들은 제시를 '나쁜 아
이'라고 여겼다. 학교에서 종종 문제를 일으켜 벌을 받았기 때문이

다. 어머니는 제시를 심하게 혼내는 반면, 다른 자매들에게는 칭찬과 선물을 아끼지 않았다.

어느 크리스마스에 제시는 신이 나서 계단을 뛰어 내려가 크리스마스트리 아래를 살폈다. 놀랍게도 그녀는 아무 선물도 받지 못했다. 다른 자매들은 다른 해보다 더 많은 선물을 받은 것 같았다. 제시는 울음을 터뜨렸고, 어머니는 "그냥 받아들여. 그렇게 문제만 일으킨 애가 뭘 기대했어?"라고 차갑게 말했다. 제시는 그런 말을 듣는 게 어떤 기분이었는지 결코 잊지 않았다.

제시는 성인이 된 후 어머니와 자매들에게 거의 연락하지 않았다. 심리 치료사의 도움을 받으면서 어머니가 그런 식으로 자신을 대한 건 자신의 책임이 아니라는 사실도 깨달았다. 결국 20대 초반에 그들과 연락을 완전히 끊었다.

5년 후, 모르는 번호로 전화가 걸려왔다. 자매들 중 한 명이었다. 그는 어머니가 죽어가고 있고, 제시가 "어머니를 제대로 대할 기회가 한 번밖에 남지 않았다"라고 말했다.

제시는 다시 '나쁜 아이' 역할로 돌아간 기분이었다. 그녀는 심한 갈등을 느꼈다. 어머니나 자매들 일에 관여하고 싶지 않은 마음과 일종의 마무리를 하고 싶은 마음이 엇갈렸다. 제시는 어머니에게 작별 인사를 하려고 마음먹었다.

어머니가 입원한 병실에 들어갔을 때 너무 변해버린 어머니의 모습에 충격을 받았다. 제시가 기억하는 어머니는 크고 당당한 모습이었다. 그러나 병원 침대에 웅크리고 있는 어머니는 훨씬 더 작아 보였다. 그녀는 어머니가 사과를 하지는 않을까 하고 조금 기대했다. 그러나 어머니는 그녀를 흘긋 보더니 "오, 세상에. 네가 나타나다니 우린 복도 많지"라면서 비웃었다. 제시는 가시 돋친 말을 견디기 힘들어 30분 이상 앉아 있을 수가 없었다. 화가 나면서도 어색한 기분을 느낀 그녀는 병원에서 나와 곧장 집으로 돌아왔다.

그 주에 심리 치료사를 만났을 때 제시는 와락 울음을 터뜨렸다. 심리 치료사는 "제시, 원했던 방식대로 되지는 않았지만, 당신은 노력했어요. 옳다고 느끼는 걸 했으니까요. 직설적으로 말하고 싶지는 않지만, 어려운 일을 겪는다고 비열한 사람이 더 나은 사람이 되지는 않는다는 사실을 기억하세요"라고 말했다. 심리 치료사는 제시가 그런 환경에서 성장했는데도 얼마나 용감하고, 건강하고, 독립적인 여성이 되었는지 이야기했다.

제시는 어머니 장례식에 참석하지 않고, 대신 오랫동안 기다려온 여행을 떠났다. 제시는 아직 어머니와 자매들을 잃은 슬픔을 이겨내려고 하고 있지만, 동시에 평화를 느낀다.

제시처럼 유해한 부모나 배우자와 사별했다면 심한 갈등을 느낄 것이다. 상실감을 느끼지만, 정서적으로 건강한 부모나 배우자와 사별한 친구들이 느끼는 상실감과는 다르다. 또한 당신을 지지하면서 진정으로 사랑해주는 부모나 배우자가 없었기 때문에 슬프기도 하다. 유해한 사람이 사망했을 때 갈등을 느끼거나 상반된 감정을 갖는 것은 전혀 이상하지 않다. 때로는 분노, 안도감, 슬픔, 실망, 후련함 등 여러 감정을 한꺼번에 느낄 수 있다. 좋았던 때를 떠올리다 뒤이

어 완전히 지우고 싶은 기억들을 떠올릴 수도 있다. 일기를 쓰고 정신 건강 전문가와 상담하는 것이 감정을 자세히 살피면서 표현하는 데 정말 도움이 된다. 말이나 글 또는 다른 방식으로 표현하면서 슬픔에 적극적으로 대처할수록 복잡다단한 슬픔으로 발전할 가능성이 줄어든다.

> "누군가가 나에게 '그분은 더 좋은 곳에 계실 거예요'라고 말했지만, 나는 어머니가 더 좋은 곳에 있기를 바라지 않는다. 어머니는 내 삶을 지옥으로 만들었다. 그렇다고 어머니가 돌아가셔서 기쁘다고 말할 수는 없는 노릇이다."_준, 22세

스스로 기록해보기   ＊

죽은 친구나 가족에 대한 감정을 극복하기

화가 나는가, 슬픈가, 실망했는가, 안심했는가 아니면 이런 감정을 한꺼번에 느끼는가? 이 순간에 느끼는 감정을 최대한 써보자. 쓰는 동안 자신을 판단하지 말자. 당신에게 고통을 준 누군가가 죽었을 때 어떻게 느끼는 게 옳고 그른지에 대한 기준은 없다. 애도 과정을 거치는 동안 이 연습을 꼭 다시 해보자. 슬픔에 빠져 있다고 느낄 때 몇 주 혹은 몇 달 전에 써놓은 글을 다시 보자. 당신이 성장하고 있음을 알게 될 것이다.

직장을 그만두었을 때의 슬픔

유해한 사람과 함께 일하는 게 끔찍해서 직장을 그만두었다면, 앞길이 창창한 일을 포기했다는 상실감을 느낄 수 있다. 직장을 떠나면서 정서적, 육체적 스트레스가 줄어들겠지만 다른 사람의 행동 때문에 어렵게 얻은 기회를 포기했으니 불공평하다고 느끼는 게 당연하다.

새로운 직장을 찾는 게 가장 좋은 회복 방법 중 하나다. 이전에 함께 즐겁게 일했던 사람들에게 연락해 그들이 다니는 회사가 직원을 채용하고 있는지 알아보자. 새로운 회사에 입사하기 전, 이전에 그 회사를 다녔거나 지금 다니고 있는 사람들에게 회사 분위기가 어떤지 물어보자. 유해한 직장을 그만둔 후 컨설턴트로서 사업을 새로 시작하거나 심지어 이전 회사의 경쟁자가 된 사람도 있다. 퇴사 후 경쟁업체에 취업할 수 없다는 조항이 있는지 근로계약서를 확인하자. 계약서 때문에 경쟁업체에 취업할 수 있을지 없을지를 확실히 알 수 없다면 변호사와 상담하자.

분야를 바꿔 일할 수도 있다. 미국의 경우, 직업 상담사는 어떤 직업이 당신에게 가장 잘 맞는지 알아내도록 돕는다. 또한 당신이 슬픔을 극복하도록 도와준다. 일이 행복이나 자존감에 어떤 영향을 주는지 혹은 이전에 겪었던 일들이 직업 선택에 어떤 영향을 주는지에 관해 이야기할 수도 있다. 직업 상담사를 직접 만날 수도 있지만 온라인으로 만날 수도 있다. 어떤 방식이든 똑같이 효과가 있다.

지원 단체도 도움이 된다. 특별히 유해한 직장 환경을 겪은 사람들을 돕는 지원 단체를 아는지 직업 상담사에게 물어보자. 직업 상담사를 찾고 있다면, 직업 상담사와 직업 코치는 다르다는 사실을 알아야한다. 직업 코치는 이력서 작성이나 면접 연습을 도와주지만 공인 정신 건강 전문가는 아니다. 슬픔이라는 더 뿌리 깊은 문제를 극복할 수 있도록 둘을 잘 구별하자.

"나는 경력을 잘 관리하고 있다고 생각했다. 그런데 나를 괴롭히는 상사를 만났다. 결국 직장을 떠나야 했고, 그 과정에 정의라곤 없었다." _메리 셸러, 35세

유해한 직장에서 일했던 경험을 돌아보자

유해한 직장에서 경험한 일을 글로 표현해보면 도움이 된다. 당신이 겪었던 일을 글로 쓰면 정신적 외상을 극복하거나 그 생각들을 떨쳐버릴 수 있다. 겪은 일을 자세히 기록한다고 그 일들이 기억에서 사라지지는 않지만, 불쾌한 기억들이 덜 거슬리면서 조금 더 편해질 것이다.

일하는 동안 겪은 즐거운 일을 기록하면서 앞으로 어떤 일을 할지 파악할 수 있다. 상사는 당신을 괴롭혔지만 동료들과 함께 팀에서 일하는 건 즐거웠을 수 있다. 일을 방해하는 동료가 있었지만, 회사는 당신의 가치관과 잘 맞는다고 느꼈을 수 있다. 그 경험으로 무엇을 배웠는지도 적자. 직업 상담사의 도움을 받고 있다면, 상담사가 당신을 가장 잘 도와줄 수 있도록 당신이 쓴 내용을 보여주자.

공동 양육을 할 때의 슬픔

　　갈등이 심한 사람과 공동 양육을 하고 있다면, 크고 작은 슬픔과 스트레스를 경험할 것이다. 건강하고 제대로 된 관계를 갖지 못했다는 사실이 슬픔으로 다가온다. 공동 양육자가 처음 만나서 사귀기 시작할 때 생각했던 사람과 달라서, 자녀들이 좋은 부모의 돌봄을 받지 못해서 슬플 수도 있다. 이런 경우 공동 양육자뿐 아니라 자신에게도 화가 난다. 자신을 용서하려고 애쓰고 있다면 4장을 보자.

　인정하거나 받아들이기 어려울 수 있지만, 그런 사람과 자녀까지

낳았다는 사실이 슬플 수도 있다. 당신만 부모가 된 걸 후회하는 게 아니다. 많은 사람이 '나쁜 부모'로 보이거나 비난받을까 두려워서 그런 말을 쉽게 하지 못할 뿐이다. 터놓고 할 말은 아니지만, 솔직히 그렇다. 당신의 선택과 상관없이 공동 양육을 해야 하는 상황에 어쩔 수 없이 내몰렸다면, 양가적인 감정을 느낄 수 있다. 우리는 두렵고 불쾌한 감정까지, 감정을 있는 그대로 느낄 권리가 있다.

공동 양육에 대한 슬픔을 스스로 극복하면 공동 양육자, 심지어 자녀와의 관계에도 도움이 된다. 정신 건강 전문가는 공동 양육자와의 관계에서 문제가 생길 때 해결책을 안내하고 도와준다. 정신 건강 전문가 외에도 양육 조정관이 갈등이 심한 공동 양육자와의 공동 양육을 편하게 만들어준다. 양육 조정관에 대해 더 알고 싶으면 2장과 5장을 보자.

"지금 아는 걸 그때도 알았다면, 그와 첫 데이트조차 하지 않았을 것이다. 이제 남은 인생 동안 그를 봐야 한다."_매리얼, 40세

스스로 확인해보기   ✳

갈등이 심한 사람과의 공동 양육

뒤에 나오는 설명이 당신에게 해당하는지 확인하자.

상처받은 관계에서 회복하고 있습니다

1. 자녀들에게 화가 난다.

2. 공동 양육자에게 늘 화가 난다.

3. 공동 양육자와 이야기한 후 내가 부모 자격이 있는지 의심하고 있다.

4. 공동 양육자가 지구에서 사라지면 좋겠다.

5. 자녀들이 공동 양육자와 함께 시간을 보내지 않기를 바란다.

6. 공동 양육자와 이야기를 나누면 대부분 싸우게 된다.

7. 공동 양육자가 나를 괴롭힌다고 느낀다.

8. 공동 양육자가 나에게 양육비를 주지 않는다.

9. 공동 양육자가 우리의 양육 계획을 끊임없이 흔들어댄다.

10. 자녀 앞에서 공동 양육자에 대해 나쁜 말을 하지 않기가 어렵다.

앞의 설명 중 하나라도 당신에게 해당한다면, 정신 건강 전문가와 양육 조정관의 도움을 받자. 갈등이 심한 사람과 공동 양육을 하는 사람 중 이런 감정 혹은 그 이상을 느끼는 경우가 많다. 그 상황에서 전문가의 도움을 받으면 안정감을 얻는 데 도움이 된다.

슬픔을 극복하기 위해 스스로 할 수 있는 일들

심리 치료사의 도움을 받는 것 외에도 회복을 위해 스스로 할 수 있는 일들이 있다. 당신을 위로할 수 있는 사람에게 연락하고, 당신의 욕구가 채워지는지 확인하자.

다른 사람에게 알리자

슬픔을 이겨내고 있을 때 믿을 만한 친구와 가족에게 알리

자. 유해한 관계를 끝낸 후 인간관계를 새롭게 만들기 위해 노력하고 있다면, 앞 장을 다시 보면서 지침을 얻자. 슬픔을 이겨내는 동안 주변에 있는 사람이 건강한 사람들인지도 확인해보자. 열심히 들어주는 사람이든, 해결책을 찾도록 도와주는 사람이든, 그저 편안하게 해주는 사람이든 당신에게 어떤 사람이 필요한지 말하자. 무엇이 필요한지 모른다면, 사랑하는 사람들에게 그 사실도 알리자. 슬픔의 롤러코스터를 타는 동안에는 당신이 뭘 원하는지를 모를 수 있다.

당신이 먼지 말을 꺼내지 않는 한, 유해한 사람이나 상황에 관련된 이야기는 하고 싶지 않다는 사실을 알리자. 가족과 친구들이 그 사람 이야기를 꺼내면 회복에 방해가 될 수 있다. 미리 말하면, 다른 사람들이 그런 이야기를 꺼낼 가능성이 줄어든다.

때때로 사람들이 슬픔에 빠진 당신에게 아무 말이나 할 때도 있다. 주로 할 말을 찾지 못해서다. 그들은 좋은 의도로 하는 말이겠지만, 당신은 상처를 받는다. 이미 신경이 날카로워진 상태이기 때문에 믿었던 친구들과 가족이 당신을 비판하는 것 같아 고통스러울 것이다. 누군가가 좋은 의도로 그런 바보 같은 말을 한 건지, 악의로 한 말인지 구분하기 어려울 때도 있다. 그렇다면 그 사람이 행동하는 방식을 보자. 과거에도 무례하고, 무신경하거나 잔인한 말들을 했던 사람인가? 그렇다면 그도 유해한 사람일 수 있다. 당신은 이별의 말도 전할 필요 없이, 그와 멀어져야 한다. 과거에 당신을 위했던 사람이라면 "네가 나를 도와주려고 애쓰는 걸 알아. 상처받고 있는 나에게 무엇을 해야 한다거나 할 필요가 없다고 말하면 나에게 도움이 되기보다 해가 돼. 지금 당장 나에게는 그저 열심히 들어줄 누군가가 필요해"
라고 말하는 게 도움이 된다. 당신에게 무엇이 필요한지를 꺼내놓으
면, 모두가 적극적으로 어떤 관계를 꾸려나갈지 고민할 수 있다.

바람직한 경계선을 유지하자

이때 경계선을 정하는 게 꼭 필요하다. 유해한 환경에서 벗
어난 많은 사람이 바람직한 경계선을 만들지 못했다고 느낀다. 아마
원래는 바람직한 경계선을 가지고 있었을 것이다. 그러나 유해한 관
계나 상황에서 그런 경계선들이 일제히 무너진다. 자신을 보호하는
가장 좋은 방법은 거절이다. "아니요"라고만 말해도 된다는 사실을
기억하자. "아니요, 그래도 요청해주셔서 감사해요"라고 말하는 게
더 부드럽게 거절하는 방법이지만, 거절하는 이유를 말할 필요는 없
다. 어떻게 경계선을 다시 세울지 더 알고 싶으면 5장을 다시 보자.

우선 자신부터 돌보자

슬픔을 겪을 때 자신을 돌보는 시간을 갖는 게 정말 중요하
다. 회복을 위해서는 다른 무엇보다 정서적, 육체적 건강을 중요하게
여겨야 한다. 불안과 외상 후 스트레스 장애에 시달릴 때는 수면 장
애를 겪기도 한다. 충분히 자고, 운동을 열심히 해서 육체적으로 좋
은 상태가 되면 정신적, 정서적으로도 더 좋은 상태가 된다. 운동은
우울증을 일으키는 염증과 신경 염증까지 줄인다.

가장 소중한 친구를 대하듯 자신을 대하자. 자기 연민을 실천할 때

힘든 하루가 조금은 더 편안해지고, 필요할 때는 적절히 쉬면서, 앞으로 나아갈 의욕을 얻는다. 필요하면 7장을 다시 보자. 자기 돌봄을 실천하는 방법이 제시되어 있다.

운동뿐 아니라, 지원 단체에 들어가거나 심리 치료를 받고, 일기를 써보자. 슬픔을 겪을 때 목공이나 그림 등 손을 움직이는 활동을 하면 마음이 진정된다는 사람도 많다.

슬픔에서 빠져나오기 위해 감정을 있는 그대로 느껴야 할 때도 있다. 슬픔의 구렁텅이에 빠져 있을 때 이런 감성이 아무리 힘들어도 일시적이라는 사실을 잊지 말자. 기분이 좋아질 날은 반드시 온다.

사회 활동에 참여하자

조금 더 균형 있게 삶을 살아가고 있다고 느끼기 시작하면, 당신이 믿는 신념이나 단체를 위해 봉사하면서 사회 활동에 참여하자. 바쁘게 움직이면(건강이 허락하는 수준에서) 슬픔을 다스리는 데 도움이 될 뿐 아니라, 사람들과 다시 관계를 맺고, 삶의 좋은 면을 보고, 목적의식과 의미를 찾는 데 도움이 된다.

어떤 종류의 상실에도 깊이 슬퍼하는 과정이 따른다. 비정상적인 관계나 상황이 끝나면 더 극심하고 복잡다단한 슬픔을 느낀다. 상실을 받아들이는 게 궁극적인 목표이지만, 아직 살아 있는 유해한 사람과의 관계를 끝낸 후의 슬픔은 특히 괴롭다. 이 장에서는 원래 자신으로 돌아왔다고 느낄 때까지 슬픔을 견뎌나갈 방법을 탐색했다. 이제 준비가 되었다면, 자원봉사를 고려해보자. 자원봉사는 삶의 목적의식을 불러일으킨다. 다음 장에서는 자원봉사를 하는 게 왜 좋은지 알아보고, 사회활동에 참여하는 몇 가지 방법을 알아보자.

10장

자원봉사를 하자

*

어떻게 이타심을 통해
삶의 목적의식을 되찾을까?

유해한 관계에서 벗어나 회복되기까지 먼 길을 걸어왔다. 유해한 사람과 연락을 끊거나 최소화했고, 경계선을 정했다. 심리 치료사의 도움을 받으면서 성장했고, 한동안 만나지 못했던 친구와 가족에게 다시 연락을 시도했다. 슬퍼할 시간도 확보했다. 자신을 사랑하고 용서했고, 잘 돌보았다. 당신은 회복 과정의 다음 단계를 보고 놀랄 수도 있다. 바로 자원봉사다. 정말?

　자원봉사를 할 시간이나 에너지가 없다고 느낄 수 있다. 특히 바로 지금은. 그러나 시간을 내어 지역 사회에서 자원봉사를 하는 게 새로운 삶을 시작하는 최고의 방법 중 하나다.

　위기를 겪을 때 누군가가 "내가 어떻게 도와줄까요?"라고 물으면 그 호의가 깊이 마음에 와닿는다. 다른 사람을 돕는 일은 자신에게도 도움이 된다. 왜 그럴까? 자원봉사에는 치유에 도움이 될 좋은 점이 많이 있다. 먼저 삶에 가치와 목적이 있다는 사실을 다시 한번 생각하게 해준다. 새로운 사람을 만나기에도 더없이 좋다. 자원봉사를 하면 삶의 열정이 되살아난다. 무엇보다 건전한 방법으로 바쁘게 지낼 수 있다.

　이 장에서는 자원봉사의 좋은 점들을 탐구할 뿐 아니라, 봉사할 기회를 어떻게 찾을지, 자원봉사를 할 때 잊지 말아야 할 점은 무엇인지 배우게 된다.

봉사할 준비가 되었는가?

———

　자원봉사까지 할 시간이나 에너지가 없다고 느끼는 것도 나쁜 것은 아니다. 바쁘게 살아가고, 슬픔을 이겨내고 있을 때는 육체적으로나 정서적으로나 기운이 빠지는 것이 당연하다. 더 이상 강해지기 어렵다고 느낄 수도 있다. 이미 살아남으려고 무던히 애를 썼기 때문이다.

　그러나 공감과 이타심은 스트레스 상황에서도 회복탄력성을 발휘하는 능력과 밀접한 관련이 있다. 다른 사람에게 연민을 가지면 내면의 힘이 자란다. 더구나 당신은 이미 회복탄력성이 있다는 걸 보여주었고, 높은 수준의 이타심도 가지고 있을 가능성이 높다. 이타심은 아무 대가도 기대하지 않고 다른 사람들을 도우려는 마음이다. 이타심과 공감을 의도적으로 훈련하면 회복탄력성이나 삶의 만족도를 높일 수 있다.

　자원봉사를 통해 다른 사람에 대한 연민을 키우면 우리가 겪은 정신적 외상의 흔적도 줄어든다. 유해한 상황에서 벗어난 후 스스로에게 삶을 바꿀 만한 힘이 없다는 냉소적이고 우울한 기분이 든다면, 자원봉사가 특히 더 중요하다. 자원봉사를 하는 동안 어떻게 다른 사람을 도울 수 있는지 실시간으로 볼 수 있기 때문이다. 자원봉사로 시간을 선물할 때 삶의 만족도가 높아진다. 유해한 관계나 상황에 휘말리기 전 당신이 관대한 사람이었다면, 유해한 배우자가 당신으로 하여금 어떤 독립적인 활동에도 참여하지 못하게 해서 화가 나고 슬폈을 것이다. 유난히 이타적인 사람인데도 다른 사람들을 돕지 못하면 불안과 우울 같은 문제가 생긴다.

그러나 한 가지를 주의해야 한다. 시간을 주도적으로 사용한지가 너무 오래되었기 때문에, 일정을 너무 빽빽하게 잡을지도 모른다. 자신을 돌보면서 휴식할 시간을 충분히 확보하기 위해 자원봉사를 천천히 시작하는 것이 좋다. 다시 경계선을 정하고, 인간으로서 당신의 권리와 욕구를 보호하는 방법을 익히고 있다면 더욱더 그렇다(심리치료나 일기 쓰기처럼 자신을 돌아보는 일이 도움이 된다).

"같은 목표를 위해 노력하는 사람들과 함께 있으니 내 삶에서 벌어지는 일에만 골몰하지 않고 바깥세상에 초점을 맞출 수 있었다."_데브라, 56세

바쁘게 지내자

—

기본적으로, 시간을 내어 자원봉사를 하면 건전하고 바쁘게 지낼 수 있어 회복에 도움이 된다. 하루를 체계적으로 살면 불안과 우울감이 줄어든다. 게다가 다른 사람들을 도우면서 즐거운 일을 하면 현재 상황에 파묻힐 시간도 줄어든다. 충격적인 일을 겪은 후 그 일을 끊임없이 되새길 때가 있다. 생각하고 또 생각하면서 잊지 못하는 것이다. 다른 사람을 돕느라 바쁠 때, 당신을 괴롭히던 문제가 자

연스럽게 마음에서 희미해진다. 일시적이라도 과거에서 해방되면 더 마음을 열고 새로운 일을 경험하면서 새로운 사람들을 만나는 데 도움이 된다.

그에 앞서 앞 장에서 이야기했듯, 균형을 잘 유지해서 감정을 처리하고, 슬픔을 극복하는 게 중요하다. 자원봉사의 동기가 무엇인지 자신에게 솔직해지자. 바쁘게 지내며 슬픔의 고통을 느끼지 않으려고 하루하루 일정을 꽉 채우고 있는가? 바쁘게 지내는 것이 삶을 다시 일으켜 세우고, 관심을 딴 곳으로 돌리는 데 도움이 될 테지만, 감정을 자세히 살피며 느끼는 일도 중요하다.

시간을 제한해서 자원봉사를 해보고, 얼마나 잘 맞는지 확인해보자. 봉사 시간은 언제든 나중에 늘릴 수 있다!

> "종일 내가 전 남편 때문에 겪은 일을 떠올렸다. 자원봉사를 시작했을 때 시간이 빨리 지나갈 뿐 아니라 그에 대한 생각이 내 마음을 그렇게 많이 차지하지 않는다는 사실을 깨달았다."_셰리, 50세

목적의식과 자존감을 되찾자

유해한 사람은 상대를 끊임없이 과소평가해서 원래 어떤 사람이 되고 싶었고, 무엇을 하고 싶었는지조차 알 수 없게 만든다. 그

결과, 상대는 스스로 자신의 행복이나 세상을 위해 뭔가를 할 수 있는 능력이 없다고 느끼며, 낮은 자존감 때문에 힘들어하게 된다.

자원봉사를 하면 우리가 가치 있는 인간이며, 우리에게는 나눠줄 게 많다는 사실을 다시 기억할 수 있다. 나눠줄 게 하나도 없다고 느껴지더라도, 당신에게는 뭔가 세상에 기여할 게 있다. 당신의 기술과 시간은 소중하고, 그걸 좋은 일을 위해 사용할 수 있다. 자원봉사를 통해 기술과 시간을 다른 사람에게 나눠줄 때 당신 또한 삶의 목적을 되찾고 삶에 관한 통찰력을 얻는다. 삶의 의미를 찾는 일은 대체로 공동체나 사람들에게 도움을 주는 일과 관련이 깊다.

유해한 상황에서 벗어나도 곧장 자존감을 되찾지 못할 수 있다는 사실을 잊지 않는 게 중요하다. 걸음마를 하는 아기처럼 꾸준히 자존감을 세워가야 한다. 자원봉사를 통해 다른 사람과 관계를 맺는 일도 독립을 향한 작은 걸음이다. 이 과제를 스스로 해낼수록 자존감은 더 높아진다. 자원봉사가 다른 사람을 도울 뿐 아니라, 자신에게도 도움이 된다는 게 증명된다. 자원봉사를 할 때 정신적 건강뿐 아니라 육체적 건강까지 좋아진다. 자원봉사를 하면 자기효능감과 자존감이 높아지고, 자존감이 높아질수록 삶의 질을 높이기 위한 시간과 에너지도 많아진다.

유해한 직장을 그만두고 새로운 일을 찾고 있거나 일을 잠시 쉬고 있다면 자원봉사로 시간을 보내기를 추천한다. 자원봉사를 하다가 새로운 기회를 발견할 수도 있다. 자원봉사를 하지 않았다면 보지 못했을 기회다. 새로운 직장을 찾는 데 도움을 줄 사람을 만나기도 한다. 이력서에 긍정적인 내용을 추가할 수도 있다. 왜 이력서에 공백이 생겼는지 어렵게 설명하기보다 일을 그만둔 후 자원봉사로 시간을 보냈다고 말하는 게 좋다.

> "유해한 가족과 연락을 끊었을 때 내게는 아무 능력도 없어서 누구도 도와줄 수 없다고 느꼈다. 이제 내가 얼마나 도움이 많이 되는지 이야기하는 사람에게 둘러싸여 있는 게 정말 기분 좋다."_조슈아, 26세

사람들과 다시 관계를 맺고 고립에서 벗어나자

앞에서 이야기했듯, 유해한 상황은 극도로 고립적이다. 자신과 주변 사람들을 큰 그림의 일부로 바라보면 자신이 사회와 밀접한 관련이 있다고 느낄 수 있다. 시간과 에너지를 내어줄 때 사람이든 동물이든 주변에 있는 다른 생명과의 관계가 시작된다.

아직까지 사람들과 적극적으로 사귈 준비가 되지 않았다면, 어디에서 어떤 방식으로 얼마나 자주 사람들과 접촉할지를 선택할 수 있다. 사람들과의 접촉을 서서히 늘리고 싶으면, 사무적인 일이나 얼굴을 마주 대할 일이 많지 않은 자원봉사 자리를 찾아보자. 사람에 대한 신뢰가 커지면 대면 활동도 가능해질 것이다.

자원봉사를 하면서 혼자가 아니라는 사실을 깨닫는 과정도 중요

하다. 유해한 상황에서 빠져나온 지 얼마 되지 않았을 때는 그런 학
대를 겪은 사람이 자신밖에 없다고 느낄 수 있다. 다른 사람이 자신
보다 더 나은 삶을 산다고 느낄 수도 있다. 하지만 어려움을 겪는 사
람들을 위해 자원봉사를 해보면 누구에게나 어려움이 있다는 사실
을 깨닫는다. 혼자 고통을 겪는 게 아니다. 더 우울해지지는 않을까
싶겠지만, 어려움을 겪는 사람들이 회복탄력성을 증명하는 걸 보면
서 삶을 긍정적으로 바라볼 수 있다.

열정을 쏟았던 일을 다시 시작하고, 새로운 관심거리를 찾자

―

앨마는 언제나 바느질을 좋아했다. 어릴 때 할머니가 바느질
을 가르쳐주었다. 바느질은 자신을 표현하는 방법이었고, 때때로 가
족과 친구들에게 바느질한 물건을 선물하곤 했다. 앨마는 남자친구
리엄을 위해 누비이불을 만들었다. 두 사람이 여러 차례 말싸움을 벌
이던 중 리엄은 그 누비이불이 할머니들이나 좋아할 물건이라고 비
난했다. 그녀가 바느질하느라 보낸 시간이 두 사람의 관계에 들인 시
간과 맞먹는 것 같다면서, '거의 아무 노력도 하지 않은 것처럼' 말했
다. 그 말을 들은 후 앨마는 바느질을 그만뒀다. 재봉틀만 보아도 그
말이 떠올랐기 때문이었다.

결국 리엄과 헤어진 앨마는 재봉틀 앞으로 걸어가 덮개를 벗겼다.

마지막으로 쓴 지 2년이 지난 다음이었다. 옛 친구와 다시 만난 느낌이었다. 앨마는 하루하루 재봉틀을 다시 사용하기 시작했고, 오랫동안 숨겨놓았던 자신의 일부와 다시 만났다. 또한 할머니와 함께 재봉틀 앞에서 보냈던 멋진 시간을 떠올리면서 바느질을 통해 가족과 다시 연결된다고 느꼈다. 자신의 바느질 기술을 다른 사람들에게 알려주고 싶었다. 앨마는 가정 폭력을 겪은 후 새로운 기술을 배우고 있는 여성들에게 바느질을 가르쳐주는 단체를 발견했다. 자신에게 딱 맞는 곳이었다. 바느질에 대한 사랑을 다른 사람들에게 전할 수 있고, 다른 여성들이 기술을 익혀 독립하도록 돕는 일이었다. 무엇보다 할머니가 오래전에 그녀에게 가르쳐주었듯이, 다른 사람들에게 바느질을 가르쳐준다는 사실에 자부심과 유대감을 느꼈다.

앨마처럼 유해한 전 배우자나 친구, 가족이 당신이 좋아했던 일을 비웃거나 그만두게 한 일이 있는가?

이제 그 일을 다시 시작하거나 새로운 일을 시도해보자. 왜 그 일을 하는지 누구에게도 설명할 필요가 없다. 그저 그 시간이 즐거우면 된다. 자원봉사 경험은 삶의 열정을 되찾고, 위험하지 않게 새로운 일을 시도할 기회다. 새로운 기술을 배우기에도 아주 좋은 방법이다. 자원봉사 단체는 당신이 그들을 가장 잘 도울 수 있도록 기술을 가르쳐준다. 관심사와 기술을 바탕으로 잘 맞는 몇몇 단체를 찾아보자. 동물을 좋아하고 글을 잘 쓴다면, 동물 보호소에 연락해 반려동물들의 입양을 유도하는 글을 쓸 기회가 있는지 알아보자.

> "전 남편은 내 취미들이 '멍청하다'면서 내가 그에게 써야 할 시
> 간을 빼앗을 뿐이라고 말했다. 봉사를 하면서 나와 같은 관심사
> 를 가진 사람이 많다는 사실을 알게 되었다."_재니스, 70세

어떻게 자원봉사를 시작할까?
———

내가 왜 자원봉사를 추천했는지 이해하겠는가? 회복하면서
성장하는 데 이만큼 도움이 되는 일은 거의 없다. 그러니 이제 어떻
게 자원봉사를 할지 잠깐 이야기해보자.

자원봉사를 하는 방법은 정말 많다. 우리는 진심으로 좋아하거나
중요하게 여기는 일 또는 문제를 변화시키는 일을 할 때 가장 큰 만
족을 느낀다. 동물 복지 문제에 특별히 관심이 있는가? 특정 연령대
를 위해 일하는 걸 좋아하는가? 여기에 자원봉사에 관한 몇 가지 아
이디어가 있다.

- 무료 급식소, 보호소, 학교를 위해 물건을 모으는 기부 운동을
  한다.
- 이웃의 일상생활을 도와준다. 아이들을 학교에 데려다주고 데
  려오고, 나이 많은 이웃의 잔디밭을 관리하고, 개와 산책하거

나 행사 사진을 찍어준다.

- 헌혈을 한다.
- 학교에서 아이들의 공부를 도와주거나 당신이 잘하는 것을 무료로 가르쳐준다.
- 현장 학습에 따라가서 아이들을 돌본다.
- 도서관, 주민 센터, 동물 보호소, 공연 예술 단체나 무료 급식소 등의 자원봉사 자리를 찾아본다.
- 아이들의 멘토 역할을 할 수 있는 지역 단체에 연락한다.
- 지역 박물관이나 역사적인 장소에서 안내해주는 역할을 한다.

자원봉사자 모집 공고를 모아놓은 인터넷 사이트를 참고하거나 신뢰하는 친구와 가족에게 추천해달라고 하자.

자원봉사 일정을 짜자

———

반드시 단체를 통해서만 자원봉사를 할 필요는 없다. 스스로 지역 봉사 활동을 할 수 있는 방법도 많다(아픈 이웃을 위해 식료품을 배달해주거나 초등학교에 공예품을 기증할 수도 있다). 그렇지만, 기존 단체에 들어가면 새로운 친구를 사귀는 게 훨씬 쉬워진다. 단체에 들어가기로 마음먹었다면 그곳이 자원봉사자에게 얼마만큼의 시간 투자를 원하는지, 그게 당신의 일정과 맞는지 확인하자. 지금 하고 싶은 일이 무엇인지, 시간을 어떻게 낼지, 일주일에 몇 시간이나 자원봉사를 하고 싶은지 자신만의 경계선을 딱 정하는 것이 좋다.

멘토를 찾자

　자원봉사를 하면서 자신이 되고 싶은 모습을 보여주는 사람을 발견할 수도 있다. 멘토는 성장에 도움을 준다. 심신의 건강을 찾아가는 여정에서 지침을 줄 수 있는 사람이 우러러볼 만한 누군가를 이미 알고 있을 수도 있다. 관심사를 바탕으로 멘토를 찾아주는 단체도 있다. 당신이 아는 누군가나 직업적으로 관련이 있는 사람에게 연락해 자원봉사를 비롯해 관련 경력을 쌓아가는 동안 도와줄 수 있는지 묻자. 엘리나가 이혼 후 그렇게 했다.

　엘리나는 다시 일을 시작하면서 몹시 긴장이 되었다. 매일 출근해서 일한 건 20년 전 첫아들을 임신했던 때가 마지막이었다! 변호사는 삶의 전환기 후 다시 일을 시작하는 여성들을 돕는 단체를 추천했다. 그 단체는 엘리나가 이력서 쓰는 걸 돕고, 기술에 맞는 직업 정보를 주고, 지원 모임을 소개했다. 게다가 그녀의 관심사, 일해 온 분야와 가장 잘 맞는 사람을 멘토로 소개해주었다.

　엘리나는 이전의 자신처럼 현재 임원 비서로 일하는 여성을 만나고 싶었다. 지난 20년 동안 그 일이 어떻게 변했는지 알고 싶었기 때문이다. 오래 지나지 않은 어느 날, 퍼티메라는 임원 비서가 엘리나에게 음성 메시지를 남겼다. 두 사람은 멘토 찾아주기 프로그램으로 연결되었다.

엘리나는 처음에 긴장이 되었지만, 미래의 멘토가 전화기에 남긴 따뜻한 목소리를 듣고 마음이 편해졌다. 둘은 퍼티메의 사무실에서 만나기로 했다. 그들은 엘리나가 이전에 어떻게 일했는지와 엘리나의 가족에 관해, 지금 엘리나가 일하기 가장 좋은 자리가 무엇일지에 관해 이야기를 나누었다. 퍼티메의 일에 관해서도 이야기를 나누었고, 퍼티메는 엘리나에게 사무실을 보여주었다.

엘리나는 그 일이 기술적으로 정말 많이 변했다는 사실을 알게 되었지만, 자신이 무언가를 빨리 배우는 사람이라는 사실도 알고 있었다! 퍼티메와 엘리나는 한 달에 한 번 만나고, 일주일에 한 번 앱을 통해 이야기하기로 했다. 엘리나는 질문에 대답해줄 멘토가 있으니 두려움이 어느 정도 가라앉았다.

자원봉사를 하며 다시 직업을 찾을 때 멘토가 고용주에게 당신을 소개할 수도 있다. 그렇기에 비슷한 직업이나 관심사를 가진 누군가를 따라다니는 게 도움이 된다. 그들이 어떻게 일하는지, 당신도 그런 일을 하고 싶은지 잘 파악해볼 기회다. 누군가를 따라다니고 싶으면 그래도 되는지 간단히 묻자. 대부분의 전문가들은 이해해줄 것이다. 누군가에게 따라다니겠다는 요청을 하기 어려우면, 그저 그들의 일에 관해 물어보는 것도 괜찮다.

멘토는 자신이 하고 싶은 행동을 보여주는 좋은 '거울'이 된다. 멘토가 정서적으로 건강한지 확인하자. 그가 상사나 팀 사람들과 어떻게 대화하는지 관찰해보자. 사람들과 깍듯하고 친절하게 소통하면서 바람직한 경계선을 지키는가? 갈등에 어떻게 대처하는가? 좋은 역할 모델을 갖는다는 건 정말 소중한 일이다. 바람직한 경계선을 정하고, 다른 사람과 단호한 태도로 대화하는 방법을 다시 배우고 있을 때는 특히 더 그렇다.

도움이 필요한 사람의 지지자가 되자

준비가 되었다면, 유해한 관계를 겪은 다른 사람을 교육하고 지지하는 게 부정적인 경험을 긍정적으로 바꾸는 가장 좋은 방법 중 하나다. 다른 사람의 지지자가 되는 방법을 소개한다.

- 지원 단체를 이끈다.
- 당신이 겪은 일을 이야기한다.
- 당신이 겪은 일을 기사, 블로그 글, 책으로 쓴다.

다른 사람에게 도움을 주기 전에 과거의 유해한 관계로 인한 문제부터 극복하는 게 꼭 필요하다는 사실을 잊지 말자. 좋은 심리 치료사의 도움을 받을 때 이를 잘 극복할 수 있다. 자신의 문제를 해결하지 못하면, 다른 사람의 이야기를 들으면서 자신의 정신적 외상이 다시 자극받을 수 있다. 이런 현상을 **대리 외상**이라고 부른다.

대리 외상을 예방하자

———

　정신적 외상을 겪은 사람을 위해 일하거나 자원봉사를 하면서 대리 외상을 겪기 쉽다. 다른 사람이 겪은 일을 들으면서 자극을 받아 자신이 겪은 과거의 기억이 되살아나기 때문이다. 이런 증상을 **이차적인 정신적 외상 스트레스**와 **연민 피로**(기진맥진해서 다른 사람들에 대한 연민을 느낄 수 없는 경우)라고 부른다. 누군가의 정신적 외상을 자신의 정신적 외상으로 받아들이고, 극심한 스트레스를 느끼고, 다른 사람이나 세상에 대한 인식이 완전히 달라지기도 한다. 정신적 외상을 겪은 사람을 돕는 누구든 대리 외상을 경험할 수 있다. 유해한 관계 때문이든 학대나 방치를 당했기 때문이든 자신이 정신적 외상을 겪은 적이 있다면 더욱더 쉽게 대리 외상을 경험한다. 상담이나 간호처럼 남을 돕는 일을 하거나 다른 사람에게 특별히 공감을 잘한다면 대리 외상을 경험할 가능성이 더 크다. 이런 증상들이 대리 외상의 징후다.

- 내담자의 정신적 외상에 대한 악몽을 꾼다.
- 분노와 슬픔이 가라앉지 않는다.
- 어떤 감정도 느끼기 어렵다(무감각).
- 내담자의 삶에 지나치게 감정적으로 몰입하거나 관여한다.
- 내담자의 경험에 죄책감이나 수치심을 느낀다.
- 내담자의 삶과 문제에 대한 강박에서 벗어나기 어렵다.

- 다른 사람이나 다른 사람의 의도에 대해 냉소적인 시각으로 말한다.
- 과도하게 불안해한다(심하게 놀라는 반응을 보인다).
- 내담자의 문제에 관한 생각으로 잠을 이루지 못한다.
- 갇힌 기분이 들거나 도망가고 싶다.
- 혼자 있는 걸 피한다.
- 도망갈 길을 찾는다.
- 대부분의 사람이 정신적 외상을 가지고 있다고 생각한다.
- 사람들에게서 멀어진다.
- 지역에서 벌어지는 범죄를 부풀려서 생각한다.
- 세상이나 내담자들의 상황에 절망감을 느낀다.
- 가해자에 대한 내담자의 감정이 당신 배우자에게 옮겨가 화가 나거나 배우자와의 접촉을 피하게 된다.
- 자녀를 지나치게 보호한다.

자원봉사나 일을 하면서 대리 외상을 겪는 것 같은 느낌이 들면 봉사 관리자에게 이야기하자. 봉사 시간을 줄이거나 정신적 외상을 겪은 사람과 관련되지 않은 영역에서 봉사해야 할 수도 있다. 과거가 생생하게 떠오르거나 정신적 외상을 다시 경험하는 조짐이 나타나기 시작하면, 단체가 당신을 도와주어야 한다. 가정 폭력이나 학대 피해자를 돕는 단체에는 대리 외상으로 힘들어하는 자원봉사자나 직원을 위한 대책이 준비되어 있어야 한다. 자원봉사를 하는 단체가 어떤 도움도 줄 수 없다면, 도움받을 곳을 소개해달라고 요청하자(그 단체에서 계속 자원봉사를 해야 할지 다시 생각해보자). 어떤 경우라도 되살아난 정신적 외상을 극복하려고 애쓰는 동안에는 자원봉사에서 한발 물러나야 한다. 당신과 똑같은 학대를 겪은 사람을 위해 일할 때 때때로 이런 일이 일어난다는 사실을 기억하자.

우리는 자신과 자신의 감정만 책임질 수 있다는 사실을 다시 기억하자. 당신이 돕고 있는 사람이 자신의 문제를 해결하기 위해 스스로 더 노력해야 한다. 그를 지지하면서 방법을 제공할 수는 있지만, 그 사람의 문제를 해결하는 게 당신의 일은 아니다. 또한 무엇을 행하거나 통제할 수 있으며, 얼마나 도울 수 있는지 현실적으로 생각하자. 그들이 큰 깨달음을 얻고 놀랍게 변화하기를 기대하기보다 그들이 만들어가는 작은 변화들을 찾는 게 힘이 난다.

정신적 외상을 겪은 사람을 돕는 동안 정신 건강 전문가와 정기적으로 만나는 게 좋다. 옛 기억을 정신 건강 전문가에게 털어놓으면 과거를 덜 떠올리는 데 도움이 된다.

자신을 먼저 돌보려는 노력이 대리 외상을 예방하기 위해 꼭 필요한 부분이다. 그러니 자원봉사를 하는 동안 7장에서 배운 자신을 돌보는 방법을 다시 확인하자. 다른 자원봉사자와 짝을 이뤄 서로 점검해주자. 자원봉사 관리자를 정기적으로 만나고, 정신적 외상의 재발 징후를 알아낼 수 있도록 일기를 쓰자.

"나는 궁극적으로 나르시시스트의 학대를 겪은 사람을 돕는 지지자가 되고 싶다. 그러려면 먼저 심리 치료사의 도움을 받아 내 마음의 일부를 자세히 살펴야 한다."_조, 32세

스스로 기록해보기 　✳

탈진할 조짐 알아차리기

유해한 환경에서 일하거나 정신적 외상을 겪은 사람들을 위해 일할 때 탈진할 수도 있다. 자신에게 더 이상 줄 게 하나도 없고, 기대할 게 하나도 없다고 느낄 때 우리는 탈진한다. 뒤에 나오는 증상들이 탈진의 조짐이다.

· 아침에 일어나기 힘들다.
· 거의 종일 우울하고, 화가 나거나 불안한 기분이다.
· 아무에게도 도움이 되지 않는다고 느낀다.
· 잠을 못 자거나 너무 많이 잔다.
· 너무 많이 먹거나 너무 적게 먹는다.
· 동료들과 내담자들에게 불신, 심지어 증오까지 느낀다.
· 냉소적으로 변했다(모든 사람이 오직 그들 자신에게만 관심이 있다고 생각한다).
· 기진맥진한 느낌이다.
· 낮에는 쉬지 않는다.
· 고립감을 느끼거나 스스로 고립된다.
· 도망치거나 탈출하고 싶다.
· 병에 자주 걸리거나 만성 질환이 심해진다.
· 여가 활동을 해도 즐거움을 별로 느끼지 않는다.
· 의욕이 부족하다.
· 상황이 나아질 것 같지 않다고 느끼며 낙담한다.

탈진의 조짐은 슬금슬금 나타날 때가 많다. 매일 기분이 어떤지 일기에 써보자. 삶에서 목적의식과 희망을 얼마나 느끼는지 1에서 10까지 척도로 재어보자.

1은 의미 있는 일을 전혀 하지 않는 것 같고, 삶이 거의 의미가 없음을 나타낸다. 10은 미래를 아주 희망적으로 느끼고, 삶의 목적을 가지고 있음을 나타낸다.

매일매일 1에서 10 사이를 조금씩 오가도 전혀 이상하지 않다. 그러나 계속해서 낮은 수준이거나 어느 날은 1이었다가 다음 날 10까지 치솟는다면 주의를 기울이자. 극단적으로 높았다가 낮았다가를 반복하면 기분 장애를 겪고 있거나 건강하지 않은 환경에서 일한다는 조짐일 수 있다.

주말과 월말에 당신이 쓴 내용을 다시 보자. 어떤 패턴이 보이는가? 특정한 날이나 일 혹은 사람 때문에 삶의 희망과 목적의식이 커지거나 줄어드는가? 그런 조건에 주의를 기울이면서 상황을 어떻게 바꿀 수 있는지 확인하자.

당신의 정신적 외상을 공개할 때

———

직접 겪은 유해한 사람이나 상황에 대해 이야기하는 것이 다른 사람에게 도움이 될 때도 있다. 하지만 전 배우자, 친구, 친척이나 직장 정보가 드러나지 않도록 조심해야 한다. 보통은 이름, 장소, 시간이나 외모를 구체적으로 설명하기보다 관계나 상황을 두루뭉술하게 이야기하는 게 가장 좋다.

유해한 사람을 만날 만한 다른 사람을 보호하거나 경고하기 위해 자세한 정보를 알리고 싶은 유혹을 느낄 수도 있다. 전 배우자, 친구나 동료를 구체적으로 밝히면 그들이 당신에게 다시 연락할 빌미를 주게 된다. 당신이 겪은 일을 인터넷 게시판에 올리는 것도 법적으로 문제가 될 수 있다. 유해한 사람은 당신을 명예 훼손(누군가에 대해 허위 정보를 써서 해를 입혔다는)으로 고발할 수 있다. 또한 당신에게 자녀가 있다면 그들의 사생활 권리를 보호하기 위해 주의해야 한다. 당신이 겪은 일을 공개적으로 밝힐 때 "내 아이들이 이 글을 읽기를 바라는가?"를 판단 기준으로 삼는 게 가장 좋다. 자녀들이 지금은 그 내용을 읽지 못해도 더 나이가 들면 읽을 수도 있다. 당신이 쓰고 있는 내용이 법적으로 문제가 되는지 확실히 확인하고 검증하기 위해 변호사와의 상담도 고려해보자.

유해한 사람은 그의 새 배우자, 친구, 가족에게 당신이 제정신이 아니거나 불안정하다고 말할 가능성이 크다. 유해한 사람과 관련 있는 누군가는 당신이 충고한 내용을 보고도 무시할 가능성이 많다. 불행히도 그들 스스로 힘든 과정을 거치면서 유해한 사람의 본모습과 병적인 행동을 깨달아가야 할 수도 있다.

당신은 그런 사람에게 애처로움을 느낄 것이다. 정상적인 감정이다. 그렇다고 그들을 위해 무슨 행동을 해야 한다는 뜻은 아니다. 다른 사람의 상황을 바꾸는 건 당신의 일이 아니다. 당신의 경험을 더 일반적인 이야기로 표현함으로써 더 많은 사람을 도울 때도 있다.

지나치게 구체적으로 설명하지 않고 일반적으로 이야기할 때, 사람들은 그것이 자신의 상황과 비슷하다고 느끼기 때문이다.

건전한 단체에서 봉사하고 있는지 확인하자

당신이 자원봉사하려고 하는 단체가 윤리적인지 확인하자. 가능하면 또다시 유해한 상황에 휘말리는 걸 피하자. 다시 그런 상황에 빠진다면(그것 역시 때때로 벌어지는 삶의 일부일 뿐이다!) 그걸 알아차리고 가능한 한 빨리 빠져나와야 한다.

인터넷으로 그 단체에 관해 조사하자. 어떤 사람들이 이사회의 이사로 있는가? 불법적이거나 비윤리적인 행동으로 문제를 일으킨 사람이 한 명이라도 있는가? 그 단체에 고소가 제기된 적이 있는가? 고소의 결과는 어땠는가? 단체가 지원한다고 이야기하는 사람들이나 동물에게 기금이 얼마나 돌아가나? 그 단체가 기부금을 어떻게 사용하는지 인터넷 등으로 확인하자.

단체에 아무 문제가 없다 하더라도, 단체에서 만나는 사람들이 정서적으로 건강한지 건강하지 않은지 살펴야 한다. 처음에는 애정을 퍼붓다가 나중에 조종하려는 사람은 어떤 집단에나 있다. 직감에 귀를 기울이자. 누군가와 이야기하다 뭔가 기분이 찜찜하면 그 감정에 주의를 기울이자. 사람들이 어떻게 소통하는지 살펴보자. 자원봉사자들은 서로 어떻게 대화하는가? 단체의 우두머리는 권위적이지 않은 태도로 사람들을 대하는가? 도움을 청하는 사람들을 어떻게 대하는가? 모든 사람은 똑같이 정중한 대우를 받아야 한다. 사람들이 누군가를 면전이나 뒤에서 비웃거나 따돌린다면 최대한 빨리 그곳에서 빠져나오자. 당신은 또 그곳의 비윤리적인 행동을 고발해야 할 수도 있다.

뭐든 맞지 않다고 느껴지는 게 있다면, 그 단체와 관계를 끊고 나오자. 보거나 들은 내용이 문제가 있는지 아닌지 판단하기 어려우면, 믿을 만한 가족이나 친구에게 공유하고 의견을 듣자.

> "나는 그 단체의 모든 이사와 자원봉사 관리자가 어떤 사람인지 찾아보았다. 그들 중 누구라도 괴롭힘으로 고발당한 적이 있으면, 그곳에서 자원봉사를 하지 않으려고 했다."_제인 34세

스스로 확인해보기 ✳

당신은 건전한 단체에서 자원봉사를 하고 있는가?

자원봉사를 할 때 그 단체에 비정상적인 면이 있는지 확인하는 게 꼭 필요하다. 당신은 건전한 조직에서 정서적으로 건강한 사람들과 함께 새로운 삶을 시작하고 있는지 확인해야 한다. 자원봉사하고 있는 곳이 뒤에 나오는 설명과 얼마나 비슷한지 확인하자.

1. 미리 알리면 죄책감이나 수치심 없이 봉사 시간을 변경할 수 있다.
2. 역할이 잘 맞지 않다고 느끼면 언제든 이야기할 수 있다.
3. 그 단체의 핵심적인 가치관을 신뢰한다.
4. 그 단체의 지도자와 관리자는 자원봉사자와 그들에게 봉사를 받는 사람을 정중하게 대한다.
5. 그 단체가 하는 일은 안전하고, 당신을 불편한 상황에 빠뜨리지 않는다.

6. 자원봉사를 하기 전에 그 단체에서 훈련을 받았다.

7. 관리자가 항상 현장이나 자원봉사 장소에 함께 있으면서 도움을 준다.

8. 그 단체는 자원봉사자의 상황을 정기적으로 점검한다.

9. 자원봉사하는 시간이나 장소가 바뀌면 적절한 시간 안에 알려준다.

10. 그 단체가 모금한 돈의 대부분을 봉사 대상자를 돕는 데 사용한다.

그 단체와 비슷한 설명이 많을수록 당신이 자원봉사하는 단체가 건전하다는 증거다. 당신이 참여하는 단체와 비슷한 설명이 하나 혹은 둘밖에 없다면 더 건전한 단체로 옮기는 것을 고려해보자.

*

다른 사람을 돕기 위해 시간을 내면 결국 당신에게 도움이 된다. 건전한 방식으로 관심을 다른 곳에 돌릴 수 있고, 다른 사람과 좋은 관계를 맺고, 삶의 목적의식을 찾게 된다. 자신보다 더 큰 무언가와 연결되었다고 느낄 수도 있다.

결국은 유해한 관계를 겪은 다른 사람을 나서서 돕는 일까지 생각해볼 수 있다. 유해한 관계를 겪은 사람을 위해 자원봉사를 하고 있다면, 다시 정신적 외상에 빠지지 않도록 조심하자. 문제가 있는 사람이 없는지를 확인하는 것도 중요한 측면 중 하나다.

이 장에서는 건전하지 않은 단체의 징후를 알아차리는 방법을 배웠다. 유해한 사람과 상황은 어디서든, 심지어 훌륭해 보이거나 사명을 강조하는 단체에서도 나타날 수 있다. 이제 당신은 여기까지 회복의 과정을 밟아왔다.

다음 장에서는 유해한 상황을 어떻게 알아차릴지, 앞으로는 그런 상황에 휘말리지 않도록 어떻게 예방할지 탐구하려고 한다.

11장

예방하자

*

어떻게 유해한 상황을 피하면서
건강한 관계를 맺기 위해 준비할까?

메케는 유해함으로 가득했던 10년의 관계를 끝낸 뒤 처음으로 다시 데이트를 시작하면서 몹시 긴장이 되었다. 몇 달 동안 마음을 가다듬고, 심리 치료를 받고, 스스로를 다시 알아가면서 마침내 자신이 아무 잘못도 하지 않았고, 학대를 정당화할 이유가 하나도 없다는 사실을 깨달았다. 그러나 막상 다시 데이트를 하려니 전 남편 토머스 같은 사람을 만날까 두려워졌다.

메케는 데이팅 앱에서 만난 남자들과 메시지를 주고받기 시작했다. 기분이 너무 이상했다(그녀가 결혼하기 전에는 세상에 나오지도 않았던 앱이 많기 때문이기도 하다). 그녀가 메시지를 주고받은 사람 중 몇몇은 너무 빨리 직접 만나자고 해서 당황스러웠다. 그 후에 마일스를 알게 되었다. 두 사람은 금방 마음이 통했다. 둘 다 여행, 요리, 강아지를 좋아했다. 며칠 동안 메시지를 주고받다 전화 통화를 한 다음, 그를 직접 만날 준비가 되었다고 느꼈다. 첫 저녁 데이트 때는 모든 게 순조로운 듯했다. 마일스가 주문한 음식을 잘못 가지고 왔다고 종업원에게 심하게 화를 내기 전까지는. 메케는 난처해서 식탁 밑에 숨고 싶었다. 그러나 '**마일스도 데이트 때문에 너무 긴장해서 그럴 거야. 내가 토머스에게 당했던 일 때문에 과민 반응하는 거겠지**'라고 생각했다. 그 뒤로는 아무 문제가 없었고, 메케와 마일스 모두 계속 만나고 싶은 마음이 생겼다.

다음 데이트에 마일스가 늦게 나타났다. 그런데 왜 늦는지를 설명하기 위해 전화를 하지도, 문자 메시지를 보내지도 않았다. 메케는 짜증이 났다가 걱정이 되면서 괴로웠다. 그는 30분이 지나서야 나타나더니 "길이 너무 많이 막혔어요. 그런데 차에서 문자 메시지를 보내고 싶지는 않았죠"라고 말했다. 두 번째 데이트인데, 알리지도 않고 늦게 나타난 그의 행동 때문에 화가 났다는 이야기를 어떻게 해야 할지 몰랐다. 늦은 걸 빼면, 마일스에게는 좋아할 만한 면이 정말 많았다. 그는 상대의 말을 열심히 들었고, 두 사람은 공통점이 너무 많았다. 데이트 후 각자의 자동차를 타려고 걸어갈 때 마일스는 메케에게 어릴 적 겪은 정신적 외상을 털어놓기 시작했다. 만난 지 얼마 되지도 않았는데 개인적인 이야기를 너무 많이 털어놓는 것 같았다. 메케는 "마일스, 네 과거를 편하게 말해주어서 고마워. 하지만 그런 이야기들은 조금 천천히 듣고 싶어"라고 말했다.

마일스는 어리둥절해하며 말을 멈추더니 "오, 그렇구나. 그렇게"라고 대답했다. 고통스러운 표정이었던 그는 단번에 행복한 미소를 띠었다. 감정이 그렇게 금방 바뀌는 걸 보면서 메케는 깜짝 놀랐고, 그녀가 뭔가 위험 신호를 놓친 게 아닌지 의심스러웠다. 마일스는 유해한 사람일까? 아니면 그저 어색해서 그랬을까?

메케처럼 당신도 유해한 상황에서 벗어난 후 먼 길을 걸어왔다. 앞으로는 인간관계에 어떻게 대처할지도 배웠다. 유해한 사람이 다른 사람을 잘 배려하는 사람을 먹잇감으로 삼는 경우가 많다는 사실도 알고 있다.

공감을 잘하고 사람들을 보살피려는 성격은 아름다운 특성이다! 다른 사람에게 마음을 여는 건 아무 잘못이 아니다. 그러나 먼저 자신을 보호하자. 새로운 삶을 살기 위해서 말이다. 당신의 삶은 그 어느 때보다 좋아질 것이다.

유해한 관계나 상황의 조짐을 기억하자

유해한 사람과 유해한 관계를 공부하면 회복의 과정뿐 아니라 새로운 사람을 만나기 위해 준비하는 과정에도 도움이 된다. 다음에 누군가를 만날 때는 유해한 사람일 수 있다는 위험 신호를 놓치지 말자. 1장에서 이야기했듯, 거의 모든 유해한 관계에서 병적인 패턴이 반복된다는 걸 기억하자. 그들은 먼저 상대를 이상화하고, 깎아내리고, 버린다.

건강하지 않은 관계에서, 유해한 사람은 처음부터 애정을 퍼붓는 경우가 많다. 이런 행동들이 이상화하고 있다는 조짐이다.

- 당신 같은 사람을 이전에 한 번도 만난 적이 없다고 말한다.
- 과거에는 형편없는 대우를 받았고, 자신을 이렇게 잘 대해준 사람은 당신이 처음이라고 말한다.

- 당신을 지나치게 칭찬한다.
- 데이트하거나 사귀기 시작했을 때 당장 함께 살자고 요구한다.
- 두 사람의 관심사가 너무 비슷해서 무서울 정도다(유해한 사람은 당신을 거울처럼 따라 한다).
- 보통은 더 철저한 검증 과정이 필요한 일인데, 그 자리에서 채용되었다.
- 당신과 비슷한 옷차림을 하거나 당신의 버릇을 흉내 내기 시작했다.
- 당신의 시간을 독차지하고 싶어 한다.
- 처음 만났을 때 "당신한테 이야기하는 게 너무 편해서"라면서 자신이 겪었던 유해한 관계들을 모두 털어놓는다.

마일스가 힘들었던 어린 시절을 털어놓기 시작했을 때, 메케는 심리 치료사가 정신적 외상 떠넘기기를 언급했던 게 기억났다. 유해한 사람은 만난 지 얼마 되지 않았을 때부터 자신의 상처를 너무 많이 털어놓는데, 이게 정신적 외상 떠넘기기다. 그들이 분명한 경계선을 가지고 있지 않다는 확실한 조짐인데도, 사람들은 때때로 그걸 정서적인 친밀감으로 착각한다. 그리고 상대가 자신을 믿고 기꺼이 비밀을 털어놓아서 기분이 좋아진다. 그러나 그건 목적을 위한 수단일 뿐이다. 다른 사람을 옭아매기 위해 유해한 사람들이 자주 활용하는 방법이다. 메케는 그런 조짐을 알아차리고 마일스에게 천천히 이야기하라고 요구했다. 이상화하는 행동은 아첨처럼 느껴질 때가 많다. 그러나 사실은 당신의 시간을 점점 더 독차지하면서, 다른 사람과 접촉하지 못하도록 고립시키려는 노력이다.

유해한 사람은 관계가 깊어졌다는 사실을 확인하면 상대를 깎아내리면서 정서적 학대의 주기를 천천히 시작한다. 한때는 모든 게 완벽했는데 이제는 제대로 하는 일이 하나도 없다고 말한다. 뒤에 나오는 행동들이 깎아내리기의 조짐이다.

- 몸이나 목소리처럼 바꿀 수 없는 특징들을 비난한다.
- 당신을 악의적으로 다른 사람과 비교한다.
- 작은 실수까지 일일이 지적한다.
- 몇 달 전과 몇 년 전의 실수까지 들먹인다.
- 일을 방해한다.
- 다른 사람들 앞에서 당신을 비웃는다.
- 당신에게 알리지 않고 계획했던 일에 참여하지 않는다고 당신을 비난한다.
- 의도적으로 피하거나 완전히 무시한다.
- 자신이 당신보다 우월하다고 생각하는 부분을 이야기한다.
- 데이트나 다른 약속에 늦게 나타나거나 아예 오지 않는다.
- 그의 행동에 대해 당신 탓을 한다.
- 당신의 만성 질환 문제를 이용해 당신을 공격하거나 그 문제로 당신을 조롱한다.
- 당신이 제정신이 아니라고 말하거나, 다른 사람들이 그렇게 생

각한다고 말한다.

- 당신의 친구, 동료, 가족이 당신을 나쁘게 말했다고 이야기하면서 관계를 갈라놓는다.

마지막으로 그들은 당신과 연락을 끊는다. 그들은 다가올 때처럼 재빨리 떠난다. 이게 버리기 과정이다. 때로는 새로운 대상이 더 이상 그들의 자기애적인 욕구를 채워주지 못할 때를 대비해 당신을 예비 명단에 남긴다. 이런 행동들이 버리기의 조짐이다.

- 오랜 시간 의도적으로 피한다.
- 집에서 멀리 떨어진 곳에 당신을 버려두고 가버린다.
- 다른 사람과 사귄다.
- 갑자기 당신을 해고한다.
- 무시당했다고 생각한다면서 돌아오지 말라고 이야기한다.
- 당신의 물건들을 함께 사는 집 밖으로 내놓고, 현관문의 자물쇠를 바꾼다.
- 새로운 연인이나 친구처럼 자기애적인 욕구를 채워줄 새로운 사람으로 상대를 바꾼다.
- 당신을 다시 끌어들였다가 또 버린다.

처음 만난 사람이 당신을 이상화한다면, 경고 신호는 아닌지 생각해보자. 그의 행동이 별나다고 느끼지만, 연락을 끊어야 할 만큼 심각하지는 않다면 그냥 주의해서 살피자. 그 사람이 계속 그런 행동을 보이면 연락을 끊거나 최대한 줄이자. 직장이 유해한 환경이라면 다른 일자리를 찾아보자.

> "그는 처음에 나를 너무 좋아했다. 그런데 두 달이 지나자 내가 얼마나 바보 같고 제정신이 아닌지 말하고 있었다. 자연스럽게 나는 나 자신을 탓했다. 지금은 그게 그가 다른 사람과의 관계에서도 반복해온 패턴이라는 걸 안다."_데지레, 60세

당신이 돌아간다면

유해한 관계나 상황에서 벗어나려고 할 때 유해한 사람이 당신을 다시 끌어들여 계속 만나려고 애쓸 수도 있다. 그러나 당신이 돌아가면 곧바로 똑같은 상황이 되풀이된다.

심리 치료처럼 자신을 돌아보려는 노력을 엄청나게 하지 않는 한, 그 사람의 행동은 바뀌지 않는다는 사실을 잊지 말자. 다시 연락하기로 마음먹는다면, 그 사람이 정말로 바뀌었다는 확실한 증거가 나타날 때까지 계속 일정한 거리를 유지해야 한다. 계속 다른 사람을 잘 대하는지, 사람이나 일이 그의 기대대로 되지 않아도 사려 깊게 대처하거나 바람직하지 않은 기대를 완전히 버리는지를 확인하자. 더 이상 과거를 들먹이지 않고, 당신이 거절하자마자 받아들이는 태도도

변했다는 표시다. 변화한 사람은 자신의 행동에 책임을 지고, 사과해야 할 때 사과한다.

누군가가 나를 그토록 원한다는 사실이 좋을 수도 있지만, 당신을 사랑해서 그러는 게 아니다. 누군가를 좌지우지하려는 힘이나 통제 욕구에서 비롯된 행동이다. 전 배우자나 애인이 이번에는 상황이 달라질 것이라고, 자신이 달라졌다고 약속하더라도 그 말을 있는 그대로 받아들이지 말자. 정서적 학대를 비롯한 인간관계에서의 폭력은 거의 언제나 갈수록 수위가 높아진다. 전 배우자나 연인의 말보다는 행동을 자세히 살피자. 또한 당신의 감정을 자세히 살피자. 불안 혹은 두려움을 느끼거나 그 사람의 관계에서 학대당했던 장면들이 떠오를 수도 있다. 유해한 전 배우자나 연인과 다시 연락할 때, 심각한 상처를 입거나 죽을 수도 있다는 사실을 잊지 말자.

유해한 직장으로 돌아가기로 마음먹었다면 자신을 보호해줄 요소들이 제대로 작동하는지 확인하자. 사무실에 혼자 남아 있지 말자. 몇 명만 남아 있는 상황도 피하자. 걱정되는 일들을 기록하고 유해한 동료와 멀리 떨어진 곳이나 다른 층으로 업무 공간을 옮기자. 유해한 관리자와 함께 일하고 있다면 반드시 부서를 옮겨달라고 요청하자. 그 회사가 유해한 환경을 없애기 위해 노력하도록 하는 게 가장 이상적이다. 예를 들어 회사 차원에서 산업 심리학자나 조직 심리학자에게 의뢰해 조직문화나 관습을 바꿔나갈 수도 있다. 이사회의 이사들과 다른 책임자들이 인권을 지키는 사람들로 바뀌었는지 확인하자. 건전한 직장에는 괴롭힘을 고발하는 서면 규약이 있어 괴롭힘이나 따돌림 사건이 생기면 신속하게 처리한다. 일하는 곳에서 계속 권리를 침해당한다면 인사팀에 고발하거나(당신 직장에서 해결할 수 있다면) 다른 일자리를 찾자.

"그는 대단한 약속을 했고, 나는 그에게 돌아갔다. 일주일 후, 상황은 전보다 더 나빠졌다." _ 앨릭스, 28세

스스로 확인해보기 ✳

유해한 사람은 정말 변화했는가?

유해한 사람이 당신과 다시 연락하려고 애쓰고 있다면, 다음 질문을 해보자.

1. 그 사람이 상담을 받거나 지원 단체에 참여하면서 자신의 행동을 바꾸려는 노력을 하지 않는가?
2. 당신과 다른 사람들에 대한 자신의 행동에 책임지지 않았는가?
3. 그 사람이 당신에게 상처를 준 방식을 사과하지 않았는가?
4. 그 사람에게 고민거리를 털어놓으면 진심으로 열심히 듣는가 아니면 방어적으로 반응하는가?
5. 당신이 그 관계에서 부족하다고 느꼈거나 원했던 걸 정확하게 약속하지만, 너무 많은 걸 약속해서 진짜 같지 않은가?
6. 이번에는 상황이 달라질 것이라고 약속하지만, 변화했다는 증거는 하나도 보여주지 않는가?
7. 끊임없이 문자 메시지를 보내거나 전화하고, 미리 알리지 않고 당신 집에 찾아오면서 당신을 되돌아오게 하려고 잔뜩 흥분해서 애쓰고 있는가?

8. 당신이 관계를 되돌리지 않겠다고 거부할 때, 화를 내면서 당신에게 죄책감과 수치심을 주려고 했는가?
9. 친구들과 가족을 통해 말을 전하면서 당신에게 다가가려고 애썼는가?
10. 이메일, 전화번호와 소셜 미디어를 차단했지만, 그는 여전히 당신에게 연락할 방법을 찾고 있는가?

'그렇다'라고 대답한 질문이 많을수록 이전에 했던 유해한 행동을 여전히 똑같이 보여줄 가능성이 높다. 다시 연락을 할지 신중하게 생각해보자.

자신에게 친절해지자

———

그 사람에게 돌아가고 싶은 마음이 들거나 화해를 위한 단계를 밟았다면, 잊지 말고 자기 연민을 실천하자. 그 사람은 당신이 듣고 싶은 말을 했을 것이다. 세상을 다 준다고 약속하는 누군가에게 누가 돌아가고 싶지 않겠는가? 자기 연민을 갖는다는 건 자신을 먼저 돌보아야 한다는 사실을 안다는 뜻이기도 하고, 유해하고 치명적일 수 있는 상황으로 돌아가지 않겠다는 뜻이기도 하다.

데이트를 다시 시작했다면 다시 유해한 사람을 만날 가능성도 있다. 자신이 지나치게 조심스럽다거나 누군가의 행동에 유해한 특징이 있는지 지나치게 비판적인 눈으로 바라본다고 느낄 수도 있다. 그러다 또다시 정서적으로 건강하지 않은 사람에게 빠져들지도 모른다는 사실을 기억하자. 데이트하는 과정에서 자신을 돌보는 게 정말 중요하다. 그렇지 않으면 나쁜 경험 역시 배우는 과정이라고 생각하지 못하고, 또다시 부적절한 사람에게 반했다는 자책에서 헤어나지 못한다. 아마도 당신은 누군가가 정서적으로 건강하지 않다는 사실을 일찌감치 알아차리고 관계를 끝냈을 것이다. 큰 발전이다. 그렇게 끝낼 수 있었던 자신을 자랑스러워하자.

더 바람직한 관계를 맺기 위한 바탕을 만들자

———

연인이든, 가족, 친구 혹은 동료든 관계를 잘 만들어가는 데 필요한 조언을 담은 책들이 서점을 가득 채우고 있다. 이 책의 목표는 그게 아니다. 나는 당신의 회복에 계속 초점을 맞추고 싶다. 그러나 주변 사람들과 좋은 관계를 유지하는 건 풍요로운 삶을 살기 위한 중요한 조건이다. 유해한 관계와 상황을 겪은 사람은 새로운 관계를 맺기 시작할 때 몇몇 실수를 하기 쉽다. 감정을 보호하고, 원하는 걸 분명히 밝히고, 바람직하게 소통하는 등 앞으로 잘 살아가기 위한 방법을 탐색해보자.

애착 유형을 기억하자

———

5장에서 읽었듯, 안정형, 불안형, 회피형, 혼란형 등 다양한 애착 유형이 있다. 애착 유형은 관계를 유지할지 말지 혹은 좋지 않은 상황을 떠날지 말지를 결정하는 데 영향을 준다.

불안형 애착 유형의 사람은 버림받을까 봐 두려워한다. 혼자보다는 낫다는 이유로 정서적으로 건강하지 않은 누군가와 계속 연락하기도 한다.

회피형 애착 유형일 때는 정서적으로 건강하지 않은 사람들에게 이끌린다. 그들 역시 정서적으로 거리를 두려고 하기 때문이다.

혼란형 애창 유형일 때는 불안형과 회피형 충동을 모두 느껴 관계를 유지하는 게 아주 어렵고, 유해한 사람의 이상화하는 행동이 더욱더 매력적으로 느껴진다.

안정형 애착 유형은 어떤 사람의 문제 있는 행동을 금방 알아차린다. 한발 뒤로 물러나 그런 행동이 한 번만 있는 일인지 혹은 더 큰 문제를 보여주는 지표인지 가늠해보자.

그렇다고 안정형 애착 유형의 사람들이 언제나 유해한 사람의 이상화하는 행동을 알아볼 수 있다는 뜻은 아니다. 은밀한 나르시시스트는 사귀기 시작할 때 병적인 행동을 정말 잘 감춘다. 그들은 정서적으로 건강한 척하면서 사람들을 잘 속인다.

새로운 관계를 탐색하고 있다면, 5장을 다시 보면서 애착 유형을 확인하자. 지금 애착 유형이 불안정 애착이라고 전혀 잘못된 게 아니다. 유형을 깨닫는 게 중요하다. 그리고 거기에서 벗어나 안정형 애착 유형으로 변화할 수 있다는 사실을 기억하자.

사람들을, 기대하는 모습이 아니라
지금 그대로의 모습으로 보자

———

다른 사람을 만날 때, 특히 데이트할 때 상대를 그 순간의 모습보다 기대하는 모습으로 보려는 사람이 많다. 누군가가 나아질 수 있다고 기대하는 건 낙관적이고 희망적이지만, 당신은 누군가를 바로잡는 사람이 아니다. 누군가를 당신이 원하는 사람으로 만들려는 노력은 당신의 일이 아닐 뿐 아니라, 바람직하지도 않다. 그 순간 상대의 모습을 보자. 있는 그대로의 모습보다 기대하는 모습을 보려고 할 때 무의식적으로 그 사람을 고쳐놓으려고 애쓴다. 이런 노력은 바람직하지 않을 뿐 아니라 분노나 실망을 불러일으키고 그 사람(친구나 배우자) 또한 불만을 표현할 것이다.

"나는 '나를 사랑해줄 누군가가 필요해'라고 늘 생각했기 때문에 유해한 관계에 빠졌다. 이제는 상대가 정서적으로 건강한 사람이 되기 위해 노력해왔는지를 보려고 한다."_비비, 40세

스스로 기록해보기　　　　　　　　　　＊

현실과 가능성

있는 그대로의 모습을 보기보다 변화될 모습에 기대를 걸었기 때문에 지속

했던 유해한 관계가 있었는지 생각해보자. 그 사람에게 무엇을 기대했는지 쓰고, 그 사람이 실제로 어땠는지 설명하자. 그 사람이 될 수 있다고 생각했던 모습과 실제 모습이 얼마나 다른가? 현실이 아니라 가능성을 보기 위해 당신이 얼마나 '바로잡아야' 한다고 생각했는가? 다른 사람의 가능성에 희망을 거는 당신의 능력을 인정하자. 그러나 그것 때문에 관계에 대한 판단력이 흐려진다면 그 능력을 조절하자.

원하는 행동의 목록을 만들자

때때로 우리는 친구나 배우자의 어떤 면을 싫어하는지는 알지만, 우리가 뭘 원하는지는 정확하게 말하지 못한다. 상대에게서 무엇을 원하는지 시간을 내서 목록을 만들자. 최대한 구체적으로 만들자. 그동안 자신을 판단하거나 비판하지 않으려고 노력하자. 이런 항목들이 들어갈 수 있다.

- 내 자녀와 잘 지낸다.
- 동물을 좋아한다.
- 정기 검진을 받는다.
- 현명한 소비 습관을 가지고 있다.
- 나와 다른 사람에게 정중하게 말한다.
- 유머 감각이 있다.
- 다른 사람에게 친절하다.

- 만날 때 공평하게 주고받는다.
- 개방적으로 소통한다.
- 다른 사람과도 좋은 관계를 맺고 있다.
- 바람직한 경계선을 가지고, 다른 사람의 경계선도 존중한다.
- 가치관이 비슷하다.

긍정적으로 표현하려고 노력하자. "내 이야기를 가로채지 않는다" 대신 "내 말이 끝날 때까지 기다린다"라고 써보자. "소리를 지르지 않는다" 대신 "나에게 정중하게 말한다"라고 써보자.

더 많이 알아가고 싶은 누군가를 만날 때 이 목록을 다시 읽어보자. 데이트하다 연인 관계로 발전할 때도 다시 읽어보자. 때때로 우리는 사랑의 열병 때문에 논리적으로 생각하기 어려워진다. 목록을 살펴보면서 새 친구가 얼마나 많은 항목에 해당하는지 확인하자. 그가 어떤 기준과 맞지 않는다면, 그 항목이 당신에게 얼마나 중요한지 다시 검토하자. 그 사람으로 인해 마음이 설레지만, 가치관이나 유머 감각은 맞지 않을 수 있다. 완벽한 짝이 세상에 딱 한 명뿐이라는 생각은 근거 없는 믿음이라는 걸 기억하자. 당신은 비교적 당신과 잘 맞는 사람을 만날 수 있다. 한 사람이 당신의 모든 욕구를 채워주는 건 불가능하다.

두 사람은 공평하게 주고받는 관계여야 한다. 유해한 사람이 받기만 해서 당신은 결국 주기만 하는 관계가 되지는 않는가? 친구가 아프거나 집안에 급한 일이 있을 때처럼 일시적으로 균형이 맞지 않을 때는 있다. 그런데 두 사람 관계에서 계속 균형이 맞지 않는다고 느끼면, 상대와 이야기해보자. 때때로 "불편한 이야기지만…"이라는 말로 불편한 대화를 시작해보자. 그러면 이야기하기가 훨씬 더 쉬워진다. 문제가 아직 해결되지 않았다고 느끼면, 두 사람이 함께 보내는 시간을 줄이거나 자주 호의를 보이지 말자. 그 관계가 바람직하지 않다는 직감이 들면 연락을 끊어야 할 수도 있다.

이런 목록을 만드는 일이 연인이나 친구 관계에만 적용되는 건 아니다. 일에도 적용할 수 있다. 그럴 경우 이런 기준이 포함된다.

- 관리자가 친절하고, 긍정적인 피드백을 준다.
- 내가 질문하면 정중하게 대답한다.
- 나에게 무엇을 기대하는지 안다.
- 회사에 출근하는 게 즐겁다. 의료 보험, 탄력 근무, 재택근무 같은 혜택이 있다.
- 그 일이 재미있다고 생각한다.
- 회사에서 나의 가치를 인정받는 기분이다.
- 다른 사람을 돕고 있다.
- 지침과 요구가 한결같다.
- 그 회사의 문화는 내 가치관과 일치한다.

처음에는 직장이 이 항목들과 맞는지 모를 수도 있다. 그러나 직장에서 어떤 걸 기대하는지를 썼다는 사실만으로 당신의 필요와 욕구를 이해하고, 걱정되는 일을 더 일찍 알아차릴 수 있다.

> "'완벽한 사람'을 찾았다고 생각했을 때 내가 써놓은 목록을 다시 보았다. 감정에 치우쳐 제정신을 잃고 있다는 사실이 드러났다."_제임스, 48세

취약점을 보여줄 때를 알자

———

우리 안의 슬픔, 기쁨, 비탄이나 분노처럼 깊이 자리 잡은 감정을 불러일으키는 어떤 경험이든 감정이든 취약점이 될 수 있다. 취약점은 우리가 다른 사람에게 쉽게 털어놓지 않으려는 예민한 부분이다. 우리는 취약점 때문에 어울리지 않은 자리에 있는 것처럼 당황하거나 불편해한다.

누군가에게 취약점을 보여줄지 말지는 우리의 선택이다. 그런데 유해한 사람은 당신의 취약점을 자신에게 유리하게 이용하려고 한다. 이걸 **정서적 탄약**이라고 부른다. 유해한 사람들은 당신을 무기력하게 만들고 싶을 때 오래전에 한 이야기 속에 취약점을 끄집어낸다. 예를 들어 어느 때인가 직장에서 사람들이 당신을 좋아하지 않을까 봐 가장 두렵다고 털어놓았는데, 말싸움을 벌이다가 "직장에서 아무도 너를 좋아하지 않는 게 당연해"라고 말할 수도 있다.

새로 사귄 친구나 데이트 상대가 만나자마자 아주 개인적인 질문

을 하는가? 이런 질문이다.

- 가장 깊이 두려워하는 일은 무엇인가?
- 가장 크게 후회하는 일은 무엇인가?
- 누가 당신을 가장 실망시켰는가?
- 삶에서 가장 큰 손실은 무엇이었는가?

이런 질문에 대답하면서 누군가와 정서적인 친밀감을 쌓아가고 있다고 느낄 수도 있다. 때때로 우리는 누군가와 가까워진다는 기분에 휩쓸려 곧장 내밀한 이야기를 털어놓는다. 그러나 상대에게 같은 질문을 하면, 유해한 사람은 대답을 피하거나 진짜 같지 않은 대답을 만들어낸다.

당신이 믿을 만한 사람에게 취약점을 보여주는지 확인하자. 그렇다고 모든 사람에게 담을 쌓으라는 의미는 아니다. 당신의 감정과 두려움을 언제, 누구에게 털어놓을지를 신중하게 결정해야 한다는 의미다. 사람들은 때때로 누군가에게 취약점을 털어놓지 않는 자신을 차갑거나 냉정한 사람이라고 느낀다. 사실은 전혀 그렇지 않다. 당신은 가장 먼저 자신에게 친절하고 다정해야 한다. 그러려면 내밀한 이야기를 털어놓고 싶은지 아닌지 자신의 마음을 먼저 헤아려야 한다.

스스로 확인해보기   *

이 사람은 취약점을 털어놓을 만한 사람인가?

누군가에게 터놓고 이야기할 때 그 사람이 당신을 존중할지 확신하기 어려우면, 뒤에 나오는 질문에 답해보자.

1. 자신이 신뢰할 수 있는 사람이라는 사실을 보여주었나?
2. 나를 존중하는 태도로 대했는가?
3. 다른 사람들이 취약점을 보여주었을 때 존중하는 태도로 대했는가?
4. 내가 민감하게 생각한다고 말한 건 뭐든 존중하고 조심하는가?
5. 나의 취약점을 알고, 조심스럽게 대하는가?
6. 보통 사람보다 더 취약한 아이, 반려동물을 친절하게 대하는가?
7. 진심으로 내 말에 귀를 기울이는가?
8. 내가 어떻게 지내는지 묻고, 대답을 열심히 듣는가?
9. 그 사람과 함께 있으면 안전하다고 느끼는가?
10. 내 아이들이나 부모님이 이 사람을 만나면 좋겠는가?

이 질문 중 하나라도 '아니다'라고 답했다면, 유해한 사람일 수 있다. 조심스럽게 만나자. 대부분의 질문에 '그렇다'라고 답했다면, 그 사람은 감정과 생각을 털어놓아도 될 만한 사람일 가능성이 높다. 그 사람을 긍정적으로 보되, 계속 신뢰할 수 있다고 여기거나 취약점을 털어놓아도 된다고 느낄 때까지는 조심하면서 만나자. 상대를 믿을 수 있을지 확신할 수 없다면, 내밀한 이야기를 털어놓지 않고 기다리는 게 최선이다.

상호의존적인 행동 방식을 버리자

———

유해한 관계를 끝낸 후 새로운 관계를 만들어갈 때, 상호의
존에 빠져들기 쉽다. 정서적인 안정감, 인정이나 목적의식을 얻기 위
해 배우자나 다른 사람에게 너무 많이 의존할 때 상호의존적인 행동
을 하게 된다. 상호의존 상태에서는 기분과 행동이 상대에게 좌지우
지된다. 상대가 기분이 좋지 않으면 당신 기분도 좋지 않다. 그가 화
를 내면 당신도 쩔쩔매며 그의 기분을 좋아지게 하려고 애쓴다.

당신이 상호의존적이라면 본질적으로 다른 사람의 감정이나 문제
에 책임감을 느낀다. 그들을 돌보기 위해 기꺼이 자신의 행복을 희생
한다. 누군가를 지지하는 일과 자신을 희생하면서까지 그의 기분을
좋아지게 하려고 애쓰는 일은 다르다. 예를 들어 친구가 우울해하면
정신 건강 전문가를 만나라고 권할 수 있다. 그러나 그 친구가 당신
이 상담료를 내줘야만 갈 것이라고 말하는데도 그 말을 들어주면, 자
신과 친구 모두에게 해롭다. 또 다른 예로 어머니가 병원에 가야 하
는데, 몇 시간 전에야 차로 데려다달라고 부탁했다고 해보자. 당신에
게 다른 계획이 없고, 일정에 방해가 되거나 다른 문제가 생길 일이
없다면 모셔다 드리는 게 마땅할 수 있다(조금 화가 나긴 하겠지만). 그
러나 직장에 지각하면서까지 어머니를 모셔다 드리는 것은 자신보
다 어머니의 필요를 중시하면서 상호의존적으로 반응하는 것이다.

배우자, 가족이나 친구가 어떤 종류든 심한 중독에 빠졌거나 정신
적 혹은 육체적인 건강에 문제가 있는데도 치료하지 않고 있다면, 당

신이 상호의존적인 행동을 보이기가 더 쉽다. 상대가 자신의 문제를 치유하려고 노력하지 않으면, 사랑하는 사람(당신)이 그 문제를 '바로 잡으려고' 애쓰게 되기 쉽다. 누군가를 바로잡는 게 당신의 책임이 아니고, 누군가의 문제를 해결하려고 애쓰다가 양쪽 모두 화만 날 수 있다. 그 사람이 자신의 행동을 바꾸어야 한다. 우리가 대신해줄 수는 없다.

자신의 문제를 책임지지 않으려는 사람과 관계를 맺기로 했다면, 애정 어린 거리 두기를 연습하자. 당신의 정신적 건강과 자신을 돌보는 일을 더 중요하게 여기면서도 문제를 겪는 누군가를 지지할 수 있다는 개념이 애정 어린 거리 두기다. 계속 그에게 관심을 가지면서 전문적인 도움을 받으라고 권할 수는 있지만, 당신이 대신 선택해줄 수는 없다는 사실을 기억하자. 행복하고 평화롭게 살 수 있는 당신의 권리와 그의 병적인 행동 사이에 분명한 경계선을 유지하자.

> "'더 이상 너를 따뜻하게 해주려고 나를 불태우지 않을 거야'라는 말이 이제야 정말로 이해된다."_디에고, 36세

스스로 확인해보기 *

당신의 관계는 상호의존적인가?

몇 가지나 당신에게 해당하는지 세어보자.

1. 다른 사람의 감정에 내 감정이 좌지우지된다.

2. 다른 사람의 필요에 초점을 맞추기 위해 내 필요를 무시한다.

3. "다른 사람을 따뜻하게 해주려고 당신 자신을 불태우지 말라"는 말이 이해된다.

4. 그 사람이 술이나 마약에 취하지 않는지 확인하려고 밤늦게까지 잠들지 못한다.

5. 중독자인 사람이 내 돈을 훔치거나 내게 해를 끼친 다음에도 도왔다.

6. 이 사람과 함께 있어야만 연애를 하거나 행복한 삶을 살 수 있다고 느낀다.

7. 무슨 일이 있어도 이 관계를 유지하려고 힌다.

8. 그 사람이 유해한 태도로 행동할 때 내가 대신 변명해준다.

9. 그 사람과의 관계로 인한 스트레스를 이겨내려고 마약이나 다른 중독성 물질을 사용하기 시작했다.

10. 어떤 희생을 치르더라도 이 사람과의 충돌을 피한다.

이 설명들 중 당신에게 해당하는 게 있다면, 지금 상호의존적인 관계를 맺고 있을 수 있다. 상호의존성이나 바람직한 경계선을 정하는 방법을 배우기 위해 정신 건강 전문가와 상담하자. 정신 건강 전문가를 찾는 데 도움을 받고 싶다면 6장을 다시 보자.

스스로 기록해보기   ＊

상호의존성을 제대로 보자

집에서든, 직장이나 친구 관계에서든 당신의 이전 관계도 상호의존적이었을지 모른다. 시간을 내서 당신이 이전에 보였던 상호의존성의 징후들을 써내려가자. 누군가의 유해한 행동을 교정하려고 애썼을 때 가졌던 감정과 생각을 자세히 써보자. 분노 조절 문제가 있는 유해한 사람 대신 습관적으로 사과했거나 다른 사람과 그의 관계를 원만하게 만들려고 노력했을 수 있다.

그다음, 현재 당신과 관련 있는 사람들에게 무엇을 기대하는지 적어보자. 상대가 분노 조절 문제를 보이지 않기를 기대할 수 있다. 만약 그에게 그런 문제가 있다면, 그가 문제를 개선하기 위해 노력하기를 기대한다.

만약 새로 사귄 사람이 부적절한 행동을 하는 모습을 보게 되면, 무엇을 하고 무엇을 하지 않을 생각인지 써보자. 사랑하는 사람이 분노를 터뜨릴 때 그를 달래거나 그를 대신해서 사과하지 않을 것이다. 또한 그와 거리를 두고, 그가 자신의 분노 때문에 생긴 인간관계 문제를 스스로 해결하도록 내버려둘 것이다.

이렇게 기록해봄으로써 우리가 이전처럼 상호의존적인 행동을 할 때, 그런 행동이 슬금슬금 되살아날 때, 더 잘 알아차릴 수 있다. 누군가와 새로 사귀기 시작할 때 그런 행동을 다시 하게 된다고 해도 더 신속하고 철저하게 바꿔나갈 수 있다.

관계 유지를 위해 두 사람이 똑같이 노력하는지 확인하자

당신이 관계 유지를 위해 훨씬 더 많이 노력하고 있다고 느끼거나 삶의 다른 영역들을 희생할 정도로 관계를 중시하고 있다면, 한발 뒤로 물러서서 관계가 바람직한지 아닌지 확인하자. 관계 유지를 위해 연인, 가족이나 친구보다 더 애쓰고 있다면 상호의존하고 있다는 표시일 수 있다.

관계를 유지하려고 너무 애쓰고 있는가?

뒤에 나오는 질문에 '그렇다'나 '아니다'로 대답하자.

1. 대부분 당신이 먼저 연락하는가(문자 메시지, 전화 등)?
2. 연인, 친구나 가족이 마지막 순간에 바꾼 일정에 맞추려고 당신의 일정을 다시 조정해야 한다고 느끼는가?
3. 당신이 더 나긋해져야 한다고, 연인, 친구, 가족이나 동료가 요구하는가?
4. 당신의 연인은 마지막 순간에 당신과의 약속을 바꾸는가?
5. 당신은 연인의 기분이 어떤지 알려고 연락하지만, 그는 당신이 어떤 기분인지 묻지 않는가?
6. 그가 당신 전화와 문자 메시지에 거의 답하지 않거나 상당히 오랜 시간이 지난 다음에야 답하는가?
7. 당신이 연인보다 두 사람 관계에 더 많은 노력을 쏟고 있는 것 같다고 친구들과 가족이 이야기했는가?
8. 그가 이유를 설명하지 않고 늦게 오거나, 갑자기 당신 집이나 사무실에 나타나는가?
9. 그가 당신에게 돈을 요구한 후 갚지 않은 적이 있는가?
10. 당신의 연인, 친구나 가족은 외출할 때마다 당신이 비용을 지불하기를 기대하는가?

'그렇다'라고 대답한 질문이 많을수록, 당신이 관계 유지를 위해 상대보다 더 많은 노력을 하고 있을 가능성이 높다. 상대가 기꺼이 이 문제에 관해 이야기하면서 관계를 위해 더 노력하겠다고 말하지 않는다면, 관계를 끝낼지 고민해야 할 수도 있다.

의견 차이를 잘 극복하는 방법을 알자

바람직한 관계를 맺기 위해 노력하는 동안, 논쟁과 싸움의 차이를 몰라 혼란스러울 수도 있다. 친구나 연인과 의견이 다른 건 당연하고 정상적이다. 그러나 논쟁과 싸움에는 큰 차이가 있다.

논쟁할 때 두 사람은 문젯거리를 이야기하고, 그 문젯거리와 관련된 감정과 문제를 차분하게 논의한다. 화를 내지 않으면서 서로 존중하는 태도로 문제를 논의한다.

유해한 관계를 맺고 있다면, 문젯거리를 이야기하는 게 안전하지 않다고 느끼기 쉽다. 유해한 사람은 그럴듯한 이유를 들면서 당신의 필요가 중요하지 않다고, 문제될 게 없다고 말하고, 더 심하게는 언어폭력이나 신체적 폭력까지 휘두른다. 그 기억 때문에 논쟁을 피하는 게 자신을 보호하는 가장 좋은 방법이라고 생각할 수도 있다. 사실이 아니다. 연구에 따르면, 바람직한 관계를 맺고 있을 때는 문제를 드러내고 잘 해결하면 문제를 피할 때에 비해 부정적인 감정이 상당히 줄어든다.

물론 논쟁을 피하면 마음이 더 편하다(최소한 일시적으로). 그러나 정서적으로 건강한 사람과 만나고 있다면, 과감하게 문젯거리를 이야기하는 게 장기적으로 더 도움이 된다. 의견이 맞지 않아 잘 해결하기 어려우면, 두 사람이 만나서 논쟁할 시간을 따로 정하자. 우스꽝스럽고 억지스럽게 들리겠지만, 나를 믿어보시라. 이 방법은 효과가 있다. 크게 두 가지 면에서 그렇다. 첫째, 그 문제 때문에 싸움이 생기는 일을 예방할 수 있다. 둘째, 화가 날 때 바로 민감한 주제를 꺼내지 않고, 정해놓은 논쟁 시간까지 보류할 수 있다.

두 사람이 문제를 언제 논의하고 해결할지, 날짜와 시간을 정하자. 한 번에 한 가지 문제만 논의하자. 서로 교대로 주제를 선택하자. 논쟁 시간은 45분을 넘기지 말아야 한다. 그보다 길어지면 통제가 어렵다. 논쟁할 시간과 함께 이런 규칙도 정할 수 있다.

- 욕이나 인신공격을 하지 않는다.
- 과거를 들먹이지 않는다.
- 상대의 말을 가로채지 않는다.
- 다루는 주제에 집중한다.
- 어느 한쪽이 화가 치밀면 10분 동안 물러나 있는다.

각자 그 주제에 대해 최대 15분까지 의견을 이야기하자. 그다음 15분 동안 마무리하자. 의견이 다르다는 사실을 인정하고 그 문제를 다음번으로 미루거나 해결책을 찾아 실천하자.

정서적으로 건강한 사람들과 가깝게 지내자

이제 당신은 유해한 사람을 알아본다. 이미 다른 사람을 볼 때 어떤 면을 보아야 하는지 알고, 마음속 알람이 예민하게 작동한다. 당신은 정서적으로 건강하지 않은 사람이 어떻게 행동하는지 안다. 이제 정서적으로 건강한 사람이 어떻게 행동하는지도 알자. 정서적으로 건강한 사람은 다음과 같은 특징을 지닌다.

- 자신만의 경계선을 가지고 있다.
- 즐겁게 지내는 시간을 갖는다.
- 자신의 삶을 풍요롭게 할 방법을 찾는다.
- 일이 잘못되어도 삶의 일부로 받아들이고, 다음번에는 다르게 할 방법을 찾는다.
- 필요하면 상황을 진지하게 받아들인다.
- 자신과 다른 사람이 실수해도 이해한다.
- 다른 사람의 행동과 생각이 자신의 책임이 아니라는 사실을 깨닫는다.
- 다른 사람을 지지하지만, 그들이나 그들의 상황을 '바로잡으려고' 애쓰지 않는다.
- 자신이 원하는 곳으로 오라고 하지 않고, 사람들을 찾아가서 만난다.
- 자신이 무엇을 통제할 수 있고, 무엇을 통제할 수 없는지 안다.

당신은 정서적으로 건강하고, 지지해주는 사람과 관계를 맺어야 한다. 정서적으로 건강한 사람과 소통할 때 자신감이 커지고, 편안해진다. 사람들의 태도와 감정은 전염된다. 그러니 사람들을 신중하게 선택해서 사귀자. 이미 알고 있는 정서적으로 건강한 사람에게 연락하거나 새로운 사람을 만나려고 노력하자. 8장을 다시 보면서 아이디어를 얻자.

＊

이 장에서는 앞으로 유해한 관계에 휘말리지 않는 방법을 배웠다. 유해한 사람이 드러내는 조짐을 알아차리는 것과 바람직하지 않은 관계에 빠져들지 않도록 자신을 보호하는 일이 얼마나 중요한지를 잊지 말자. 이 장에서 자신의 애착 유형 깨닫기, 새로운 사람을 냉철한 눈으로 판단하기, 취약점을 털어놓을 때를 알아내기 등 바람직한 관계를 위한 바탕을 만드는 법에 관해 탐구했다. 상호의존적인 행동이 무엇인지 알아보았고, 상호의존적인 행동을 벗어나는 법을 이야기했다. 의견 충돌은 모든 관계에서 자연스럽고 중요한 부분이라는 사실과 건전한 방식으로 논쟁하는 방법도 배웠다. 사람들과 바람직한 관계를 맺는 일에 익숙해지려면 어느 정도 시간이 걸린다. 그러나 타인을 정중하고 친절하게 대하는 사람과 가깝게 지내면 삶의 여유와 마음의 평화를 얻을 수 있다. 나는 당신이 그렇게 할 수 있다는 사실뿐 아니라 이런 노력이 가치 있다는 사실을 믿는다.

Healing from
Toxic Relationships

당신은 반드시 치유된다

유해한 상황에서 벗어나겠다는 건 정말 어려운 결단이다. 이 여정에는 시간이 많이 걸린다. 그러나 이 책 전체에 등장한 사례에서 보았듯, 당신만 그런 여정을 가는 게 아니다. 그리고 그 사례들이 보여주듯, 누구든 더 행복하고, 평온하고 건강한 삶을 살 수 있다.

2장에서 등장한 아야를 기억하는가? 그녀는 엔조의 문자 메시지에 답하지 않았다. 전 남편 루가 함께 지내는 내내 자신을 폭력적으로 대한 기억 때문이기도 하고 그녀를 돌아오게 하려고 엔조를 이용해 연락하는 것 같아서 권리와 인격이 짓밟혔다고 느꼈기 때문이다. 엔조와 루 모두 그녀가 어떻게 지내는지 혹은 그녀가 돌아갈지 말지 알 권리가 없었다. 그녀는 모든 연락을 끊은 다음에야 불안에 떨며 한밤중에 깨는 일 없이, 푹 잘 수 있었다. 그렇다고 항상 안도감을 느낀다는 말은 아니다. 그녀는 아직도 화가 나고, 실망하고, 슬픔을 느낀다. 그러나 시간이 흐르면서 아야는 결혼 생활 동안 멀어졌던 친구와 가족에게 다시 연락하기 시작했다. 또한 루에 대한 분노뿐 아니라 자신에 대한 분노를 털어놓기 위해 심리 치료도 시작했다. 그녀는 점점 더 자신을 용서하고 있고, 삶이 점점 더 정서적으로 건강한 사람들로 채워지고 있다는 사실을 알아차렸다. 그녀는 매일 조금씩 더 기분이 좋아진다.

　머리말에서 만났던 해심은 다른 직장을 구하지 않았는데도, 회사를 그만두겠다고 통보하는 게 최선의 방법이라고 결정했다. 그는 유해한 직장에 계속 다니면 자신뿐 아니라 가족, 친구와의 관계까지 피해를 입는다는 사실을 깨달았다. 계속 화가 치밀고 안절부절못했기 때문이다. 마지막 근무를 마친 후 해심은 몇 주 만에 처음으로 푹 잘 수 있었다. 가족과 친구들은 해심이 본래 모습을 되찾은 것 같다고 말했다. 해심은 상사가 어떤 법률을 위반했는지 파악하기 위해 변호사와 상담하고 있다. 또한 구직 면접 때 이전 직장에 대해 어떻게 이야기하면 좋을지 의논하려고 직업 상담사와 만나고 있다. 새로운 직장에 들어가려고 이미 몇 번 면접을 보았고, 새 출발을 기대하고 있다. 무엇보다, 직장 스트레스에 온통 마음을 빼앗기지 않기 때문에 다른 사람과의 관계에 더 충실할 수 있다고 느낀다.

　3장에 등장한 태미와 아이작은 아이작이 태미의 회사 지분을 얼마에 사들일지 합의했다. 이혼 협상이 끝나자 태미는 안도감과 함께 깊은 슬픔을 느꼈다. 그녀는 자신이 그런 상실감을 느낄 것이라고 예상하지 못했다. 이제 다시는 아이작에게서 연락이 오지 않을 것이다. 그해 개인 소득세와 사업소득세를 낼 때나 나중에 아이들이 중요한 행사를 치를 때 빼고는 서로 대화할 이유가 없었다. 아이작이 자신을 얼마나 힘들게 했는지 아는데도 자신이 그의 목소리를 그리워한다는 사실을 깨닫고 놀랐다. 그녀는 심리 치료를 받으면서 자신이 아이작을 그리워하는 게 아니라 그저 누군가와 함께 있는 상태를 그리워한다는 사실을 깨달았다. 그런데 심지어 결혼 생활 중 몇 년 동안은 사실상 아이작과 함께 지내지도 않았다. 이미 오랫동안 혼자 지내왔다는 것과 자신에게 외로움을 극복할 수 있는 힘이 있다는 사실을 깨닫는 게 가장 큰 과제였다. 태미가 언제나 간직하고 있던 회복탄력성이 새로운 삶을 사는 데 도움이 되었다. 그녀는 이제 아이들과도 잘 지내는 사람을 만났다. 배려심이 많고 친절한 사람이어서 그와 함께 지낼 미래까지 꿈꾸고 있다. 그러나 태미는 그렇게 되지 않아도 괜찮을 것이라는 사실 또한 안다.

∗

독이 되는 사람들이나 장소에서 벗어나려면 어마어마한 힘이 필요하다. 그 과정이 고통스러울 수 있지만, 당신의 가치관과 자존감을 희생하면서 계속 유해한 상황에서 지낼 때만큼 고통스럽지는 않다. 아야와 해심, 태미는 폭력적인 관계에서 해방되기 위해 용감한 발걸음을 내디뎠다. 이 책이 권하는 대로 해왔다면 당신 역시 그런 과정을 밟아왔을 것이다. 당신이 유해한 상황에서 벗어나기 위해 첫걸음을 내디딘 후 얼마나 발전했는지 보자.

- 연인이나 친구, 가족 혹은 직장 동료로 유해한 사람을 만났기 때문에 이 책을 펼쳐 들었다. 1장을 읽으면서 이 관계가 왜 유

해해졌는지, 당신이 왜 그런 관계에 휘말렸는지, 왜 그런 관계를 끝내지 못하고 지속했는지 확인했다.

- 유해한 사람과 연락을 끊는 게 가장 좋은 방법이다. 2장을 읽으면서 유해한 사람과 거리 두는 방법을 배웠다. 공동 양육을 하거나 같은 직장에 다녀서 연락을 끊을 수 없다면, 연락을 줄이는 게 차선책이다.

- 새로운 삶을 살기 위해 유해한 사람이 마무리를 지어주기를 바라겠지만, 원하는 대로 되지 않을 수 있다. 3장을 읽으면서 자신을 돌보는 연습을 하고 일기와 보내지 않을 편지를 쓰면서 스스로 마무리했다. 동시에 꼭 마무리를 해야만 좋은 삶을 살 수 있는 건 아니라는 사실을 깨달았다.

- 그런 관계를 더 일찍 끝내지 못해서, 믿을 만한 가족이나 친구들과 더 자주 연락하지 못해서 자신에게 화가 났을 것이다. 4장을 읽으면서 누구든 유해한 사람을 피하기 어렵다는 사실을 이해했고, 분노를 버리고 자신을 용서하기 시작했다.

- 5장을 읽으면서 경계선을 다시 정했고, 사람들과 바람직하게 소통하는 법을 배우고, 자신감을 기를 수 있었다. 이제 당신의 에너지를 빼앗아가는 일이나 사람들을 거절하고, 당신에게 정중하게 이야기하라고 당당하게 요구하고, 무엇인가가 당신에게 맞지 않는다고 느낄 때 거리낌 없이 마음을 바꾸고 거기에 대해 설명해야 할 부담을 느끼지 않는다.

- 이런 과정을 거치면서 심리 치료가 도움이 된다는 사실을 알게

되었다. 6장을 읽은 후, 정신 건강 전문가를 만났다면 좋겠다 (잘 맞는 사람을 찾을 때까지 몇몇 정신 건강 전문가와 만나야 할 수도 있다).

• 자신을 돌보는 연습을 하는 건 언제나 중요하다. 유해한 상황에서 벗어난 후에는 특히 더 그렇다. 매일 일정한 시간에 7장에서 제시한 연습을 하면서 자신을 보살피자.

• 유해한 사람과 지내는 동안 가족과 친구들을 만나지 못하고 고립되었을 수 있다(가족마저 유해했을 수도 있다). 8장을 읽으면서 당신을 염려하고, 정서적으로 건강하고 힘을 주는 사람에게 연락하려고 했다. 아니면 지지해주는 사람을 새로 찾아냈다. 그들은 당신이 원래 모습으로 돌아가도록 도와주었다.

• 어려움을 겪는 사람에게 손을 내밀 때 우리 마음을 짓누르던 일에서 벗어나 새로운 관계와 기억을 쌓아갈 수 있다. 10장을 읽으면서 자원봉사가 세상과 관계를 맺는 데 어떻게 도움이 되는지 배웠다. 준비가 되면 유해한 상황을 겪은 사람을 지원하는 자원봉사도 생각해볼 수 있다.

• 마지막으로 11장을 읽으면서 다른 사람과 관계를 형성할 때 가져야 할 새로운 기준을 탐색하기 시작했다. 상호의존적인 관계를 피하고, 상대를 있는 그대로 보면서 현실적인 기대를 갖고, 언제 취약점을 보여도 될지 알게 되었다. 과거에는 유해한 관계를 겪었지만, 당신은 앞으로 평생 바람직하고 좋은 관계를 누리게 될 것이다.

이 책에 나온 제안과 방법 중 어떤 건 더 쉽고, 어떤 건 어려워 보인다. 아무 문제없다. 언제든 다시 돌아와 어려운 방법을 해내려고 노력하면 된다. 그런 제안은 당신과 맞지 않다고 마음먹을 수도 있다. 다른 사람과 다시 관계를 맺든, 자원봉사를 하든, 상담을 받든 자신을 치유하려고 노력할 때 회복이 더 빨리 찾아온다. 이 책을 덮기 전, 마지막으로 몇 가지를 권하고 싶다.

첫 번째, 회복 과정을 밟는 동안 계속 일기를 쓰고, 일기에 쓰거나 그림으로 표현한 내용을 다시 들여다보자. 일기 쓰기는 당신이 겪은 일을 극복하는 데 도움이 되고, 이전에 쓴 내용을 들여다보면 자신이 얼마나 많이 성장했는지 확인할 수 있다. 정서적으로 더 건강한 사람들뿐 아니라 자신과도 더 좋은 관계를 맺고 있다는 사실을 알게 될 것이다. 아직 일기 쓰기를 시작하지 않았다면, 이제 시작해보자.

두 번째, 이 책 전체에서 여러 차례 말했지만, 다시 한번 이야기하려고 한다. 당신이 겪은 정신적 외상을 자세히 살펴보기 위해 정신 건강 전문가에게 도움을 청하자. 당신의 고통은 상상이 아니라 진짜고, 그 고통을 해결해야 한다. 심리 치료는 유해한 사람 혹은 당신에게 상처를 준 사람에 대한 분노를 극복하는 데 도움이 될 뿐 아니라, 자신에게 느끼는 분노를 극복하는 데도 도움이 된다.

세 번째, 유해한 사람과 상황을 벗어나 회복하는 과정에는 '결승선'이 없고, 회복이 늘 앞을 향해 직선으로 나아가지만은 않는다는 사실을 기억하자. 그 과정은 오히려 구불구불한 길에 가깝다. 처음에는 나쁜 날들보다 좋은 날들이 많아서 나쁜 날도 그리 나쁘지 않게 느껴질 수 있다. 그러다 앞으로 나가지 않고 뒤로 미끄러지는 것 같은 날이 온다. 내가 만난 많은 내담자는 결국 정신적 외상에서 벗어나 치유되고, 정서적으로 건강한 사람들에게 둘러싸여 행복하고, 생산적이고, 의미 있는 삶을 살게 되었다. 내가 당신의 치유 과정을 앞당길 수 있다면 좋겠지만, 회복에는 어느 정도 성찰의 시간과 노력이 필요하다. 당신은 언제나 성장하고 있지만, 언제나 그렇게 느껴지지는 않는다는 사실도 기억하자.

이 책에서 한 가지만 기억해야 한다면, 이걸 기억하면 좋겠다. 당신은 폭력적인 관계나 상황에서 벗어나 회복될 수 있다. 희망이 있다. 앞에 놓인 길이 험난하겠지만, 상황은 좋아질 수 있고, 좋아진다. 당신은 회복될 것이다. 잘해낼 것이다.

감사의 말

이 책에 자신들의 사례를 소개할 수 있게 허락해준 내담자들에게 감사를 드리고 싶다. 그리고 이 책의 편집자 클레어 슐츠, 편집장 르네 세들리어, 나의 저작권 대리인 캐럴 만에게 감사를 전한다. 가족과 친구들, 빌 몰턴과 클로드 몰턴 씨, 크리스틴 휘트니 씨, R. 마이클 시츠, 스캠프 몰턴, 밸러리 뎅 매선 씨, 아리 턱먼 심리학 박사, 로버토 올리버디어 박사, 마크 버틴 의학박사께 감사하다. 당신들의 지지와 격려는 내게 너무 소중하다.

가스라이팅: 심리적, 정서적 학대의 일종이다. 피해자를 조종해서 자신이 현실을 제대로 파악하지 못한다고 의심하게 만든다. 시간이 흐르면서 피해자는 자신이 제정신이 아니라 느끼고, 세상을 향한 자신의 인식을 신뢰할 수 없게 된다.

가족 치료: 가족 관계와 관련된 문제를 상담하기 위해 가족 구성원이 함께 정신 건강 전문가와 만나는 상담 치료의 일종이다. 가족 구성원들이 그들의 경험을 이야기하고 전문가에게 피드백을 받는다.

간헐적 강화: 모든 행동이 아니라 이따금씩 몇몇 행동에만 긍정적인 강화를 보이는 태도다. 이런 무작위 강화를 하면 모든 행동에 긍정적인 강화를 할 때보다 특정 행동을 더 자주 되풀이하게 된다. 이것이 중독적인 행동으로 이어지기도 한다. 학대하는 사람은 이런 식으로 예측하기 어려운 상황을 만들어 정신적 외상 유대감을 강화한다.

강압적인 통제: 상대를 해치고, 벌주거나 겁주려는 의도가 담긴 학대를 설명하는 용어다. 협박하고 위협하고, 모욕하고, 괴롭히는 행동이다. 영국에서 강압적인 통제는 형사처벌을 받는 범죄다.

개인 치료: 정신 건강 전문가와 일대일로 만나 현재와 과거의 문제를 이야기하는 상담 치료의 일종이다. 직접 만나거나 화상 통화로 개인 치료를 받을 수 있다. 현재의 행동을 이해하고 대처하는 데 도움이 되기 때문에 어릴 적 경험을 이야기하는 것도 포함된다.

경계선: 자신과 다른 사람들과의 관계에서 설정한 지침이나 한계다. 유해한 사람들은 끊임없이 다른 사람의 경계선을 침범한다. 정서적, 신체적, 성적, 정신적 경계선과 시간에 대한 경계선이 있다.

경제적 학대: 상대가 돈을 쓰지 못하게 하는 가정 폭력의 일종이다. 피해자는 학대하는 사람에게 의존해 경제적인 필요를 해결할 수밖에 없다. 피해자가 금융 계좌와 자산을 가지지 못하게 하고, 직장을 그만두도록 강요하는 행동 등이 경제적 학대다.

과잉 각성: 유해한 관계나 상황을 겪어서 심하게 경계하는 상태다. 늘 위험을 당할까 경계하면서 지나치게 깜짝 놀라는 반응을 보인다. 외상 후 스트레스 장애 증상 중 하나이기도 하다.

그라운딩 기법: 과거의 장면이 계속 떠오르고, 의식이 분열되고, 불안하거나 극심한 공포에 휩싸일 때 곧장 지금 이 순간에 다시 초점을 맞추는 데 도움이 되는 대처법이나 연습법이다. 언제 어느 곳에서나 할 수 있다.

깎아내리기: 유해한 사람의 이상화-깎아내리기-버리기 과정의 일부다. 유해한 사람은 상대를 무가치하거나 중요하지 않은 사람처럼 대하면서 깎아내린다. 비난이 많아지면서 상대의 잘못이 아닌 일까지 상대방 탓을 한다.

나르시시스트의 먹잇감: 나르시시스트는 끊임없이 다른 사람들의 관심을 받아야 한다. 그의 먹잇감들이 그런 관심을 보낸다. 나르시시스트는 누군가와의 관계가 시들해지거나 누군가가 자신에게 충실하지 않다고 느끼면, 새로운 먹잇감을 찾는다. 나르시시스트가 당신만 만난다고 주장해도, 먹잇감이 여럿인 경우가 많다. 게다가 전 애인들을 쉬운 먹잇감으로 여겨 돌아가면서 만날 수도 있다.

나르시시즘: 자아도취와 특권의식에 빠져 다른 사람들을 배려하지 않는 태도다. 나르시시스트인 사람은 자기애성 성격장애로 진단받을 수 있지만 진단받지 않을 수도 있다.

날개 달린 원숭이: 유해한 사람의 말을 당신에게 전하는 사람을 부르는 말이다. 날개 달린 원숭이는 그 사람의 유해함을 알아차릴 수도 있고, 알아차리지 못할 수도 있다. 오즈의 마법사에서 사악한 서쪽 마녀가 데리고 다니는 원숭이에서 이름을 따왔다.

내적 통제소재: 주위에서 무슨 일이 일어나든 상당히 안정적인 기분을 유지한다. 내

면을 들여다보면서 힘과 회복탄력성을 얻기 때문에 대부분의 일에 대처할 수 있다고 느낀다. 외적 통제소재의 반대 개념이다.

담쌓기: 유해한 사람이 침묵을 이용해 누군가를 벌주는 정서적 학대의 일종이다. 보통 누군가가 자신에게 충실하지 않다고 여기거나, 누군가가 바람직한 경계선들을 강화할 때 유해한 사람이 보이는 반응이다.

대리 외상: 다른 사람의 정신적 외상 경험을 들으면서 불안, 우울, 탈진 증상을 겪는 상태다. 또한 자신의 정신적 외상 중 몇몇 면들이 되살아날 수도 있다.

대상 항상성: 두 사람 사이에 갈등이나 어려움이 있을 때라도 관계가 깨지지 않는다고 믿는 능력이다. 유해한 사람은 대상 항상성을 유지하기 어렵다. 갈등을 자아에 대한 위협으로 여겨 담을 쌓는다.

마음 챙김 명상: 지금 이 순간의 감각과 느낌에 집중하는 명상법이다. 호흡에 집중하기, 이 순간에 집중하면서 움직이기 등의 방법이 있다.

매몰 비용 효과: 무언가에 시간과 노력, 돈을 투자한 후, 그런 노력이 결실을 맺지 못해도 계속 그것을 추구하려는 경향이다. 그 관계를 유지하기 위해 시간과 노력을 많이 투자했다고 느낄수록 유해한 관계를 끝낼 가능성이 줄어든다. 관계를 유지하기 위해 모든 걸 포기했던 게 그럴 만한 가치가 있었고, '시간을 낭비한 게 아니라고' 느끼고 싶기 때문이다. 그러나 유해한 사람과 많은 시간을 보낼수록 시간과 노력을 낭비했다는 기분이 더 커진다.

미래 꾸며내기: 유해한 사람은 관계를 되돌리기 위해 상대방이 원했던 미래를 약속한다. 그러나 관계를 되돌리고 나면 약속을 지키지 않고, 그런 말을 했다는 사실조차 부인한다.

반사회적 인격 장애자: 옳고 그름을 구분할 수 있지만, 그냥 상관하지 않는 사람을 일컫는 말이다. 일반적으로 사람들을 착취하고, 공감하는 감정이 거의 없거나 전혀 없다.

반응적 학대: 학대하는 사람과 맞서 싸울 때 자신을 보호하고 살아남기 위해 그와 비슷하게 행동하는 태도다. 반응적 학대를 보인다고 그 사람이 폭력적이라는 뜻은 아니다. 그러나 유해한 사람은 피해자가 '진짜' 학대자라고 우긴다.

버리기: 유해한 사람의 이상화-깎아내리기-버리기 과정의 일부다. 유해한 사람이 자신의 자기애적인 욕구를 채워주는 새로운 상대를 발견하거나 지금 상대가 그의 비현실적인 기대에 맞춰주지 못하면 관계를 끝내거나 그 사람을 없는 사람 취급하면서 버린다. 거의 언제나 버림받은 게 피해자의 탓이 된다. 자기애적인 분노를 터뜨린 후 버리기가 시작되기도 한다.

변증법적 행동 치료: 스트레스 내성을 키우고, 감정을 조절하고, 수용과 변화 사이에서 균형을 찾는 게 목표인 인지 행동 치료의 일종이다. 변증법적 행동 치료를 통해 상반된 감정을 느끼는 게 인간 경험에서 정상적이고 평범한 부분이라는 사실을 깨닫게 된다.

부부 치료: 부부가 함께 정신 건강 전문가를 만나 관계의 과거와 현재 문제를 이야기하는 상담 치료의 일종이다. 치료 초기에는 심리 치료사가 두 사람을 따로따로 만나는 개인 치료도 병행할 수 있다.

부적응 대처: 분노나 슬픔이 아닌 다른 감정을 느끼려고 아주 위험한 행동을 하는 태도다. 유해한 관계를 끝내거나 유해한 상황에서 벗어난 후 흔히 벌어진다. 과음이나 약물 남용, 위험한 성행위를 하고 너무 많이 먹거나 너무 적게 먹기도 한다.

삼각관계 만들기: 두 사람이 맞서면서 갈등을 일으키고 불편한 관계가 되도록 유도하는 행동이다. 예를 들어 유해한 사람은 누군가에게 그 사람의 자매가 그 사람을 비난했고, 그 사람은 그 사실을 '알 권리'가 있다고 거짓말할 수도 있다. 그게 누군가를 친구와 가족으로부터 고립시키려고 활용하는 방법이다. 자신의 폭력적인 행동에서 딴 곳으로 관심을 돌리는 방법이기도 하다.

상호의존성: 연인, 친구, 가족에 대한 정신적, 정서적 혹은 육체적으로 건강하지 않은 의존성이다. 다른 사람들의 감정이나 문제가 자신의 책임이라고 느끼는 것이다. 또한

정서적인 안정, 인정이나 목적의식과 관련해 배우자나 가까운 사람들에게 너무 많이 의존할 수도 있다. 상대의 중독이나 폭력적인 행동을 감추거나 변명해주기도 한다.

수용과 전념 치료: 생각을 객관화하거나 인지적 탈융합 훈련을 통해 생각과 감정을 분리하는 방법을 배우는 인지 행동 치료의 일종이다. 생각을 있는 그대로(그저 생각일 뿐이라고) 파악하기 때문에 흘러가는 생각에 영향을 덜 받고, 불편한 생각과 감정을 극복하는 데 도움이 된다. 감정을 극복하려면 무시하거나 딴 곳으로 관심을 돌리기보다 감정을 있는 그대로 느껴야 한다. 널리 알려진 마음 챙김 명상도 수용 전념 치료의 한 측면이다.

스톡홀름 증후군: 학대나 인질의 피해자가 학대한 사람이나 납치한 사람에게 애착이나 공감을 느끼는 정서적 반응이다. 인질이 자신을 납치한 사람들에게 공감할 뿐 아니라, 그들에게 불리한 증언을 거부하고, 그들의 변호사 비용까지 모금했던 스톡홀름의 사례에서 이름을 따왔다. 스톡홀름 증후군은 정신적 외상 유대감의 일종이다.

애매모호한 상실감: 공동 양육자처럼 계속 만나야 하는 사람과 관계를 끝낼 때 느끼는 슬픔이다. 이런 경우 완전히 끝냈다는 느낌이 없어 계속 애매모호한 상실감을 느낄 수도 있다.

애정 공세: 유해한 사람이 새로 사람을 사귈 때 상대를 이상화하는 행동 중 하나다. 유해한 사람은 애정 표현이나 선물을 퍼부으면서 상대가 두 사람 관계에 헌신하도록 몰아붙인다. 관계가 안정적인 단계로 들어서면 애정 공세를 멈추고, 깎아내리기가 시작된다.

애착 유형: 다른 사람들과 관계를 맺는 특정한 방식이다. 애착 유형은 어린 시절에 당신을 돌본 사람들이 당신과 어떻게 상호작용했느냐에 따라 결정된다. 불안형, 회피형, 혼란형, 안정형 등 네 가지 대표적인 애착 유형이 있다. 불안형, 회피형, 혼란형 애착 유형은 불안정한 애착으로 알려져 있다.

연민 피로: 특별한 어려움을 겪는 사람들을 도우면서 육체적, 정서적, 심리적으로 기진맥진해서 공감 능력이 고갈된 상태다. 이차적 정신적 외상 스트레스로도 부른다. 정

신적 외상을 겪은 사람들을 돕다 보면 때때로 스트레스 수치가 높아지고 사람들에 대한 생각이 급격히 바뀐다. 때로는 기진맥진하면서 탈진하기도 한다.

외적 통제소재: 이런 성향을 가지고 있으면 주변에서 무슨 일이 벌어지는지에 따라 기분이 완전히 바뀐다. 나쁜 기분에서 빠져나오기도 힘들다. 반면 내적 통제소재를 가지고 있으면, 내면에 단단히 뿌리를 내리고 있다고 느낀다. 내적 통제소재도 보자.

이상화: 유해한 사람이 이상화하고, 깎아내리고, 버리는 과정의 일부다. 유해한 사람은 사귀기 시작할 때 당신이 아무 잘못도 할 수 없다는 듯이 대우한다. 마치 당신이 매혹적이고 특별한 존재인 것처럼 대한다. 그러나 그런 태도는 오래가지 않는다. 애정 공세를 보자.

인에이블링: 누군가의 해롭고 유해한 행동을 지지하는 태도다. 그 문제가 아무것도 아닌 것처럼 말하고 그의 행동에 대해 거짓말하거나 변명하거나 그의 유해한 행동을 바꾸려고 본인보다 더 애쓴다.

인지 부조화: 자신의 신념과 충돌하고, 사람들과 세상에 대한 자신의 생각과 전혀 다른 정보를 받아들일 때 인지 부조화를 겪는다. 인지 부조화를 겪으면 혼란스럽고 불안하고 우울한 감정이 생길 수 있다.

인지 행동 치료: 왜곡된 생각(내면의 잘못된 대화)을 깨달아서 바꾸는 일에 초점을 맞추는 일종의 상담 치료다. 내면의 대화가 바뀌면 자신과 다른 사람들에 대한 행동도 바뀐다.

인지적 공감: 유해한 사람이 당신에게 공감하는 말을 할 때도, 그의 말 뒤에는 아무런 감정이 없다. 유해한 사람은 배려심이 있어 보이도록 '적당한' 말을 할 뿐이다.

인지적 탈융합: 고통을 덜기 위해 생각과 감정에서 분리되는 연습. 수용과 전념 치료에서 활용하는 방법이다. 인지적 탈융합을 연습하면 생각과 감정을 절대적으로 받아들이지 않고, 있는 그대로 보는 데 도움이 된다. 생각을 인정하고, "내가 그렇게 생각하고 있다는 사실을 알아차렸어"라고 바꾸어 말하는 게 인지적 탈융합 방법 중 하나다.

자기애성 분노: 누군가가 유해한 사람에게 경계선을 긋거나 반기를 들면 자기애성 손상이 생긴다. 자기애성 손상을 입은 유해한 사람은 불같이 화를 내면서 반응한다. 이런 자기애성 분노는 아무 경고 신호 없이 금방 시작될 수도 있다. 불같이 화를 내다가도 다음 날에는 아무 일도 없었던 것처럼 행동한다.

자기애성 성격 장애: 사람들과 바람직한 관계를 갖지 못하게 하는 문제다. 자기애성 성격 장애가 있는 사람은 자신이 특별대우를 받을 자격이 있다고 믿고, 다른 사람들을 착취하고, 공감을 잘 못하고, 다른 사람들보다 우월한 대우를 받을 것이라고 기대하는 등의 증상을 보인다. 자기애성 성격 장애를 가진 사람은 자아동질적인 성격을 가지고 있기 쉽다.

자기애성 손상: 나르시시스트의 자기애를 위협할 때 생긴다. 경계선을 확고하게 지키려는 사람이나 나르시시스트가 자신에게 '충성하지 않는다'고 느끼는 누구든 나르시시스트에게 자기애성 손상을 일으킬 수 있다. 나르시시스트는 이럴 때 자기애성 분노나 담쌓기로 대응한다.

자아동질적 성격: 생각과 감정이 자신의 자아상, 가치관, 사고방식과 일치하는 걸 자아동질적이라고 부른다. 이런 성격이나 사고방식을 가진 사람은 자신이 정신적으로 훌륭하고, 자신의 생각과 행동이 합리적이고, 다른 사람들이 자신의 행동을 받아들여야만 한다고 믿는다. 자기애성 성격 장애에서 나타나는 성격이다.

자아이질적 성격: 생각과 감정이 당신의 자아상과 충돌하는 걸 자아이질적이라고 부른다. 얼핏 나쁘게 들릴 수도 있다. 그러나 이런 성격이나 사고방식을 가지고 있다는 건 좋지 않은 행동을 할 때 알아차리고 바로잡기 위해 도움을 청할 수 있다는 뜻이다. 건강한 사람은 자아이질적인 성격을 가진다.

정서적 친밀감: 비판받을까 걱정하지 않고, 생각과 감정을 마음껏 진실하게 털어놓을 수 있는 서로 깊이 배려하는 관계에서 생기는 감정이다. 유해한 사람은 정서적인 친밀감을 억지로 만들어내려고 정서적 외상 떠넘기기, 인지적 공감과 애정 공세를 할 수도 있다. 진정한 정서적 친밀감은 서서히 깊어지고, 강요할 수 없다.

정서적 탄약: 유해한 사람이 앞으로 자신의 이익을 위해 이용하려고 당신의 취약점들에 대한 정보를 모을 때 정서적 탄약을 모으고 있다고 말한다.

정서적 협박: 유해한 사람이 당신을 통제하기 위해 죄책감, 수치심을 이용하거나 위협하는 일종의 조종술이다. 당신은 유해한 사람의 필요를 채워야만 한다는 이야기를 들을 것이다. 연인에게 헤어지자고 말할 때, 당신이 떠나면 자해하겠다고 이야기하는 게 일종의 정서적 협박이다.

정신적 외상 떠넘기기: 유해한 사람이 만난 지 얼마 되지 않은 사람에게 자신이 이제까지 겪었던 정신적 외상에 대해 너무 많이 털어놓는 것을 정신적 외상 떠넘기기라고 부른다. 그가 경계선을 별로 지키지 않는다는 표시일 수도 있고, 당신을 유혹해서 사귀려고 이용하는 방법일 수도 있다. 또한 인위적으로 정서적 친밀감을 만들어내기 위한 방법으로 이용되기도 한다.

정신적 외상 유대감: 학대를 겪는 사람이 자신을 학대하는 사람에게 애착이나 공감을 느끼는 상태다. 정신적 외상 유대감은 가정 폭력, 아동 학대, 인신매매, 광신적 종교 집단과 인질 사태 등 어떤 학대받는 상황에서도 생길 수 있다. 스톡홀름 증후군은 일종의 정신적 외상 유대감이다.

집단 치료: 정신 건강 전문가가 같은 문제를 가진 사람들을 한꺼번에 지도하는 심리 치료의 일종이다. 다른 사람도 비슷한 일과 감정을 겪었다는 사실을 아는 게 집단 치료에서 이루어지는 치유의 일부다.

해결 중심 치료: 당신의 장점을 분명하게 정의하면서 자신을 치유하기 위해 에너지를 집중하는 방법들을 배우는 상담 치료의 일종이다. 삶에서 딱 한 가지만 개선해도 많은 이득이 생긴다는 게 해결 중심 치료의 개념 중 하나다.

행동 조성: 행동을 확립하는 과정이다. 원하는 행동과 비슷한 행동이라면 뭐든 강화해 원하는 행동을 하도록 노력한다. 1시간 일찍 자겠다는 목표를 세웠다면, 매일 밤 15분씩 차츰 더 일찍 자면서 긍정적인 강화를 통해 목표를 이루는 방법이다.

후버링: 유해한 사람이 당신을 다시 끌어들여 관계를 되돌리려고 다시 연락하려고 할 때 하는 행동이다. 간단한 문자 메시지를 보내는 일부터 당신 집 앞에 갑자기 나타나는 일까지 다양한 방식으로 만나려고 할 수 있다. 이런 행동을 후버 진공청소기 이름을 본떠 후버링이라고 부른다. 미래 꾸며내기를 보자.

분노

Albert Ellis. *How to Control Your Anger Before It Controls You*. New York: Citadel, 2016.
Harriet Lerner. *The Dance of Anger: A Woman's Guide to Changing the Patterns of Intimate Relationships*. New York: William Morrow, 2014.

애착 유형

Annie Chen. *The Attachment Theory Workbook: Powerful Tools to Promote Understand-ing, Increase Stability, and Build Lasting Relationships*. Emeryville, CA: Althea Press, 2019
Diane Heller. *The Power of Attachment: How to Create Deep and Lasting Intimate Relationships*. Louisville, CO: Sounds True, 2019.
아미르 레빈. 그들이 그렇게 연애하는 까닭. 서울: 랜덤하우스코리아, 2011.

변호사

미국 변호사 협회(www.americanbar.com)

경계선

로버트 앨버티 외. 당당하게 요구하라. 서울: 동녘라이프, 2005.
Shandelle hether-Gray. *Assertiveness Workbook: Practical Excercises to Improve Com-munication, Set Boundaries, and Be Your Best Advocate*. Emeryville, CA: Rockridge Press, 2020.
Lisa M. Schab. *Cool, Calm, and Confident: A Workbook to Help Kids Learn Assertiveness Skills*. Oakland, CA: Instant Help, 2009.

상호의존성

Melody Beattie. *Codependent No More Workbook*. Center City, MN: Hazelden, 2011.
Krystal Mazzola. *The Codependency Workbook: Simple Practices for Developing and Main-taining Your Independence*. Emeryville, CA: Rockridge Press, 2020

공동 양육

Margalis Fjelstad and Jean McBride. *Raising Resilient Children with a Borderline or Narcissistic Parent.* Washington, DC: Rowman & Littlefield Publishers, 2020.

Jeremy S. Gaies and James B. Morris. *Mindful Coparenting: A Child-Friendly Path Through Divorce.* CreateSpace Independent Publishing Platform, 2014.

Carl Knicherbocker. *The Parallel Parenting Solution: Eliminate Conflict with Your Ex, Create the Life You Want.* Independent Publishing Corporation, 2021.

2 Houses(www.2house.com)

Coparenter(www.coparenter.com)

Coparently(www.coparently.com)

Our Family Wizard(www.ourfamilywizard.com)

Talking Parents(www.talkingparents.com)

We Parent(www.weparent.app)

가정 폭력

가정 폭력 피해자 보호소(DomesticShelters.org)

가정 폭력 반대 전미(全美) 연합(www.ncadv.org)

가정 폭력 전미 핫라인(www.victimconnect.org)

피해자 관련 자료센터(www.victimconnect.org)

- 한국가정법률상담소 1644-7077
- 대한법률구조공단 국번없이 132
- 여성긴급전화(24시) 국번없이 1366

가사 전문 변호사

가사 전문 변호사 단체(www.familylaw.org)

가스라이팅

Amy Marlow-McCoy. *The Gaslighting Recovery Workbook: Healing from Emotional Abuse.* Emeryville, CA: Rockridge Press, 2020.

스테파니 몰턴 사키스. 가스라이팅. 서울: 수오서재, 2021.

깊은 슬픔

Pema Chödön. *When Things Fall Apart: Heart Advice for Difficult Times*. Boulder, CO: Shambhala Publications, 2016.

멜바 콜그로브 외. 상실과 치유의 심리학. 서울:돈을새김, 2011.

존 제임스 외. 슬픔이 내게 말을 거네. 서울: 북하우스, 2004.

엘리자베스 퀴블러 로스. 상실 수업. 서울: 인빅투스, 2014.

해롤드 쿠쉬너. 왜 착한 사람에게 나쁜 일이 일어날까. 서울: 창, 2000.

C. S. 루이스. 헤아려 본 슬픔. 서울: 홍성사, 2019.

틱낫한. 고요히 앉아 있을 수만 있다면. 서울: 불광출판사, 2022.

명상과 마음 챙김

매슈 소콜로프. 명상습관. 서울: 틔움출판, 2021.

buddhify(www.buddhify.com)

Calm(www.calm.com)

Headspace(www.headspace.com)

Inner Health Studio(www.innerhealthstudio.com)

Mindful(www.mindful.org)

MyLife(www.my.life)

Stop, Breathe, and Think(www.stopbreathethink.com)

Ten percent Happier(www.tenpercent.com)

정신 건강 전문가와 심리 치료

미국 결혼과 가족 치료 협회(www. aamft. org)

미국 성 교육자·상담사·치료사 협회(www. assect.org)

미국 심리학회 (www.apa.org)

놀이 치료학회 (www.a4pt.org)

전미(全美) 공인 상담사 위원회(www.nbcc.org)

나르시시즘

Shahida Arabi. *The Highly Sensitive Person's Guide to Dealing with Toxic People: How to Reclaim Your Power from Narcissists and Other Manipulators*. Oakland, CA: New Harbinger Publications, 2020.

Joseph Burgo. *The Narcissist You Know: Defendign Yourself Against Extreme Narcissists in an All-About-Me Age.* New York: Touchstone, 2015.

Ramani Durvasula. *Should I Stay or Should I Go? Surviving a Relationship with a Narcissist.* New York: Post Hill Press, 2017.

Bill Eddy and L. Georgi DiStefano. *It's All Your Fault at Work: Managing Narcissists and Other High-Conflict People.* Scottsdale, AZ: Unhooked Books, 2015.

Bill Eddy and Randi Kreger. *Splitting: Progecting Yourself While Divorcing Someone with Borderline or Narcissistic Personality Disorder.* Oakland, CA: New Harbinger Publications, 2021.

폴 T. 메이슨, 랜디 크리거. 잡았다, 네가 술래야. 서울: 모멘토, 2022.

킴버리 로스 외. 가족의 무서운 진실. 서울: 박영스토리, 2019.

법률 서비스

지역사회 생활 지원: 노인과 장애인의 독립적인 생활 지원(www.acl.gov)

법률 지원(www.lawhelp.org)

법률 서비스 협회(www.lsc.gov)

자기 돌봄

Robyn L. Gobin. *The Self-Care Presciption: Powerful Solutions to Manage Stress, Reduce Anxiety, and Increase Well-Being.* Emeryville, CA: Althea Press, 2019.

Zoe Shaw. *A Year of Self-Care: Daily Practices and Inspiration for Caring for Yourself.* Emeryville, CA: Rockridge Press, 2021.

자기 연민

크리스토퍼 거미. 오늘부터 나에게 친절하기로 했다. 서울: 더퀘스트, 2018.

Joy johnson. *The Self-Compassion Workbook: Practical Exercise to Approach Your Thougts, Emotions, and Actions with Kindness.* Emeryville, CA: Rockridge Press, 2020.

William Martin. *The Tao of Forgiveness: The Healing Power of Forgiving Others and Yourself.* New York: TarcherPerigee, 2010.

성폭행

전미 성폭행 핫라인(www.rainn.org)

- 한국성폭력상담소 02-338-5801

- 한국 디지털성범죄피해자지원센터 02-735-8994
- 한국사이버성폭력대응센터 02-817-7959

자살 예방

전미(全美) 자살 예방 생명줄(www.suicideprevention.org)

- 한국 자살예방센터 국번없이 1393

지원 단체

알코올 중독자와 역기능 가정의 성인 아이들(www.adultchildren.org)

알코올 중독자 구제회(www.al-anon.org)

익명의 상호 의존하는 사람들(www.coda.org)

자원봉사 및 자원봉사 단체

Matthieu Ricard. Altruism: *The Power of Compassion to Change Yourself and the World.* New York: Little, Brown and Company, 2015.

자원봉사(www.charitywatch.org)

글로벌 자원봉사(www.globalvolunteers.org)

미국 자연 및 문화 자원 자원 봉사 포털(www.volunteermatch.org)

직장 내 괴롭힘

Adrienne Lawrence. *Staying in the Game: The Playbook for Beating Workplace Sexual Harassment.* New York: TarcherPerigee, 2021.

로버트 I. 서튼. 또라이 제로 조직. 서울: 이실MBA, 2007.

미국 고용 평등 기회 위원회(www.eeoc.gov/harassment)

- 한국 직장내성희롱근절종합지원센터 02-735-7544

- 표시가 붙은 항목은 국내 독자를 위해 편집자가 덧붙인 내용이다.

참고 문헌

1장

1   Joan Reid et al., "Trauma Bonding and Interpersonal Violence," in *Psychology of Trauma*, ed. Thijs van Leeuwen and Marieke Brouwer (Hauppage, NY: Nova Science Publishers, 2013).

2   Matthew H. Logan, "Stockholm Syndrome: Held Hostage by the One You Love," *Violence and Gender* 5, no. 2 (2018): 67-69, http://doi.org:10.1089/vio.2017.0076.

3   Sara Rego, Joana Arntes, and Paula Magalhães, "Is There a Sunk Cost Effect in Committed Relationships?", *Current Psychology* 37, no. 3 (2018): 508-519, http://doi.org:10.1007/s12144-016-9529-9.

2장

1   Zoe Rejalän, Inge E. van der Valk, and Susan Branje, "Postdivorce Coparenting Patterns and Relations with Adolescent Adjustment," *Journal of Family Issues* (2021), http:// doi.org:10.1177/0192513X211030027.

2   Linda Nielsen, "Re-examining the Research on Parental Conflict, Coparenting, and Custody Arrangements," *Psychology, Public Policy, and Law* 23, no. 2 (2017): 211, http:// doi.org:10.1037/law0000109.

3   Sara Gale et al., "The Impact of Workplace Harassment on Health in a Working Cohort," *Frontiers in Psychology* 10 (2019): 1181, http://doi.org:10.3389/fpsyg.2019.01181; Shazia Nauman, Sania Zahra Malik, and Faryal Jalil, "How Workplace Bullying Jeopardizes Employees' Life Satisfaction: The Roles of Job Anxiety and Insomnia," *Frontiers in Psychology* 10 (2019): 2292, http://doi.org:10.3389/fpsyg.2019.02292.

1   Marnin J. Heisel and Gordon L. Flett, "Do Meaning in Life and Purpose in Life Protect Against Suicide Ideation Among Community-Residing Older Adults?," in *Meaning in Positive and Existential Psychology*, ed. Alexander Batthyany and Pninit Russo-Netzer (New York: Springer, 2014), 303-324.

2   Matthew Evans, "A Future Without Forgiveness: Beyond Reconciliation in Transitional Justice," *International Politics* 55, no. 5 (2018): 678-692.

3   Karina Schumann and Gregory M. Walton, "Rehumanizing the Self After Victimization: The Roles of Forgiveness Versus Revenge," *Journal of Personality and Social psychology* (2021), http://doi.org:10.1037/pspi0000367.

4   LaVelle Hendricks et al., "The Effects of Anger on the Brian and Body," *National Forum Journal of Counseling and Addiction* 2, no. 1 (2013): 1-12, http://www.national forum.com/Electonic20%Journal%20Volumes/Hendricks,%20Lavelle%20 The%20Effects%20of%20Anger%20on%20the%20Brain%20and%20Body% 20NFJCA%20V2%20N1%202013.pdf

1   Diana-Mirela Cândea and Aurora Szentagotai-Tătar, "Shame-Proneness, Guilt-Proneness and Anxiety Symptoms: A Meta-analysis," *Journal of Anxiety Disorders* 58 (2018): 78-106, http://doi.org:10.1016/J.Janxdis.2018.07.005; Malgorzata Garn bin and Carla Sharp, "The Relations Between Empathy, Guilt, Shame and Depression Disorders in Inpatient Adolescents," *Journal of Affective Disorders* 241 (2018): 381-387, http://doi.org:10.1016/j.jad.2018.08.068.

1   Shanhong Luo, "Effects of Texting on Satisfaction in Romantic Relationships: The Role of Attachment," *Computers in Human Behavior* 33 (2014): 145-152, http://doi.org:10.1016/j.chb.2014.01.014.

2   Luo, "Effects of Texting on Satisfaction in Romantic Relationships."

3   Shanhong Luo and Shelley Tuney, "Can Texting Be Used to Improve Romantic Relationships?—The Effects of Sending Positive Text Messages on Relationship Satisfaction," *Computers in Human Behavior* 49 (2015): 670-678, http://doi.org:10.1016/j.chb.2014.11.035.

4   Laurel A. Milam et al., "The Relationship Between Self-Efficacy and Well-Being Among Surgical Residents," *Journal of Surgical Education* 76, no. 2 (2019): 321-328, http://doi.org:10.1016/j.jsurg.2018.07.028; Ulrich Orth, Ruth Yasemin Erol, and Eva C. Luciano, "Development of Self-Esteem from Age 4 to 94 Years: A Meta-analysis of Longitudinal Studies," *Psychological Bulletin* 144, no. 10 (2018): 1045-1080, http://doi.org:10.1037/buloooo161.

5   Zahra Mirbolook Jalali, Azadeh Farghadani, and Maryam Ejlali-Vardoogh, "Effect of Cognitive-Behavioral Training on Pain Self-Efficacy, Self-Discovery, and Perception in Patients with Chronic Low-Back Pain: A Quasi-Experimental Study," *Anesthesiology and Pain Medicine* 9, no. 2 (2019): e78905, http://doi.org:10.5812/aapm.78905.

6   Edward Kruk, "Parental Alienation as a Form of Emotional Child Abuse: Current State of Knowledge and Future Directions for Research," *Family Science Review* 22 no. 4 (2018): 141-164; Wilfrid von Boch-Galhau, "Parental Alienation (Syndrome)-A Serious Form of Child Psychological Abuse," *Mental Health and Family Medicine* 14 (2018): 725-739.

7장

1   Hyon Joo Hong et al., "Correlations Between Stress, Depression, Bod Mass Index, and Food Addiction Among Korean Nursing Students," *Journal of Addictions Nursing* 31, no. 4 (2020): 236-242, http://doi.org:10.1097/JAN.oooooooooooooo362.

2   Kathleen Mikkelsen et al., "Exercise and Mental Health," *Maturitas* 106 (2017): 48-56, http://doi.org: 10.1016/j.maturitas.2017.09.003.

3   Shadab A. Rahman et al., "Characterizing the Temporal Dynamics of Melatonin and Cortisol Changes in Response to Nocturnal Light Exposure," *Scientific Reports* 9, no. 1 (2019): 19720, http://doi.org:10.1038/s41598-019-54806-7.

4   Rohan Nagare et al., "Nocturnal Melatonin Suppression by Adolescents and Adults for Different Levels, Spectra, and Durations of Light Exposure," *Journal of Biological Rhythms* 34, no. 2 (2019): 178-194, http://doi.org:10. 1177/0748730419828056.

5   Ariel Shensa et al., "Social Media Use and Depression and Anxiety Symptoms: A Cluster Analysis," *American Journal of Health Behavior* 42, no. 2 (2018): 116-128, http://doi.org: 10.5993/AJHB.42.2.11.

6   Rasan Burhanand Jalal Moradzadeh, "Neurotransmitter Dopamine (DA) and Its Role in the Development of Social Media Addiction," *Journal of Neurology & Neurophysiology* 11, no. 7 (2020): 507.

8장

1   Jon M. Taylor, *The Case (forand) Against Multi-Level Marketing, Consumer Awareness Institute*, 2011, https://www.ftc.gov/sites/default/files/documents/public_comments /trade-regulation-rule-disclosure-requirements-and-prohibitions-concerning-business-opportunities-ftc.r511993-00008%C2%A0/00008-57281.pdf.

2   Michael J. Rosenfeld, Reuben J. Thomas, and Sonia Hausen, "Disintermediating Your Friends: How Online Dating in the United Displaces Other Ways of Meeting," *Proceedings of the National Academy of Sciences* 116, no. 36 (2019): 17753-17758, http://doi.org:10.1073/pnas.1908630116.

3   Nur Hafeeza Ahmad Pazil, "Face, Voice and Intimacy in Long-Distance Close Friendships," *International Journal of Asian Social Science* 8, no. 11 (2018): 938-947, http://doi.org:10.18488/journal.1.2018.811.938.947.

9장

1   S. E. Kakarala et al., "The Neurobiological Reward System in Prolonged Grief Disorder (PGD): A Systematic Review," *Psychiatry Research: Neuroimagzing* 303 (2020): 111135, http://doi.org:10.1016/j.pscychresns.2020.111135.

2   Tina M. Mason, Cindy S. Tofthagen, and Harleah G. Buck, "Complicated Grief: Risk Factors, Protective Factors, and Interventions," *Journal of Social Work in End-of*

Life & Palliative Care 16, no. 2 (2020): 151-174, http://doi.org:10.1080/1552 4256.2020 .1745726; Anna Parisi et al., "The Relationship Between Substance Misuse and Complicated Grief: A Systematic Review," *Journal of Substance Abuse Treatment* 103 (2019): 48-57, http://doi.org:10.1016/j.jsat.2019.05.012.

3   Jie Li, Jorge N. Tendeiro, and Margaret Stroebe, "Guilt in Bereavement: Its Relationship with Complicated Grief and Depression," *International Journal of Psychology* 54, no. 4 (2019): 454-461, http://doi.org:10.1002/ijop.12483; Satomi Nakajima, "Complicated Grief: Recent Developments in Diagnostic Criteria and Treatment," *Philosophical Transactions of the Royal Society B: Biological Sciences* 373, no. 1754 (2018): 20170273, http://doi.org:10.1098/rstb.2017.0273.

4   Nooshin Pordelan et al., "How Online Career Counseling Changes Career Development: A Life Design Paradigm," *Education and Information Technologies* 23, no. 6 (2018): 2655-2672, http://doi.org:10.1007/s10639-018-9735-1.

5   Zuleide M. Ignácio et al., "Physical Exercise and Neuroinflammation in Major Depressive Disorder," *Molecular Neurobiology* 56, no. 12 (2019): 8223-8235, http://doi.org:10.1007/s12035-019-01670-1.

6   Anne Richards, Jennifer C. Kanady, and Thomas C. Neylan, "Sleep Disturbance in PTSD and Other Anxiety-Related Disorders: An Updated Review of Clinical Features, Physiological Characteristics, and Psychological and Neurobiological Mechanisms," *Neuropsychopharmacology* 45, no. 1 (2020): 55-73 ,http://doi.org:10.1038/s41886-019-0486-5.

10장

1   Robab Jahedi and Reza Derakhshani, "The Relationship Between Empathy and Altruism with Resilience Among Soldiers," *Military Psychology* 10, no. 40 (2020): 57-65.

2   R. Horowitz, "Compassion Cultivation," in *The Art and Science of Physician Wellbeing*, ed. Laura Weiss Roberts and Mickey Trockel (New York: Springer International Publishing, 2019): 33-53.

3   Priyanka Samuel and Smita Pandey, "Life Satisfaction and Altruism Among Religious Leaders," *International Journal of Indian Psychology* 6, no. I (2018): 89-95, http://doi.org: I0.25215/0601.031.

4   Yi Feng et al., "When Altruists Cannot Help: The Influence of Altruism on the Mental Health of University Students During the COVID-19 Pandemic," *Globalization and Health* 16, no. 1 (2020): 1-8, http://doi.org:10.1186/s12992-020-00587-y.

5   Jerf W. K. Yeung, Zhuoni Zhang, and Tae Yeun Kim, "Volunteering and Health Benefits in General Adults: Cumulative Effects and Forms," *BMC Public Health* 18, no. 1 (2017): 1-8, http://doi.org:10.1186/s12889-017-4561-8.

6   M. G. Monaci, L. Scacchi, and M. G. Monteu, "Self-Conception and Volunteering: The Mediational Role of Motivations," *BPA-Applied Psychology Bulletin (Bollettino Di Psicologia Applicata)* 285 (2019): 38-50.

7   Dana C. Branson, "Vicarious Trauma, Themes in Research and Terminology: A Review of Literature," *Traumatology* 25, no. 1 (2019): 2, http://doi.org:10.1037 /trm 0000161.

11장

1   Dakota D. Witzel and Robert S. Stawski, "Resolution Status and Age as Moderators for Interpersonal Everyday Stress and Stressor-Related Affect," *Journals of Gerontology: Series B* (2021): gbab006, http://doi.org: 10.1093/geronb/gbab006.

2   Laura Petitta and Lixin Jiang, "How Emotional Contagion Relates to Burnout: A Moderated Mediation Model of Job Insecurity and Group Member Prototypicality," *International Journal of Stress Management* 27, no. 1 (2020): 12-22, http://doi.org:1 0.1037/str0000134.

상처받은 관계에서 회복하고 있습니다

1판 1쇄 발행 2023년 11월 2일

발행인 박명곤　**CEO** 박지성　**CFO** 김영은
기획편집 채대광, 김준원, 박일귀, 이승미, 이은빈, 강민형, 이상지, 이지은
디자인 구경표, 구혜민, 임지선
마케팅 임우열, 김은지, 이호, 최고은
펴낸곳 (주)현대지성
출판등록 제406-2014-000124호
전화 070-7791-2136　**팩스** 0303-3444-2136
주소 서울시 강서구 마곡중앙6로 40, 장흥빌딩 10층
홈페이지 www.hdjisung.com　**이메일** support@hdjisung.com
제작처 영신사

ⓒ 현대지성 2023

"Curious and Creative people make Inspiring Contents"
현대지성은 여러분의 의견 하나하나를 소중히 받고 있습니다.
원고 투고, 오탈자 제보, 제휴 제안은 support@hdjisung.com으로 보내 주세요.

현대지성 홈페이지